Jon Durschei

Mord am Walensee

Kriminalroman

orte-Verlag

Quinten am Walensee ist ein einmaliger Landstrich. Die Menschen freilich, die dort leben, haben nichts mit den Menschen gemein, die in diesem Buch vorkommen. Das gilt ebenso für die Wirtinnen, die Wirte, für jede einzelne Person. Auch die "Casa Pezold" ist erfunden. Wenn der Autor jedoch diese Landschaft in seinem Buch zu beschwören sucht, dann nur deshalb, weil er sie liebt. Mehr ist nicht zu sagen; wer glaubt, er sei Vorlage für eine Figur, täuscht sich und schätzt seine Person (vermutlich) falsch ein.

Jon Durschei

Copyright 1993 by
orte-Verlag AG, Zürich
und 9429 Zelg-Wolfhalden/AR
Alle Rechte vorbehalten
Umschlagfoto: Alois Eisenbart, Au/SG
Umschlaggestaltung: Heiner Knapp, München
Lektorat: Brigitte Gegner, Stuttgart
Druck: MZ Verlagsdruckerei GmbH, Memmingen
Printed in Germany
ISBN 3-85830-064-0

1

I

Alle behaupten stinkfrech*, ich sei gierig nach Geld, denke nur an den Umsatz, ich bin es nicht, ich bin es nicht, ich muss nur sorgen, dass die Beiz* rentiert und ich Giovanni, Cesare, Alberto, die Serviertochter*, die Aushilfen, Fred und Frau Amsler jeden Monat bezahlen kann. Wie Vatti würd ich nie wirten, ohne unsere liebe Mutter hätte er's nie gekonnt, nie!, ein paar Einnahmen als Fischer und Bootsfahrer, ein paar als Wirt und Gemeindeboss, und alles in allem sehr wenig. Bin schon froh, dass wir endlich die Dependance* gebaut haben, das bringt langfristig einiges, jahrelang haben wir's verschlampt, liessen das Haus hinter unserer Mühle verfallen, es fehle das Geld, es wiederherzustellen, hat Vatti jedem gesagt, der sich beschwerte, und verkaufen wollte er die Bruchbude nie, selbst Herr Doktor Soundso hatte da keine Chance, seit über hundertfünfzig Jahren habe das Haus der Familie gehört, betonte Vatti immer wieder, er möchte nicht, dass fremde Fötzel* hinter unserer Wirtschaft wohnen oder ihre Ferien und Wochenenden dort verbringen, das wäre ja noch, Deutsche oder Zürcher, dann könnten wir gleich ausziehn, dauernd würden sie mit Sonderwünschen kommen, nie zufrieden sein und die Umgebung mit Zäunen und Toren verschandeln, Vatti hat recht gehabt, mehr als recht, aber verdienen müssen wir trotzdem, auch mehr Quintener müssen wir über die Gasse verkaufen, es darf keinen Gast geben, der ohne Flasche weggeht, keinen!, hat enorm Geld gekostet, die verfallene Hütte umzubauen, auch unsere Plastiksäcke zu bedrucken, war nicht billig, mit der "Mühle" drauf und dem Wirtshausschild, und die Weinetiket-

* helvetischer Ausdruck für unverschämt
* Restaurant
* Serviererin, Kellnerin
* Nebengebäude (eines Hotels)
* Lump, Taugenichts

ten darf ich nicht vergessen, hat alles gekostet, alles, alles!, das Leben ist nicht billig, weder in Quinten noch anderswo, bin natürlich froh, hier zu wohnen, in unserer alten Mühle am See, es darf nur nicht regnen, ja, von den Einheimischen kann ich nicht leben, die bringen nichts, so nett die meisten auch sind, genauso dürfen wir die Ferienhausleute vergessen, mal ein Wässerchen, mal ein Cola, nur der Meyer Toni vom Aueli säuft tüchtig und der freche Serge, auch der "Pezold"-Schmidi hat was gebracht, jetzt ist er fort von Quinten und bringt nie mehr einen Rappen in mein Portemonnaie, kann nicht länger bluffen vor seinen Frauen und der blöden, mannstollen Pia, ich mochte das nicht, nie und nimmer, gehasst hab ich ihn und verachtet, war froh, als er verreist* ist, muss sowieso achtgeben, bei den Männern, die wollen unsere Beiz, die Reben, den Boden und nicht mich als Person, das seh ich klar, seit Jahren schon, bin vielleicht ein bisschen zu dick vom schnellen Essen und vom vielen Wein, dafür bin ich gescheit und tüchtiger als jede in unserer Gegend, Bernhard hat's fortwährend gesagt und doch die Kuh von Obstalden geheiratet, muss jetzt aufspringen, die Läden aufstossen und festmachen und dann den neuen Tag trotz müder Füsse und Hühneraugen und Rückenschmerzen überstehn, im Winter kann ich mich dann vielleicht erholen, wenn's schneit oder regnet und fast keine Schiffe zu uns herüberkommen, immer ein Wunder, aus dem Fenster zu schaun, die Sonne zu sehn, den See, die Berge, das Fischerboot vom Fasser oder jenes vom Serge, die Autobahn auf der andern Seite, früher war's anders, da kamen nur Wanderer und etwa drei Schiffe im Tag und gefroren haben wir im Herbst und im Winter, erst vor sechs Jahren hat Vater die Zentralheizung eingebaut, mein Gott, war ich froh, als wir unsere Chriesisäcke* wegwerfen konnten!, ich bin's noch jetzt, werd's immer sein, aufstehn muss ich nun, das Nachthemd ausziehn, die Decke übers Bett werfen und duschen drüben, aufs WC gehn, die

---

* weggereist
* kleine Säcke gefüllt mit Kirschkernen (wurden jeweils auf Kachelöfen erwärmt und dann wie Bettflaschen benutzt)

Zähne putzen und meine Haare richten, auch Fred muss ich wecken, an seine Türe klopfen, wird sein Räuschlein ausschlafen, in seinem blauen Trainer* auf dem Bett liegen, ein Zufall, wenn er seine Turnschuhe ausgezogen hat, kriegt erst in zwei Monaten frische Bettwäsche, muss ihm unbedingt beibringen, dass er am Abend am Stammtisch nicht abhocken* darf, mit seinem Gerede über Pilze und Wildsauen vertreibt er die letzten Gäste, auch mir fällt er damit auf die Nerven, seit vier Jahren diese Geschichten, immer und immer!, ist ja ein Lieber, hilft viel, im Haus wie draussen, hab nichts dagegen, dass Segesser uns den untergejubelt hat, wenn ich an frühere Bevormundete denke, ist er ein Glücksgriff, und was für einer!, muss aber achtgeben, dass er nicht weiter der Pia oder sonstwelchen Frauen nachsteigt, ihn zu verlieren wär schlimm für mich und die Beiz, schon wegen des kleinen Lohnes, will ihm vom neuen Jahr an hundert Franken mehr geben, schade bloss, dass er ewig sein grünes BP-Käppi trägt und nie zum Coiffeur* geht, sähe gar nicht so schlecht aus, hat aber eindeutig einen Knall und pflegt sich zu wenig, wurde als Kind zu viel geschlagen, zu viel herumgeschubst, hab ihn voll in der Hand wegen seiner Einbrüche, ein Wort von mir oder von Vatti, und Fred kann Quinten vergessen, wer mal gesessen hat, bringt's nie mehr weg, das hab ich von Vatti, er hat uns gut erzogen, hat uns beigebracht, wer fleissig arbeitet, wird letztlich belohnt, Fred dachte mal, es geh einfacher, nie geht's einfacher, wer einmal stiehlt, stiehlt ständig, auch wenn ich glaube, dass dies für Fred nicht zutrifft, wär er anders aufgewachsen, ich könnte mir vorstellen, dass ich ihn möchte, aber so, nicht im Traum darf ich daran denken, ich bleib sowieso ledig, bleib allein, lach trotzdem sehr lustig und voller Lebensfreude auf unsern Postkarten, hab ein Boot, das wie mein Sternzeichen heisst und bin seit Mamas Tod die Wirtin der "Alten Mühle", eine Glanzidee, dass Vatti mir und nicht meiner Schwester die Beiz überschrie-

* Trainingsanzug
* absitzen
* Friseur, Haarschneider

9

ben hat, mit Susi als Chefin würden wir jetzt betteln gehn, Vatti hat gemerkt, dass ich besser als sie wirtschaften kann und quasi als Wirtin geboren wurde, auch unsere Mutter hätte von mir lernen können, immer war sie unter Vattis Knute, hatte Angst, wenn er den Betrieb erweitern, vergrössern wollte, heute ist's aber er, der mich einzuschränken versucht, auf eine Art gottsei-dank, die ich ertragen kann, wär ganz allein ohne seine Hilfe und seinen Rat, hoffe, er lebt noch lang und wird neunzig oder fünfundneunzig, kann doch jeden Tag am Stammtisch seine Geschichten und Jagderlebnisse erzählen, er braucht nicht in der Küche zu helfen, einen solchen Mann, den gibt's nicht oft, er ist besser als alle, die ich kenne, Serge Manser ist besonders schlimm, scharf auf alles, was einen Rock trägt, auch mein Schwesterherz wollte er, um sich an die Beiz heranzumachen, total missglückt, der Versuch, in die Hosen gegangen, wir sind gescheiter, als der dachte, viel gescheiter!, haben es schon weit gebracht, über achthunderttausend sind auf der Bank, und rechne ich Land und Haus und die Dependance und die Wein-berge dazu, vom Inventar und den Maschinen nicht zu reden, sind wir die reichsten im Dorf, das "Bootshaus" schlagen wir sowieso und auch den neuen, überflüssigen "Seeblick", weiss nicht, was in die Glarner Vögel gefahren ist, einen solchen Be-tonklotz in den See zu stellen und ihm diesen langweiligen Na-men zu geben, nie besuchen wir die, nie gibt's einen Höflich-keitsbesuch!, sind gottseidank keine Konkurrenz für uns, nur alte Tanten gehn dorthin und trinken Eistee und schmatzen Glace* und "Seeblick"-Coupes*, die unsern sind besser, mit Beeren drin, die Fred gesucht hat, was will ich mehr, was denn, was?, muss lernen, am Abend weniger zu trinken, drum lieg ich jetzt so faul unter der Decke, dreh mich nochmals nach links und nochmals nach rechts, diese Geschäftsherren von Walen-stadt sind an allem schuld, tauchen um zehn mit ihren Booten bei uns auf, legen unten an und ich muss mittrinken und mitla-chen, damit der Konsum steigt, das Rösi, es kann das nicht,

---

* Gefrorenes, Speiseeis
* Eisbecher

während Fred abends jedesmal zum Schwätzer wird, so viele sagen, bei der Marierose ist's lustig, komm, wir fahren noch rasch zu ihr, so ist's wirklich, wirklich so!, und hockte ich nicht zu ihnen in die Gartenwirtschaft und würde stattdessen in unsere Stube verschwinden, keiner käme um diese Zeit, das ist ein Problem, ein grosses, unlösbares Problem!, sobald ich's Trinken aufgebe und mit einem Glas Süssmost oder so eine geschlagene Stunde an einem der Tische rumsitze, wird's mit dem Umsatz abwärts gehn, das ist ein Opfer, ein echtes Opfer, müsste vielleicht eine halbnackte Barmaid engagieren, doch Vatti, ich weiss, er hätte keine Freude und ich selber wär bei unsern männlichen Gästen vielleicht bald die zweite, eine Zwickmühle, mein Beruf, eine Zwickmühle, aufstehn muss ich trotzdem, so gemütlich es heute morgen im Bett wäre, die Pflicht ruft, der Tagesablauf, dass Pia aber um den Schmidhauser getänzelt ist, hat keiner verstanden, auch ich nicht, wollte ihn wohl verhexen, von seinem Trudi wegbringen und all den übrigen Weibern, gelungen ist's nicht, es ist ihr nicht gelungen, und so sehr Vatti Tag und Nacht mit Trudi geschwatzt und sie öfters zu einem Gläschen eingeladen hat, mein Fall wird sie nie werden, hat uns jedoch Geld gebracht mit ihren fünf oder sechs Wochen in der Dependance drüben, so lang war noch keiner hier, und bis jemand länger als Trudi bleibt, wird's eine Weile dauern, mir hat's gar nicht gefallen, dass die kleine Pezold-Tante ihr Haus den Schweizer Schriftstellern vermacht hat, wir hätten doch denen ein Zimmer zur Verfügung stellen können, günstig und mit Kost und Logis, eine gute Reklame wär's gewesen, von überall wären sie gekommen, um mich und Vater zu intervenieren oder wie das blödsinnige Wort heisst, es ist anders herausgekommen, sie hat's denen vererbt – und jetzt, Marierose, jetzt stehst du auf!, Vatti ist bestimmt schon bei den Chüngeln* und füttert sie, er kann's nicht lassen, obschon Fred schon mehrmals vorgeschlagen hat, er übernehme diese Arbeit, mache sie gern, jeden Morgen einen Korb voll Gras mähen, das sei kein Ding für ihn und er liebe doch Tiere, aber

---

* Kaninchen

Vatti will's selber machen, also soll er's selber machen, aber bitte nie tot umfallen, nie, nie, nie!, ich brauch dich, Vatti, ich brauch dich, noch viele, viele Jahre, und jetzt steh ich auf, schlag die Decke zurück, öffne die Fensterläden, blicke zur Sonne hinüber, dann dringend aufs WC, sehr dringend, die Blase entleeren, den Darm, oh, ich bin draussen, steh auf meinen geschwollenen Füssen, der Tag kann anfangen, der neue, der arbeitsreiche und vermutlich genau wie gestern verlaufende Tag.

II

Ambrosius wollte es nicht anders, spürte gar Freude, weil er seit gut einer Stunde wach auf dem Bett lag, in diesem schmalen, langen Zimmer, dessen zwei Fenster, wie er wusste, Elisabeth bereits am Nachmittag weit aufgestossen hatte, um die abgestandene Luft durch frische zu ersetzen.

Es war ihr gelungen.

Ambrosius konnte gut atmen, die herrliche Seeluft einsaugen; und wenn er auch, wegen der andauernden Hitze, in seinem blauen Pyjama auf und nicht unter dem Duvet* lag, er war zufrieden, wie schon lange nicht mehr.

Und Elisabeth, seine geliebte Elisabeth, schlief vermutlich bereits, oben auf ihrem breiten Bett, im Raum neben dem grossen, tagsüber so wunderbar hellen, von keinen Bildern belasteten Wohnzimmer, in dem er, falls er wollte, morgen die ersten Seiten seiner in Disentis skizzierten Vortragsserie über ihm wichtige Kirchenväter korrigieren oder verändern würde.

Er würde daran arbeiten.

---

* Federbett

Wenigstens zwei Stunden lang.

Aber kaum im Wohnraum.

Und er hatte es auch abgelehnt, dass Elisabeth ihr schönes, ebenfalls sehr helles Schlafzimmer an ihn abtrat, damit er in diesem vorn an einem modernen, erstaunlich zweckmässigen Arbeitspult arbeiten könne.

Er brauchte das nicht.

Weder das Schlafzimmer von Elisabeth noch den Wohnraum, der – mit viel Geschick – für Schreibende konzipiert worden war.

Einzig das kaum auffallende Cheminée* an der Ostwand des gut zehn Meter langen und fünf Meter breiten Raumes und die davor placierte Sitzgruppe gab diesem einen glücklicherweise nur schwach bemerkbaren bürgerlichen Anstrich.

Nein, Ambrosius genügte es doch, im untern, kellerartigen Stockwerk zu schlafen und oben, in einem kleineren Eckzimmer samt Balkon und Seesicht zu arbeiten, zu lesen oder auf der von Steinplatten belegten Veranda mit Elisabeth zu reden oder, warum unaufhörlich aktiv sein?, gar nichts zu tun.

Dieses schmale Zimmerchen reichte zum Schlafen, Beten und Sinnieren vollauf; und er hatte sich heute nachmittag, als er für ein paar Minuten ausruhte, über jeden Käfer und ebenso über jeden Heugümper* gefreut, der von der mit Efeu bewachsenen Brüstung her ins Zimmer gekrochen bzw. gesprungen war und den er hernach mit seinen Händen behutsam wieder hinausbeförderen musste, damit das Tier am Leben blieb.

Ambrosius hatte zwar schon lange geahnt, dass Quinten, das nur per Schiff oder zu Fuss über stotzige*und abschüssige, in Felsen gehauene Wege zugängliche Dörfchen, eine Reise wert war – aber so in sich ausbalanciert hatte er den Streifen Land unter den Churfirsten nicht erwartet. Es war wie im Tessin oder eher wie am Ufer eines norditalienischen, noch nicht oder kaum verbauten Sees. Feigen-, Kastanien- und Nuss-

---

* offener Kamin
* Heuschrecke
* steil

bäume wuchsen hier und vor allem Trauben, die, er hatte in der Gartenwirtschaft des "Bootshaus" und nachher vor der Wirtschaft "Zur alten Mühle" bereits seine ersten Gläser Quintener getrunken, einen süffigen, erfrischenden Wein ergaben.

Ein Geschenk, drei Wochen lang in Quinten verbringen zu dürfen, am Ufer des Walensees mit seinem dunkelblauen Wasser (oder war's türkisblau?), in diesem villaähnlichen, auf einer Terrasse erstellten Flachdachhaus, zu dem man über eine betonierte Treppe oder auf einem schmalen, mit Kies bestreutem Weg gelangte – es sei, man kletterte oberhalb des Wanderweges, verrückt, verrückt!, ins auf steil ansteigenden Schienen fahrende Bähnchen, das zwei, höchstens drei Menschen Platz bot und in langsamem Tempo hochtuckerte, sobald man den entsprechenden Schlüssel ins Schloss unter der Sitzbank schob, ihn leicht drehte und dann auf den Startknopf drückte, der sich daneben befand.

Er hatte das grasgrün bemalte, gegen Wind und Regen ungeschützte Bähnchen komisch gefunden.

Und er fand's noch immer.

Obschon er wie Elisabeth nicht vollends kapierte, wie dieses links und rechts der Schienen von zwei kaum sichtbaren Drahtseilen gezogene Vehikel je an sein Ziel kam ...

Elektrizität war da im Spiel und technische Raffinessen, die für Ambrosius stets ein Rätsel bleiben würden.

Ja, mit dem komischen Ding konnte er sich nicht befreunden.

Es entsprach sowenig der Landschaft wie das meist von Bodendeckern bewachsene Gelände, das terrassenförmig zum halb aus Beton, halb aus Holz gebauten Haus hinaufführte und auf dessen Höhe mit Weisstannen, Agaven, riesigen Kakteen und sogar Palmen bepflanzt war, die allesamt offenbar nur eine Funktion hatten: nämlich das Haus vor möglichen Eindringlingen oder vor den Blicken Neugieriger abzuschirmen.

Ambrosius mochte das nicht.

Bähnchen wie Bepflanzung hatten für den Pater den Geruch des Neureichen, zumal, es war Ambrosius gleich aufgefallen, gewaltige Ketten und ein schmiedeeisernes Tor das von den inzwischen verstorbenen Besitzern gekaufte Land vom Wanderweg abtrennten, der Quinten mit dem Weiler Au und der wunderhübsch gelegenen Wirtschaft "Bootshaus" verband.

Er mochte das nicht – und verachtete, so sehr er dagegen ankämpfte, seit jeher Besitzende, die ihren Besitztum derart markieren mussten.

Und dazu dieses Bähnchen ...!

Da konnte ihm Elisabeth erklären wie sie wollte, sie sei froh, keine Einkaufstüten hinauftragen zu müssen oder nach einem Bad im See zum Haus hochfahren zu können, die früheren Besitzer hätten schon gewusst, warum sie einen Ingenieur beauftragten, auf dem Papier ein zugegebenermassen unübliches Bähnchen zu entwerfen und dann auch zu verwirklichen.

Ambrosius liess immerhin ihre Argumentation gelten, wusste aber, dass die wegen Bäumen, Büschen und, auch das!, wegen Schilfrohren vom Wanderweg her nicht einsichtbare Villa letztlich nicht seinem Geschmack entsprach.

Dafür war's auf der Terrasse und im Haus selber unwahrscheinlich schön; zu schweigen von der Wiese neben dem kleinen Bassin und vor einem nicht mehr benutzten oder zur Abstellkammer verkommenen Hühnerhaus, hinter dem ein von Haselbüschen, Akazien, Tannen und Farnen dominiertes, zweifellos undurchdringliches Tobel* samt einem unentwegt plätschernden Wildbach sich gegen den Wanderweg hinunterzog, ein Wildbach übrigens, der laut Elisabeth ganz anderes konnte als nur plätschern, vor drei Tagen, nach einem heftigen, nächtlichen Gewitter, sei er geradezu zum See hinabgedonnert, über Stunden hin habe sie kein Auge zugetan.

Im Bassin, jaja, würde er baden, viel lieber als im See.

Seinen Bauch fremden Menschen zu zeigen, das lag Ambrosius nicht.

Und trotz des für seinen Geschmack zu protzigen, praktisch ungenutzten und somit den letzten Quintener Landwirten irgendwie gestohlenen Gartens war er zufrieden.

---

* Waldschlucht

Sehr sogar.

Er hatte keinen Grund, sich, wie hin und wieder in seiner Zelle, von einer Seite zur andern zu drehn.

Nicht einen.

Und was für ein unvergleichlicher, schöner Tag war das heute gewesen: Zuerst die Begrüssung auf dem Bootssteg, dann in der etwa zehn Minuten entfernten, über einem zum See abstürzenden Felsen geschickt und doch wunderbar angelegten Gartenwirtschaft der ”Alten Mühle“, später hier im ”Pezold“, hernach drüben im ”Bootshaus“, wo Elisabeth ihm, wie sie's nannte, als Kostprobe zarte Felchenfilets aufdrängte, dann wieder vor der düsteren, imposanten und sehr hohen ”Mühle“ und anschliessend erneut zwei oder drei wunderbare Stunden auf der Veranda, mit Blick zum vielleicht fünfzig Meter tiefer liegenden See, zum Bootshafen, den, je mehr die Stunden vorrückten, immer seltener Schiffe ansteuerten, oder hinüber auf das allmählich im Dunkel der Nacht entschwindende andere Ufer des Sees, zur kaum vernehmbaren Autobahn oder zu den Matten und Felsen der Glarner Alpen hinauf.

Schön war's gewesen.

Schön.

Wegen allem.

Und besonders wegen Elisabeth.

Auch den alten, bärtigen, im Gesicht zahlreiche Furchen aufweisenden Wirt, der seine Pfeife ständig neu in Brand stecken musste, hatte er bald mal gemocht, die Geschichten, mit denen er am heutigen frühen Abend die Gäste vor der ”Alten Mühle“ unterhielt.

Weniger hatte ihm dagegen dessen ihren fetten Leib hinter einer Rüschenschürze verbergende Tochter gefallen, die sich regelrecht als Wirtin inszenierte, ihm und Elisabeth und den andern drei oder vier abendlichen Gästen andauernd eine neue Flasche Quintener andrehen wollte und einen ihrer Angestellten, einen gewissen Fred, zurechtwies, als dieser sich erlaubte, Ambrosius umständlich zu berichten, nebenamtlich sei er von einigen Hausbesitzern beauftragt, ihre Gärten zu besorgen,

16

auch jener der "Casa Pezold" gehöre dazu, er möge ihn gar nicht, er sei zu steil und zu unwegsam.

Nur, das alles spielte keine Rolle.

Entscheidender war: Elisabeth, nach mehr als fünfundzwanzig Jahren, wiederzusehn, ihre kräftige, leicht heisere und doch so helle Stimme zu hören, die erste Falten am langen Hals zu entdecken (er hatte sie damals in Briefen "meine liebe Giraffe" genannt) und zu verstehn, weshalb er damals so heftig in sie verliebt gewesen war und sie noch immer, wenn auch rein geistig, mit starken Gefühlen liebte.

Sie ist eine grossartige Frau, dachte er, eine Frau vom Schlage meiner Mutter.

Doch nie hatte er Elisabeth mit ihr verglichen.

Er war kein Mann gewesen, der als Freundin oder Geliebte eine ähnliche Frau wie die eigene Mutter suchte.

Nie.

Mit Elisabeth, da bestanden für Ambrosius nicht die geringsten Zweifel, würde er noch heute glücklich sein.

In München, Passau, Quinten oder wo immer.

Bloss, seine Feststellung war müssig: Er hatte sich anders entschieden, war Priester geworden, nicht zuletzt, weil Elisabeth seine Berufung respektierte.

Aber vielleicht hatte sie damals seinen weltmännischer auftretenden Kommilitonen Fredel ohnehin besser gemocht.

Und vielleicht auch Armin, den Motor der V3, mit dem zusammen er etliche Schwipse gehabt hatte, die sie dem Blanc de Blancs verdankten . . .

Er würde sie fragen – obwohl er genau wusste, dass sie ihn geliebt und die zwei andern nur als lustige Brüder (ihre Bezeichnung) betrachtet hatte.

Die Frage erübrigte sich somit, gehörte in den Bereich der Koketterie.

Und Elisabeth war ja verantwortlich, dass er in Quinten Ferien verbringen durfte, wenige Meter über dem Walensee und am Fuss der Churfirsten, deren Gipfel, waren es sieben oder neun?, sich zweitausend und mehr Meter über Meer befanden und die er, in seiner körperlichen Verfassung, nie betreten würde; auch wenn Elisabeth nach dem von ihr schon am Vormittag liebevoll vorbereiteten Mittagessen davon gesprochen hatte, ihn mal auf den Hinterrugg zu schleppen, auf einer Wanderung, die über acht Stunden dauern und mit einer Nacht in einer Bergwirtschaft fürs erste enden würde, um dann anderntags mit dem Abstieg fortgesetzt zu werden.

Nein, das war nichts für ihn.

Hier, in Quinten wollte er bleiben, gelegentlich zu Fuss nach Au gehn, auf dem durchwegs ebenen, zum Teil Felswänden abgerungenen Strässchen, vielleicht mit dem Kursschiff mal nach Weesen, Betlis oder, eher nicht, der Ort war gewiss hässlich, nach Walenstadt fahren, es gemütlich nehmen, nicht so viel trinken und essen wie heute und auf körperliche Anstrengungen verzichten.

Für solche war er kaum oder nicht mehr der richtige Mann.

Und er hatte es Elisabeth auch gesagt, als sie vorne auf der Terrasse trotz seines Protestes eine "Schlummertrunk"-Flasche öffnete und vom Leistcham, vom Selun, vom Hinter- und Chäserrugg zu schwärmen begann, von diesen Gipfeln könnten sie zum gut tausend Meter tiefer liegenden See hinuntersehn, auf die Häuser von Quinten und Au und auf die zwei Wirtschaften, in denen sie gewesen waren, ihre Berner Freundin hätte ihr eine solche Höhenwanderung sehr ans Herz gelegt.

Darauf könne er verzichten, hatte er lachend entgegnet – und sich wie damals in München gefreut, im Scheine zweier Kerzen das schöne Gesicht von Elisabeth anzuschaun, die manchmal graugrünen, dann wieder, je nach Lichteinfall, beinah hellblauen Augen, ihre heisere und doch nicht heisere Stimme zu hören und die eleganten, feingliedrigen Hände zu bewundern, die wie ihr klassischer Kopf Intelligenz ausdrückten und verrieten, wie sehr diese Frau Frau war, im Sinne jener von der Menschheit ersehnten Frau, die Not lindert, besänftigt und eigene Bedürfnisse, weit weg vom Geschrei heutiger Feministinnen, in den Hintergrund stellen kann.

Ambrosius war zufrieden, lag gerne wach auf dem Bett und

erlaubte sich, noch zuzuwarten, um auf den Boden zu knien und Gott für den heutigen Tag zu danken.

Das hatte noch Zeit.

Lieber hörte er dem heftigen Gesang der Grillen zu, dem Geplätscher des Bergbaches und lauschte, wie ein sanfter Wind die Blätter und Äste der Palmen und Feigenbäume leise bewegte, die die Villa umstanden.

"Komm doch für zwei oder drei Wochen zu mir nach Quinten", hatte sie in ihrer klaren, von ihm so geliebten Schrift geschrieben, "ich kann dort zufällig für gut anderthalb Monate ein Haus mieten, um in diesem meine Arbeit über das Religiöse in der neueren deutschen Literatur, von Borchert bis zu Böll und heute, zu schreiben, es wäre eine zusätzliche Freude, dich wiederzusehn, vielleicht erlaubt dir dein Abt, drei oder vier Wochen Ferien zu nehmen, ich werde dich gewiss nicht verführen und du mich auch nicht . . ."

Ambrosius hatte die Einladung mit grosser Freude gelesen und keine Sekunde gezögert, den Abt, den er schätzte, aber nicht gerade liebte, zu fragen, ob er nach Semesterschluss für einige Zeit nach Quinten dürfe, er möchte dort seine ehemalige Freundin in allen Ehren treffen (so geschwollen musste man mit dem Abt reden), sie arbeite in Passau als Katechetin und Lehrerin und habe mehrere Bücher zum Thema Literatur und Kirche veröffentlicht, in der Bibliothek unten ständen seines Wissens drei Bände.

Pater Gregor war, was Ambrosius erstaunt hatte, einverstanden gewesen.

Wenn es in Quinten eine Möglichkeit gebe, jeden Tag die heilige Messe zu lesen, hätte er keinen Einwand, nur müsse Ambrosius ihm versprechen, nicht wieder über eine Leiche zu stolpern, die zwei Aufenthalte im Appenzellerland wären eine bare Katastrophe gewesen, um den Selbstmord des Sepp Kluibenschädels, oder wie der arme Kerl geheissen habe, gar nicht zu erwähnen*; man mauschle seither in Disentis und Umge-

---

* sh. "Mord in Mompé", "Mord über Waldstatt" und "War's Mord auf der Meldegg?" von Jon Durschei

bung, mit Pater Ambrosius lebe im Kloster ein Pater, der einen sechsten Sinn besitze, wo er hingehe, geschehe prompt ein Mord, der Bündner Journalist Hampi Rauch habe ihm, dem Abt, letzthin an einem Treffen mit dem Surselver Verkehrsverein halb ernst, halb humorvoll die Frage gestellt, ob er etwas dagegen hätte, wenn er, Rauch, über Ambrosius' Mordfälle ein Buch schreibe, er trage sich ernsthaft mit dem Gedanken, dies zu tun, ein Vorabdruck in der "Bündner Zeitung" wäre garantiert.

Das war hirnverbrannt: ein Buch und eine Zeitungsserie über ermordete Menschen, deren Mörder Ambrosius gekannt hatte.

Und die wie nebenher vorgebrachte Bemerkung des Abtes, in Disentis würde über ihn gemauschelt, er besässe einen sechsten Sinn, hatte Ambrosius, oh ja, er gab's zu!, verletzt.

Er besass nicht die Gabe, über Leichen zu stolpern!

Und er war kein Mensch, der andern den Tod brachte; und daher hatte er auf der kurzen Bahnfahrt von Chur nach Murg Gott und den Schutzengel beinah bekniet, ihn davor zu bewahren, in Quinten auf einen toten Menschen zu stossen.

Dazu liebte Ambrosius das Leben zu sehr, die Abende im "Cumin", die sanften Spaziergänge am Ufer des Rheins, ein gutes Essen, lesenswerte Bücher, lebhafte Diskussionen, die Stunden vor dem Altar, den täglichen Ablauf im Kloster, die Ahnung, dass alles und jedes seinen Sinn hat.

Absurd und bösartig, die Mär zu verbreiten, er bringe gewissermassen den Tod mit, wohin er gehe.

Zweimal, das entsprach Tatsachen, hatte er während seiner Ferien tote Menschen gefunden; doch dass Gabi in Mompé droben in ihrer Badewanne gestorben war, konnte keiner mit seinen seltenen Reisen in Verbindung bringen.

Ambrosius wollte nicht wieder an diese Dinge denken.

Auch nicht an Georges Emmenegger, an Gian, den von Gabi zum Disentiser Tarzan hochstilisierten Skilehrer oder an den eifersüchtigen und voller Mutterkomplexe steckenden Jüngling aus dem Tirol . . .

Viel zu beschwingt war der heutige Tag hierfür gewesen, auch viel zu eindrücklich!

Fast wütend drehte er sich zur Wand, hörte wieder die Grillen, die auf dem wohl nur vom Gärtner, von diesem Fred Anliker begehbaren Abhang zirpten, was das Zeug hielt.

Lieber wollte er nochmals an die ersten Stunden denken, die er heute mit Elisabeth verbringen durfte, hier auf der Veranda, drüben vor dem "Bootshaus" und in der Gartenwirtschaft der "Alten Mühle", keinen, was die Luftlinie betraf, Kilometer von der "Casa Pezold" entfernt.

Es war umwerfend gewesen: Genau, wie er's sich während den vergangenen Tagen und auf der Herfahrt vorgestellt hatte.

Schon vom Schiff aus hatte er Elisabeth unter all den farbig gekleideten Touristen und Touristinnen erkannt, die auf die Rückfahrt nach Murg oder wohin immer warteten, indessen Elisabeth als einzige nicht aufs Schiff wollte, sondern hoffte, auf der "Alvier" sei jener Mensch, den sie seit jenem Münchner Jahr nicht mehr getroffen hatte.

Ja, mühelos hatte er sie erkannt.

Die hochgewachsene, selbst aus der Entfernung selbstbewusst wirkende, schwarzhaarige Frau.

In blauen, schlichten Jeans war sie vor dem Hafengeländer gestanden, mit einer weissen Bluse, die sie, wohl wegen der Hitze, nicht in die Hose gestopft hatte.

Und Ambrosius, er musste, jetzt im Bett, darüber lächeln, war beinah so aufgeregt gewesen wie vor dem ersten Rendezvous mit Elisabeth.

Die Begrüssung auf der Quaimauer, direkt neben dem vor wenigen Jahren in den See hinausgebauten, wenig einladenden "Seeblick" würde er nie oder wenigstens für lange Zeit nicht vergessen.

Er hatte nur Elisabeth gesehn, war, bedrängt von ein- und aussteigenden Menschen und lärmenden Kindern, verwirrt vom Schiffssteg auf sie zugetreten, um sie dann, er überragte sie höchstens um zwei, drei Zentimeter, spontan an sich zu ziehn und mit seinen Lippen die ihren zu berühren, nicht so lang und innig wie früher, aber immerhin.

Elisabeth war älter geworden.

Wie er.

Aber schön war sie nach wie vor: Auf eine Weise sogar schöner, fraulicher als vor gut fünfundzwanzig Jahren – und Ambrosius hatte dies festgestellt, obgleich er stets auf den Stockzähnen lachen musste, wenn jemand ihm sagte, Reife gebe einem Gesicht erst das gewisse Etwas.

Bei Elisabeth traf dies zu.

Kein Zweifel.

Zufriedenheit, Güte, Lebensfreude strahlte ihr Gesicht aus; und nicht allein die manchmal wie verraucht wirkende, plötzlich wieder sehr helle, Glück verheissende Stimme verriet ihm, weshalb er einst wegen Elisabeth beinah darauf verzichtet hatte, Priester, Pater zu werden.

Auch ihr Körper zog ihn nach wie vor an, die kräftigen Beine, die strahlenden Augen, die ganz am Kopf anliegenden Ohren, die schwarzen Haare, die sie mal offen trug und am nächsten Tag zu einem bei jedem Schritt hin- und herbaumelnden Rossschwanz zusammenband.

Da war er weit weniger präsentabel: Zu gut kannte er den Rettungsring um seinen Bauch, die nicht mehr allzu glatte Haut, die Runzeln an seiner Stirn, die Haare, die aus seinen Ohrmuscheln wuchsen, trotz des alten Coiffeurs aus Segnes, Alberto Beruzzi, der sie bei jedem Haarschnitt wegrasierte, worauf sie umso üppiger zu spriessen begannen.

Da war nichts zu machen.

Ambrosius wurde älter.

Am Hafen von Quinten hatte es keine Rolle gespielt.

"Du bist ja ein richtiger Pater geworden, mit Kutte und allem", hatte Elisabeth gestaunt und lange seine Hand gehalten, "soll ich dich jetzt Ambrosius oder Alexander nennen . . .?"

Sie möge es halten, wie sie wolle, war seine Reaktion gewesen, Ambrosius sei ihm eigentlich lieber, er freue sich schlicht auf die Tage mit ihr, es sei höchste Zeit, wieder miteinander zu reden und nicht bloss alle paar Monate voneinander lange Briefe zu lesen.

Das denke sie auch, hatte sie geantwortet und ihn gefragt, ob er in der Gartenwirtschaft der "Alten Mühle", acht- oder neunhundert Meter vom Schiffsteg entfernt, etwas trinken möchte oder – sie wies zu einem weissen, hinter Bäumen halbwegs versteckten Haus hinauf – in der "Casa Pezold", die Hitze mache durstig, er in seiner schwarzen Kutte müsse sich doch schier auflösen, nachher gebe es eine Kleinigkeit zu essen, sie habe für sie beide einen Risotto vorbereitet.

Er war, wie anders auch, für die Gartenbeiz gewesen.

Und ehe er sich versah, hatte Elisabeth mit der einen Hand seine Reisetasche ergriffen, während sie ihn mit der andern an all den Touristen vorbei auf einem Strandweg, rechterhand wuchsen Reben, links stürzten kleine Felsen zum See hinunter, innert weniger Minuten zur von ihr vorgeschlagenen Gartenwirtschaft führte und gleich ein freies Tischchen fand, keine fünf Meter über dem See und ein wenig abgeschirmt von den unaufhörlich redenden und wegen nichts und wieder nichts lachenden andern Gästen.

Vor lauter Freude hatte er zuerst nicht mal richtig die Gartenwirtschaft und dahinter die alte, sehr hohe, neugierig machende Wirtschaft bemerkt; ganz zu schweigen von der gestutzten Platane, deren Äste ein riesiges Dach über den roten, braunen und gelben Blechtischen bildete, Äste übrigens, die miteinander durch, wahrscheinlich wegen der zahllosen Blätter, kaum sichtbare Drähte verbunden waren, an denen Glühbirnchen hingen, die am Abend, wie er später mitbekommen sollte, in allen Farben leuchteten und Bootsfahrer oder Ferienleute schon von weitem anlockten.

Und dann sassen sie einander gegenüber.

Seit mehr als einem Vierteljahrhundert zum erstenmal.

Ambrosius hatte kaum Worte gefunden – und auch deshalb von der schönen Landschaft geschwafelt, in der sie sich jetzt begegnen durften.

Erst der weisse Malanser, den Elisabeth zusammen mit einer Flasche Mineralwasser vom Selbstbedienungsstand brachte, löste seine Zunge.

Und Ambrosius erfuhr, dass man in oder vor der "Alten Mühle" abends vom alten Wirt oder von dessen Tochter persönlich bedient würde; ab elf Uhr vormittags bis sechs Uhr herrsche aber bei schönem Wetter ein fürchterliches Gedränge, ganze Schiffladungen von Schulreisen, Rentnern und andern Ausflüglern dominierten dann, wie jetzt, die Gartenbeiz und das Dörfchen Quinten, das neuere Restaurant, der "Seeblick", sei keine Konkurrenz, es gefalle eher älteren Leuten, vor allem gehbehinderte Damen und Herren und kuchensüchtige Grossmütter (woher hatte Elisabeth nur das unfreundliche Wort?) würden dort zwischen zwei Schiffen verkehren, kaum aber Familien mit Kindern oder grössere Gruppen, darum habe der alte Wirt der "Mühle", ein Jakob Tobler, schon vor Jahren vor dem Keller seiner Wirtschaft eine Selbstbedienungstheke eingerichtet, anders sei der Andrang von Durstigen und Hungrigen nicht zu bewältigen, nur wer ein Menü wünsche, werde von einem der italienischen Kellner oder der Serviererin bedient.

So war es, gewiss.

Ambrosius hatte es mit eigenen Augen mitbekommen, wer und was da alles in die Gartenwirtschaft der "Alten Mühle" strömte, entweder unter dem Schutz der Platane Platz nahm oder etwas weiter unten auf einer betonierten, ebenfalls über einer kleinen Felswand gelegenen Seeveranda, die, bei Sonnenschein wie heute nachmittag, von einem gewaltigen, gegen zwanzig Meter breiten Sonnenschirm überdacht war.

Er fand sie schrecklich, diese ihre Umwelt mit Blabla erfüllenden und wild gestikulierenden Menschengruppen, mit und ohne Kinderwagen, mit Rucksäcken, Bergschuhen, Knickerbockern oder ohne Wandererembleme, nahezu jeder einzelne erpicht, auch mal erwähnen zu dürfen, wo er schon überall gut gegessen und für wenig Geld übernachtet habe . . .

Er fand sie schrecklich.

Und auch die aneinandergereihten Blech- und Biertische, die so gruppiert waren, dass möglichst viele Leute speditiv abgefüttert werden konnten.

Nur, darüber wollte er sich nicht ereifern.

Wozu auch?

Erstens war's ein Zeichen von Selbstgerechtigkeit, zu glauben, man sei differenzierter als Menschen, die meist gruppenweise auftreten, und zum andern wusste er, Elisabeth lag auf ihrem Bett, schlief vermutlich oder las in einem Buch, während er einen Stock tiefer die unglaubliche Düfte ins Zimmer bringende Luft genoss und bereits jetzt den morgigen Tag, einen Tag mit Elisabeth, herbeisehnte.

Es war gut, dass Elisabeth ihn aufgefordert hatte, nach Quinten zu kommen, in ihrem Alter, wieder musste er über ihre Worte lächeln, bestehe keine Gefahr, dass sie sich gegenseitig neu verliebten und daher Probleme entstehen würden.

Ambrosius war davon nicht vollends überzeugt.

Nur, jetzt war's keinen Gedanken wert.

Eher wollte er daran denken, dass Elisabeth ihn, nachdem sie die Karaffe mit dem Malanser leergetrunken hatten, wie selbstverständlich unterfasste und auf dem unvergleichlichen Strandweg von der "Mühle" nach Quinten und von dort zum Gartentor und zum Bähnchen führte, mit dem sie dann erstmals zur "Casa Pezold" hinauffuhren.

Schon in einem Brief hatte sie das skurrile Bähnchen erwähnt.

Und Ambrosius konnte noch jetzt kaum glauben, dass es so etwas gab.

Es gab aber das Minibähnchen. Und dem Pater, er gestand's sich ein, war's nur recht gewesen, dass ausser Elisabeth kein Mensch zugesehen hatte, wie er unten, an der Talstation sozusagen, bereits zweimal mit seinem schweren Körper aufs Bähnchen geklettert war, beidemal annehmend, es würde unter seinem Gewicht zusammenbrechen.

Es war nicht zusammengebrochen – und zukünftig sollte es ihn nicht mehr bekümmern, ob jemand zusah oder nicht, wenn er sich auf einen der beiden Bänke des Bähnchens setzte und geradeaus starrte, während er in diesem hinauffuhr.

Die Angst, es würde in rasender Geschwindigkeit zurücksausen und Elisabeth und ihn auskippen, sie zeugte nicht von jener christlichen Zuversicht, von der er in seinen Predigten oft allzu leichtfertig sprach.

Hier, in Quinten sein zu dürfen, das zählte doch.

Nichts sonst.

Nichts sonst.

Darum sog er erneut die herrliche Nachtluft ein, dachte an das nachmittägliche Gespräch in einem wunderhübschen Winkel des verwachsenen Gartens, nicht unweit des Bassins, über dem zwei Libellen kreisten und Hummeln und Bienen summten, deren Besitzer, die Imker, wenn man so sagen darf, den Schutz des heiligen Ambrosius beanspruchen durften*.

Er wusste nicht mehr genau, worüber sie gesprochen hatten.

Elisabeth hatte ihm unter anderm die Namen der Dörfer auf der gegenüberliegenden Seeseite genannt, Murg, Mühlehorn, Unterterzen, und auf die Kapelle oberhalb des auch aus dieser Perspektive nicht gerade einladend aussehenden "Seeblick" und die vier, fünf Steinhäuser von Quinten gezeigt, die zusammen mit den Reben und den Steinmauern den Eindruck vermittelten, man sei im Süden und nicht in einem der noch wenigen intakten Dörfchen der deutschen Schweiz, in einem Dörfchen allerdings, in dem keine Autos fuhren und keine Motorradfahrer mit ihren schweren Maschinen Fussgänger und Tiere gefährdeten.

In den von Bäumen umgebenen und daher das Landschaftsbild kaum störenden Ferienhäusern, dies hatte er von Elisabeth erfahren, verbrachten aber meist Zürcher und Deutsche ihre Wochenenden; und zwei, drei ältere Häuser in und um Quinten waren allem Anschein nach von Leuten bewohnt, die ihren Lebensabend wenigstens nicht in Spanien oder auf den Kanarischen zu geniessen versuchten, dafür am Walensee.

Sie könnte nicht ständig in Quinten wohnen, zu sehr käme sie sich, obschon erst eine Woche hier, wie ein Eindringling in eine über Jahrhunderte gewachsene Welt vor, hatte sie gemeint und dadurch erneut ihre Sensibilität bewiesen; das Geschichtliche berühre sie sowieso, die Namen Quinten, Quarten, Terzen verrieten, dass die Römer in der Gegend des Walensee gewesen seien, und der Name Betlis, das von Quinten nur über einen Felsweg oder eben, das hiesige Transportmittel, mit dem Schiff

---

* Die Biene wurde schon früh zum Attribut des grossen Kirchenvaters, den man wegen seiner "süssen" Reden rühmte. Er gilt als Schutzpatron der Imker.

zugänglich sei, dieser Name spiele vermutlich auf Bethlehem an, für andere Bezeichnungen wie Tschingel, Garadur oder Nefadina, alles Orts- und Flurnamen im Gebiet der Churfirsten, habe sie hingegen keine Erklärung, ob es ihm diesbezüglich besser ergehe, ihm, als Lateiner und Kenner mancher Sprachen?

Ambrosius erging's nicht besser.

Es fehlten die Nachschlagewerke, die Bibliothek des Klosters.

Dass aber diese Ortsnamen mit den rätoromanischen Idiomen eng verwandt waren, war unbestritten.

Er hatte trotzdem nicht darüber referiert, sondern lieber zugehört, warum Elisabeth überhaupt in diesem Haus einige Wochen leben konnte (sie hatte es in einem ihrer Briefe nur zwischen den Zeilen angetönt*).

Es habe zwei älteren Deutschen gehört, vernahm Ambrosius, er sei Chefredaktor der "Westfälischen Rundschau" gewesen, habe stets in Quinten mit seiner Frau die Ferien verbracht und nach der Pensionierung gar hier gelebt, und weil die Frau gehbehindert gewesen sei, habe er das Bähnchen erstellen lassen, er sei vor ungefähr fünfzehn, sie vor drei oder vier Jahren gestorben, und weil die alte Dame keine Erben gehabt hätte, habe Frau Pezold vor ihrem Tod das Haus samt Umgebung dem Eidgenössischen Schriftstellerverband vermacht; seither würde in der "Casa Pezold" alle zwei, drei Monate ein anderer Mieter oder Bewohner leben, meist Autoren oder Autorinnen, die in Quinten intensiv an einem Buch arbeiten wollten, sie selber sei mit der Sekretärin des Verbandes befreundet oder gut bekannt, sie heisse Lilo Weber, daher habe sie, Elisabeth, das Haus für sechs Wochen mieten können – mit der an sich lustigen Auflage, jeden Tag Tizzi zu füttern, eine zweifarbige Katze, die noch Frau Pezolds Katze gewesen sei, beide Verstorbenen würden übrigens auf dem kleinen Friedhof hinter der Kapelle ruhen, sie hätte den Grabstein vorgestern entdeckt.

Ambrosius wollte den Grabstein in den nächsten Tagen

---

* angedeutet

auch suchen und ein kurzes Gebet für die beiden Verstorbenen sprechen, denen er in letzter Konsequenz den Aufenthalt im einstigen Fischerdörfchen verdankte.

Warum lag er seit mehr als einer Stunde wach auf dem Bett?

Warum?

Er war doch gut gelaunt, musste nicht in Erinnerungen leben ...

Oder musste er's?

Wie von selbst war in den letzten Tagen die Frage hochgekommen, was aus ihm geworden wäre, hätte er damals Elisabeth geheiratet.

Eine sinnlose Frage!

Ambrosius schalt sich.

Elisabeth war's doch gewesen, die ihm in einer Gartenbeiz an der Isar auf den Kopf zugesagt hatte, sie wisse, er wolle weiter Theologie studieren, sie spüre, dass er Priester werden müsse, ihr täte es furchtbar weh, kein anderer Mann gefalle ihr wie er, aber es sei besser, sich jetzt zu trennen, mit dem Schmerz müssten sie beide so oder so leben.

Sie hatte recht gehabt: Beide hatten gelitten, jahrelang.

Jetzt, längst befreit von diesem Schmerz, konnte er darüber lächeln.

Er wäre nie ein guter Ehemann geworden.

Sie hingegen eine gute Ehefrau, davon war Ambrosius überzeugt.

Naja.

Darüber nachzudenken, brachte wenig.

Er *war* Pater, Elisabeth Deutsch- und Geschichtslehrerin am Gymnasium von Passau und publizierte alle drei, vier Jahre, ohne vom übergrossen Ehrgeiz so mancher Schriftstellerinnen umgetrieben zu werden, ein Buch, in dem sie versuchte, Theologie, Literatur und Psychologie miteinander zu versöhnen.

Und dahinter Einsamkeiten, die ihre, die seine.

Es war eine Wahl gewesen, ein Entscheid.

Ein guter?

Das Gegenteil?

Ambrosius schob's weg, dachte wieder, dass Elisabeth oben in ihrem gelben Pyjama oder vielleicht, wegen der Hitze, auch unbekleidet auf dem Bett schlief, sah, wie sie beide mit der Wirtin, dem Angestellten Fred, der Stuttgarter Theaterdirektorin und deren Liebhaber und später auch mit zwei blonden jungen Damen am roten Gartentisch über dem See sassen, nochmals einen Quintener tranken, den Elisabeth offeriert hatte, dann einen zweiten, worauf die Wirtin ihnen einen dritten aufdrängen wollte.

Es war misslungen.

Ob er der vom Murger Pfarrer angekündigte Pater sei und morgen in der Bernhard-Kapelle die Messe lese, hatte der vor wenigen Minuten zu ihrem Tisch gekommene alte Wirt nämlich gefragt, von Frau von Grafental wisse er, dass der Pater heute in Quinten eintreffen müsse; und als Ambrosius, in seinem braunen Manchesteranzug gar nicht wie ein Mönch aussehend, die Frage des bärtigen, diesmal eine Brissago rauchenden Mannes bejahte, wies Tobler seine Tochter beinah zurecht und meinte, keine Widerrede duldend, die dritte Flasche gehe aufs Konto des Hauses, es sei doch grossartig, dass jetzt während drei Wochen in Quinten täglich die Messe gelesen werde, der Pater werde auch einen Ministranten kriegen, ihn natürlich, Jakob Tobler.

Da war nichts zu machen.

Sie mussten, zum Glück nicht allein, eine dritte Flasche trinken.

Und der auf Ambrosius mit seinem schütteren Bart und den zahlreichen Furchen im Gesicht wie ein alter Alphirt wirkende, sicher über siebzig Jahre alte und voller Geschichten steckende Mann würde morgen vor oder in der Kapelle auf ihn warten, erfreut, dass Ambrosius ihm die Möglichkeit bot, in Quinten einer Messe beizuwohnen.

Der Pfarrer von Murg, hatte sich Tobler ereifert, halte nur alle zwei Monate in Quinten einen Gottesdienst ab, deshalb gingen Jahr für Jahr weniger Einheimische zur Kirche, es sei nicht jedermanns Sache, am Sonntagmorgen mit dem Boot nach Murg hinüberzufahren, nur vereinzelte der knapp achtzig Bewohner Quintens nähmen die Sonntagspflicht noch ernst.

Ob es Ambrosius in der Kapelle des heiligen Bernhard gefallen würde?

Sie war geschlossen gewesen, als er nach den Spaziergängen zur Au und zum ”Bootshaus“ mit Elisabeth in das Kirchlein treten wollte, riegelte doch, wie er anschliessend vernahm, der alte Tobler in seiner Funktion als Sigrist* jeden Nachmittag um fünf die Kapelle zu, um sie im Laufe des Vormittages wieder zu öffnen.

Morgen würde Ambrosius es selber tun.

Ohne dass er darum gebeten hätte, hatte der Alte im düster aussehenden Wirtshaus, das einst tatsächlich eine Mühle gewesen war, den schweren Schlüssel geholt und diesen Ambrosius in die Hand gedrückt, in den nächsten Tagen sei der Pater der Chef, er, Tobler, werde hingegen dafür sorgen, dass auch einige Gläubige in der Kapelle seien; schon Jahre kämpfe er, dass wenigstens alle zwei Wochen in Quinten ein Priester die heilige Messe lese, bis jetzt sei er damit nicht durchgekommen, er habe übrigens einen zweiten Schlüssel, um abends die Kapelle zu schliessen und eine Viertelstunde vor Beginn der heiligen Messe zwei, drei Minuten am Glockenstrang zu ziehn, er wolle, dass jedermann wisse, wann der Gottesdienst beginne.

Wie auch, Ambrosius nahm langsam wahr, dass die Müdigkeit in ihm hochkroch. Morgen abend wollte er jedenfalls allein mit Elisabeth sein.

Schon heute hatte er das gewollt.

Vergebens.

Irma Döblin wollte es anders.

Die vielleicht fünfzig Jahre alte, von Schönheitsoperationen oder Liftings leicht verunstaltete Deutsche, die in der Altstadt von Stuttgart – oder was von ihr geblieben war – ein kleines Theater führte, oberhalb des ”Bootshaus“ ein Ferienhaus besass, in diesem mit ihrem jungen, von ihr zweifelsohne ausgehaltenen Geliebten einige Wochen verbrachte und vor zwei Ta-

---

* Küster, Mesner

gen erstmals mit Elisabeth zusammengetroffen war – sie hatte ihn und Elisabeth an ihren Tisch gelockt.

"Nein, kommt doch zu uns", hatte sie nahezu befohlen, "sobald Marierose aufgeräumt hat, wird sie mit uns ein Glas trinken, ich bin neugierig auf deinen Pater, du willst ihn doch nicht allein für dich behalten, oder etwa doch?"

Es blieb Elisabeth keine Wahl: Sie musste zustimmen. Die Gesetze der Höflichkeit verlangten es gewissermassen . . .

"Wenn Pater Ambrosius will, warum nicht . . ."

Auch er hatte nicht gewollt, hatte aber genickt, obwohl ihm die aufgetakelte, hochgewachsene Stuttgarterin mit ihren blonden, toupierten Haaren, den Stögelischuhen* und ihrem hübschen, ebenfalls blonden, ein Rossschwänzchen tragenden Gigolo, der während einer Stunde kaum ein Wort sagen sollte, nur alle andern hin und wieder mit einem überheblichen Lächeln musterte – obwohl sie Ambrosius auf den ersten Blick nicht besonders sympathisch war.

Ich verändere mich nie, dachte er, pflege meine Vorurteile, diese exaltierte Theaterdirektorin mit ihrem Hysterie verratenden Gelächter mag ich nicht und ebensowenig die Wirtin von der "Mühle" . . . Es ist zum Davonlaufen, nie lerne ich, dass schon so oft mein erster Eindruck sich als falsch erwies, dass aus mir unsympathischen Menschen auf einmal sympathische werden, Georges Emmenegger zum Beispiel oder Gian Poltera, der Briefträger.

Dennoch, zu seiner Erleichterung hatte er keiner der beiden Damen das Du angeboten, wodurch er in die seltsame Situation geriet, dass Elisabeth alle am Tisch duzte, er dagegen stur beim Sie blieb . . .

Naja.

Und wenn er ehrlich war: Im Grunde hatte ihm nur der alte Tobler gefallen und, vom Aussehen her wenigstens, die zwei blonden, einander sehr ähnlichen Schwestern aus St. Gallen, die ebenfalls in Quinten, er wusste nicht genau, wo, ein Ferienhaus besassen, offenbar sehr reiche Eltern hatten, beide ihrer-

---

* Damenschuhe mit hohen Absätzen

seits einen Rossschwanz trugen, in St. Gallen, wenn Elisabeth richtig informiert war, die Handelshochschule besuchten und gelegentlich für Textilfirmen an Modeschauen auftraten.

Wurde er langsam zum Misanthropen?

So selten begegnete er Menschen, von denen er wünschte, es entständen Freundschaften mit ihnen. Bei den meisten erkannte er viel zu schnell deren Egoismus und Ichbezogenheit; auch dieses so gewählt daherredende, normalerweise nah beim Charlottenplatz lebende Stuttgarter Huhn, das – Elisabeths Eindruck – seinen Jüngling gewissermassen als Garnitur überallhin mitnahm, strahlte auf Ambrosius eine unheimlich starke Ichbesessenheit aus und war ihm körperlich zuwider gewesen.

Er, so sehr er's wünschte, konnte dies nicht ändern.

Ein Gefühl von Ekel hatte die Frau ausgelöst.

Musste er deswegen in sich gehn?

Ambrosius wusste es mit bestem Willen nicht.

Und wahr blieb's so oder so: Schon lange reizte es ihn kaum je, neue Menschen kennenzulernen – und nach wenigen Tagen einmal mehr zu entdecken, dass sie allesamt nur den eigenen Vorteil anstrebten.

Ja, Scheisser waren die meisten, nichts als Scheisser, gar kein Abbild des Göttlichen!

Ich liebe wenige, dachte er, so lebendige, warmherzige Menschen wie vor einem Jahr auf der Meldegg lerne ich selten kennen . . .

Unwillkürlich dachte er an das Meldegger Wirtepaar, den Musiker Yves, dessen arme Freundin, mit der Ambrosius brieflich verkehrte, an John, den Biertrinker – und plötzlich überlappte Elisabeths Gesicht all die andern Gesichter. Sie war ein Mensch, wie Gott ihn wollte, und schon jetzt war's eine erfreuliche Perspektive, morgen nach der Messe und dem Frühstück mit ihr zum Weiler Au und zum nicht weit entfernten Gasthaus "Bootshaus" hinüberzulaufen, dort – er musste langsamer trinken lernen, viel, viel langsamer! – gemütlich in der zweiten Gartenwirtschaft von Quinten zu sitzen, eine seiner Nazionale zu rauchen und mit Elisabeth über alles zu reden, was sie und ihn beschäftigte.

Nur, warum lag er so lange wach, nannte die Theatermenschin in Gedanken ein Huhn und viele Menschen Scheisser und war erleichtert, weder Frau Tobler noch Frau Döblin das Du angeboten zu haben?

Warum, um Himmels willen?

Warum?

Das war schlimm, war eine Sünde, abgesehen davon, dass er wahrscheinlich, nein: tatsächlich diesen Menschen mit solchen Qualifizierungen nie im Leben gerecht wurde.

Und weshalb brachte er nicht die Energie auf, endlich neben dem Bett niederzuknien?

Schon kurz nach sieben wollte er doch aufstehn, um sich auf die Messe vorzubereiten.

Am Essen konnte es nicht liegen, dass er so herumsinnierte.

Es war ausgezeichnet gewesen: Über Mittag jener Risotto, den Elisabeth wie aus dem Nichts herbeigezaubert hatte, dann die feinen Felchenfilets vor dem "Bootshaus" mit seiner Aussicht bis zu den von ihm nicht besonders geliebten Bündner Bergen hinauf.

Und einmalig war's auch, während des heutigen Mittagessens auf der Veranda der "Casa Pezold" zu sitzen, nicht mehr gestört vom Lärm der Touristen und Kinder, die auf dem Spielplatz neben der "Mühle" quietschten und quietschten – derart, dass Ambrosius nur hoffen konnte, er sei als Kind nicht seinerseits ein solcher Quietscher gewesen.

Morgen, ja, da wollte er soviel Zeit als möglich allein mit Elisabeth verbringen.

Soviel als möglich.

Ohne die Gegenwart einer Frau Döblin, ohne die Geschichten von Tobler und dem seltsamen Fred.

Er hasste es mehr und mehr, die Ausnahme war das "Cumin", in einer Tischrunde auf Gemeinplätze einzugehn – und dabei zu erleben, wie das Niveau zwischen Menschen sinkt, sobald sie in einer Gruppe zusammensitzen.

Dafür war man nicht auf der Welt.

Nicht dafür!

Gemeinplätze auszutauschen, über blöde Witze zu kichern,

die einer voller Stolz anbietet – das war nicht der Sinn des Lebens!

Den netten, weltoffenen Pater hatte er trotzdem gespielt und sich vor allem mit dem alten Tobler unterhalten, der ihm anvertraute, vor zwei Jahren sei seine Frau gestorben, sie liege auf dem kleinen Friedhof hinter der Kapelle, seither habe er körperlich sehr abgegeben*, seine Frau fehle ihm ungemein.

Ein interessanter Mann, dieser Tobler!

Nur, er hatte mit seiner Frau eine Tochter gezeugt und erzogen, die Ambrosius nicht unbedingt entzückte, die er, ums gelinde auszudrücken, als recht geschäftstüchtig erfuhr.

Wenn aber die Annahme zutraf, so musste Tobler früher ein richtiger Patriarch und ungemein tüchtiger Wirt gewesen sein, der in vielerlei Belangen entschied, wo es lang ging, in seiner Wirtschaft wie in Quinten selbst, als dessen Gemeindepräsident er laut eigenen Informationen über Jahrzehnte gewirkt hatte.

Das relativierte einiges.

Vorbilder färben ab . . .

Und überhaupt: Männer, die Ambrosius ohne jeden Vorbehalt mochte, gab es nicht viele in seiner Umgebung, Pater Johannes, der für eine sanfte Landwirtschaft plädierende Bauer Caminada, Yves, John und der "Meldegg"-Wirt waren vielleicht die Ausnahmen, die die Regel bestätigten.

Und was war mit diesem Fred Anliker, der sie eine Zeitlang mit seinen Abenteuern und Heldentaten eingedeckt hatte, bis die Wirtin ihn anknurrte, nun hätten die Gäste genug von seinen Bärenjagden in Kanada und dem Luchs, den er auf der Alp Gäs beobachtet hätte, wie er eine Gemskitz* riss, schon zum hundertstenmal höre sie das alles . . .?

Was war mit dem?

Einerseits gefiel Ambrosius der Mann im verwaschenen Trainingsanzug und mit dem grünen BP-Käppchen, das er stets auf seinem Kopf liess, andererseits schwatzte er halt zu viel. Wie sehr aber der offenbar bevormundete Angestellte von Ma-

---

* abgebaut
* junge Gemse

rierose Tobler den Pater interessierte, zeigte die Tatsache, dass er jetzt an ihn dachte und sich gar die unsinnige Frage stellte, ob Fred nachts mit seinem Käppchen ins Bett ging oder ob er's vorher abzog . . .

Nein, das war eine sinnlose Frage. Angebrachter war's, nachher auch für Fred zu beten, den die meisten am Stammtisch für ein Unikum hielten, Elisabeth nicht ausgeschlossen . . . Er trage praktisch immer einen blauen Trainingsanzug, hatte sie erwähnt, und besitze vermutlich nur Turnschuhe, so, er hätte es ihr gegenüber hervorgehoben, werde er von allfälligen* Jägern auf seinen Wanderungen wenigstens nicht mit einem Wildschwein oder Gemsbock verwechselt . . .

Ambrosius lag weiterhin ruhig auf dem Bett, atmete die gute Luft, hörte das Gezirp der Grillen (schliefen die nur tagsüber?) und den fernen Schrei eines Tieres, dessen Identität er nicht ausmachen konnte.

Es war Zeit, sich zum Schlaf zu zwingen und damit aufzuhören, ein mieser, zu bekämpfender Charakterzug!, andere Menschen in Gedanken als halbe Ungeheuer hinzustellen. In fünf, spätestens in sechs Stunden wollte, musste er aufstehn, um sich ohne Hektik auf die Messe einzustimmen.

Er brauchte dies, war noch nie direkt aus dem Bett vor den Altar geeilt.

Daher würde er jetzt endlich für einen Augenblick auf den Boden knien, für den heutigen Tag danken, für Menschen beten, die ihm wichtig waren, auch für diesen eigenartigen Fred und in erster Linie natürlich für Elisabeth.

Sie schien glücklich, zufrieden zu sein, die gescheiteste und weiblichste Frau, die er kannte.

Und weiterhin begriff er nur mit Mühe, warum Elisabeth nie geheiratet hatte oder nicht wenigstens mit einem Freund zusammenlebte.

Er hatte sie auch gefragt, heute nachmittag, draussen auf der Veranda, vor einem Glas und gelöst wie selten.

---

* etwaigen, eventuellen

"Elisabeth, ich staune immer wieder, dass eine Frau wie du nie geheiratet hat . . .“

"Da staunen auch andere . . .“

"Verehrer von dir, denke ich . . .“

Sie hatte gelacht. Und wieder hatte Ambrosius gemerkt, wie grossartig Elisabeth aussah, trotz oder gerade wegen der Falten am langen Hals und trotz einer Haut, die nicht mehr ganz so geschmeidig war wie vor fünfundzwanzig Jahren.

"Den einen oder andern gab es schon . . . Doch weisst du, was du mir damals über deine Frau Mutter erzählt hast, berührte mich schon . . . Das war eine Frau, die mir gefallen hätte. Wie sie mit ihrem Alleinsein zurecht kam, es sogar wollte. Und schliesslich hab ich ja dich gekannt, das war eine Hypothek, wenn du so willst . . .“

Klar, dass Ambrosius über dieses verkappte Lob seinen Kopf schüttelte – und irgendwie erleichtert war, als Elisabeth zugab, sie sei während einiger Jahre mit einem Architekten befreundet gewesen, habe aber die Beziehung zu ihm aufgekündet, nachdem er von Graz, wo er gelebt habe, nach München gekommen sei und sie bedrängt habe, sie zu heiraten. "Er hat gewissermassen als Künstler angefangen, schrieb sogar Gedichte, die mit Wohnen, Leben, der Liebe zu tun hatten, doch dann begann er hässliche Wohnblöcke und Hochhäuser zu bauen, meinte, er imponiere mir damit, erobere mich mit seinem Geld, dabei war das Gegenteil der Fall.“

Warum, so dachte der Pater, hatte Elisabeth diesen Mann nie in einem Brief erwähnt?

Er wollte sie fragen, morgen.

Oder übermorgen.

Oder sonstwann.

Dringend war's nicht.

Dringender war's dafür, jetzt endlich, ohne das Licht einzuschalten, auf den Boden zu knien, alles abzustreifen, was ihn beschäftigte.

Darum gab er sich einen Ruck, richtete sich für sein Gewicht erstaunlich schnell auf und kniete dann neben dem Bett

nieder, um jene Ruhe zu suchen, die Voraussetzung für jedes
Gebet ist, es erst ermöglicht.

Wieder schrie draussen ein Tier, das er nicht kannte.

War's ein Esel?

Ein Seeungeheuer?

Vielleicht fand er's morgen heraus.

Jetzt zählte anderes.

Ganz anderes.

III

Ambrosius kam aus der Kapelle.

Fast unwirsch hatte er den alten Tobler abgewehrt, als dieser ihn zu einem "Frühschoppen" in seine bereits geöffnete
Gartenbeiz einladen wollte.

Erst im letzten Moment merkte er, dass es gar nicht christli-
cher Nächstenliebe entsprach, seinen "Ministranten" derart
abzufertigen.

"Wissen Sie", hatte er deshalb seine unhöfliche Reaktion
abgeschwächt, "nach der heiligen Messe muss ich einige Minuten allein sein, um für die geheimnisvolle Kraft oder Energie zu
danken, die ich dank der Kommunion erfahren darf, Sie verstehn das sicher . . ."

War das pathetisch gewesen, überzogen?

Wie auch, Tobler hatte sich verabschiedet und den Pater
allein gelassen.

Und jetzt ging Ambrosius auf dem schmalen, wunderbaren
Weg Richtung Au, genoss es, dass noch kein Schiff eine Ladung
Touristen gebracht hatte und Quinten dadurch jungfräulich
wirkte, ja, ihm wie ein verschlafenes Fischerdörfchen in Portu-

gal vorkam, ein Dörfchen zwar, wie er's im Verlauf seiner zwei portugiesischen Wochen nie angetroffen hatte.

Er blieb vor einer Bank stehn und sah, wie zwei grün bemalte Boote nicht weit von ihm ruhig auf dem Wasser lagen, während deren Besitzer Netze einzogen und dann, vermutlich, gefangene Fische in Wasserbehälter warfen.

Ambrosius setzte sich auf die Bank, froh, dass die mit roten Beeren behangene Eberesche hinter ihm Schatten spendete.

Heute würde es wieder einen heissen Tag geben.

Schon jetzt rann ihm Schweiss von der Stirn.

Aus diesem Grund verzichtete er, eine Nazionale hervorzukramen und sie in den Mund zu stecken – auch wenn der Rauch Fliegen und Bremsen vertreiben würde.

Nur Durst hatte er, keine Lust auf eine Zigarre, die seinen Mund austrocknete.

Und nicht zu vergessen: Spätestens um zehn gab's Frühstück auf der Veranda, in diesem hellen, modernen Haus, das ihm mit dem rund ums Gebäude ebenen, vom Dörfchen her nicht einsehbaren Garten, der Veranda, den zwei kleinen Balkons und dem Wasserbecken wie eine Insel erschien, eine Insel, auf der man tage-, wenn nicht wochenlang allein leben konnte, ohne je das Bedürfnis zu empfinden, man müsse andere Menschen treffen, Ablenkungen haben. Zumindest stellte Ambrosius sich dies so vor . . .

Und auf einmal sehnte er sich, Elisabeth wieder gegenüberzusitzen.

In die Kapelle hatte sie nicht mitkommen mögen.

"Die Leute werden ohnehin schwatzen, dass du mit einer Frau deine Ferien verbringst, da will ich nicht schon am ersten Tag dazu beitragen, sie zu provozieren . . . Irgendeinmal möcht ich aber erleben, wie du die Messe liest und von dir die Kommunion empfangen, nur beichten bei dir, das würd ich nie . . ."

Ambrosius musste sich beherrschen, nicht laut loszulachen.

Sie hatte es doch nicht ernst gemeint, oder?

Mein Gott, war das warm!

Sobald er auf seinem Zimmer sein würde, wollte er die Kutte durch einen seiner zwei leichteren Anzüge ersetzen.

Bei dieser Hitze war die Mönchskleidung unangebracht!

Die Kapelle, die, wie er nun wusste, dem heiligen Bernhard geweiht war, hatte ihn beeindruckt; auch deshalb wollte er Elisabeth beim Frühstück bitten, morgen zu kommen, es interessiere ihn nicht, was Menschen über sie beide an Gerüchten verbreiten könnten, sie wüsste doch, Geschwätz sei Geschwätz und nichts sonst.

Nun aber nochmals zum See hinunterschaun, die Landschaft eindringen lassen – ohne die Gegenwart häufig hustender, fast ausschliesslich älterer Menschen, die in der Kapelle auf seinen Segen und die Kommunion gewartet hatten.

Abrupt gab er die Bank auf, erblickte, ohne es zu wollen, hoch über seinem Kopf die fürchterlichen Felsen, Schründe und Gipfel der Churfirsten, den blauen Himmel . . . und dann eine magere Katze, die sich links von ihm auf einem Mäuerchen sonnte.

War's die Katze, die zum "Pezold" gehörte und von jedem Gast gefüttert werden musste?

Er blieb stehn, wollte nicht an Katzen denken.

Und mit einigem Grund: Auf keinen Fall durften die Katzenträume von der Meldegg sich wiederholen.

Auf keinen Fall.

Da schaute er wirklich gescheiter zum See hinunter, zum Ufer gegenüber oder auf einen der Kastanienbäume, die Reben, die steinernen Häuser.

Nie würde er von dieser Aussicht genug bekommen.

Nie.

Hier müsste es ein kleines Kloster geben, dachte er, da hätte ich für einmal keinen Einwand, Abt zu sein und nie mehr wegzugehn.

Nie mehr?

Er hörte einen Hahn krähn, hinter dem geschindelten Haus über ihm, wenige Meter vor dem Wald, der steil gegen die Churfirsten hochstieg, bis dieser durch ebenso stotzige Alpweiden und Geröllhalden abgelöst wurde.

Dort hinauf drängte es Ambrosius nicht.

Nie würde sich dies ändern.

Auch wenn Elisabeth, die geliebte Elisabeth, von Bergwanderungen schwärmte!

Es war arg genug, zu wissen, was für Berge das so südlich wirkende Dörfchen bedrohten.

Er durfte nicht hinaufblicken, musste gewissermassen die andere Seite von Quinten vergessen, die Berge, die aussahen, als könnten sie nächstens aufs Dorf und den See stürzen und die ganze Idylle zerstören.

Das durfte er nicht tun: Hinaufblicken.

Oder so selten als möglich.

Sonst erinnerte er sich zu sehr ans Tavetsch, an dieses von Bergen beinah erdrückte Bündnertal, in dem er seit bald zwanzig Jahren lebte und schon zweimal erlebt hatte, dass in strengen Wintern Dörfchen wie Mompé-Tujetsch wegen Lawinenniedergängen für mehrere Wochen von der Umwelt abgeschnitten waren und Mönche wie Schüler das von Wäldern beschützte Kloster Disentis nur verliessen, wenn ihnen keine andere Wahl blieb.

Trotzdem fühlte er etwas wie Glück, war rundum zufrieden.

Gute Gespräche warteten, Stunden, Tage mit Elisabeth.

Und Quinten durfte er nicht mit dem Tavetsch vergleichen. Der tiefblaue See, auch wenn er keine zwei Kilometer breit war, gab Weite, vermittelte das Gefühl, man sei nicht in einem Bergtal drin, eher in einer Landschaft, die am oberen Ende des Sees noch weiter, noch offener würde.

Oh ja, er liebte den vom Hässlichen der sogenannten Moderne wie abgeschnittenen Landstrich und hatte gestern abend gestaunt, als er auf dem Felsen und steilen Wiesen abgerungenen Weg mehrmals Glühwürmchen aufleuchten sah, die hier offenbar überlebten, weil es in Quinten kein einziges Auto gab.

Das war –

Nein, er wollte nicht schwärmen.

Es wurde Zeit, zum närrischen Bähnchen zu gehn und dann, oh Schreck!, sich diesem mit all den möglichen Konsequenzen anzuvertrauen.

Elisabeth würde vermutlich in ihr helles, von ihm bewundertes Gelächter ausbrechen, würde er seinen schweren Körper auf dem Fussweg oder gar über die endlose Treppe hinaufquälen.

"Du bist mir einer, predigst vom Gottvertrauen und hast Angst, unser Bähnli krache unter deinem Gewicht zusammen..."

Gleichwohl beschleunigte er seine Schritte, wollte Elisabeth nicht warten lassen.

Ach, da sah er schon den Vorplatz und die Ketten, hinter dem das Bähnchen auf ihn wartete.

Er blieb, fast gegen seinen Willen, stehn.

Von hier aus, er gab's ohne weiteres zu, erschien ihm die "Casa Pezold" samt der sich hinaufziehenden Gartenanlage protzig und hässlich, ein Fremdkörper in dieser mit nichts zu vergleichenden Landschaft – genau wie von der Kapelle drüben.

War man aber, er durfte es nicht übersehn, im Haus oder sass auf der Veranda, dankte man Gott, dass die alte Lady ihr Haus dem Eidgenössischen Schriftstellerverband vermacht hatte.

Ein so hilfreiches Arbeits- und Wohnzimmer hatte er noch nie betreten; und die Sicht durch die grosszügigen Fenster war schlicht ein Wunder.

Noch nie war er in einem solchen Zimmer gewesen.

Noch gar nie.

Und dann sassen sie auf der Veranda, einander gegenüber.

Er in einem leichten Anzug, sie in grünen, ihre gebräunten Beine zeigenden Shorts und in einer weissen Bluse, die sie über die Hose baumeln liess.

Und auf dem rot bemalten Blechtisch entdeckte Ambrosius Köstlichkeiten: zwei Tessinerbrote, Butter, zwei Gläser mit je einer andern Konfitüre, zwei Yoghurts, drei verschiedene Käse und vor allem je eine Kanne mit Kaffee und Milch, beide von einer wollenen Haube bedeckt.

"Darf ich dir einschenken?" fragte Elisabeth.

Sie durfte.

Keine Frage.

"Wundervoll, mit dir essen und reden zu können", sagte er, "vor zwei Monaten hätte ich mir nicht im Traum vorgestellt, je wieder mit dir frühstücken zu dürfen, und erst noch an einem so schönen Ort . . ."

"Ich auch nicht."

Elisabeth lachte.

"Weisst du, wenn du irgendwo Landpfarrer wärest, würde ich mich bei dir als Haushälterin bewerben, natürlich in allen Ehren . . ."

"Ob's aber in allen Ehren weiterginge?"

Ambrosius lachte ebenfalls.

Doch Elisabeth ging auf seinen Spass nicht ein. "Verrat mir lieber, was du so machst . . ."

Ambrosius verschwieg es nicht.

Dass sich im Kloster die Tage ungemein glichen und er dies liebe, verriet er ihr, aber auch, er habe es in seinen Briefen gewiss erwähnt, dass in den letzten Jahren verschiedene Todesfälle ihn aufgewühlt hätten.

Begreiflich, dass Elisabeth alles wissen wollte, zum Beispiel, was die Gabi von Mompé-Tujetsch ihm bedeutet habe, wie er nach Waldstatt zu den Rehsteiners gekommen sei und warum er letztes Jahr im Appenzeller Vorderland, auf dieser Meldegg, ein Drama miterlebte.

Ambrosius hatte Auskunft gegeben, so gut er's konnte und ihr nicht vorenthalten, er spreche ungern über diese Themen, viel zu oft würden sie ihn in seinen Träumen heimsuchen.

"Vielleicht ist dies eine Aufgabe, die Gott dir stellt", hatte sie hierauf ihren früheren Freund leise getröstet, ihm nochmals eine Tasse Kaffee eingeschenkt und zum See und den gegenüberliegenden Bergen gewiesen.

"Hier geschehn keine Morde, das versprech ich dir, in einer harmonischen Landschaft wie rund um Quinten passieren nie schlimme Verbrechen, schon die gute Luft hält davon ab . . ."

Und hernach, wohl um abzulenken, hatte sie wissen wollen, ob er in einer Stunde oder so im Bassin baden und dann viel-

42

leicht im Liegestuhl ein Buch oder die heutige Zeitung lesen möchte, ihr Vorgänger, ein Schriftsteller aus Aarau, habe aus Versehen die "Neue Zürcher Zeitung" nicht abbestellt, am Nachmittag hätte sie vermutlich Lust, mit Ambrosius ein wenig zu spazieren, am liebsten zu höheren Regionen hinauf.

Er hatte keine Lust auf höhere Regionen.

Und er sagte es auch.

"So, so, du bestimmst über meine Zeit . . ."

Ambrosius meinte es nicht so ernst, wie es sich anhörte.

Er würde gerne baden, versuchte er seine Kritik unvorsichtigerweise abzuschwächen, leider habe er keine Badehose mitgenommen, ehrlich gesagt, besitze er gar keine . . .

Der Einwand nutzte nichts, erwies sich als Schuss, der ihn selber traf.

"Im Haus hat's zwei, drei Badehosen, von früheren Gästen wahrscheinlich, eine wird dir sicher passen."

"Wenn sie sauber sind, warum nicht . . ."

Ambrosius lachte aus lauter Verlegenheit Elisabeth an, wusste aber haargenau, dass er Probleme haben würde, sich Elisabeth in einer Badehose zu zeigen, mit seinem nicht mehr alllzu straffen Bauch und den kräftigen Oberschenkeln.

Dicke Männer hatte er noch nie gemocht, trotz Shakespeare und Julius Cäsar, und ihr erging's gewiss ebenso . . .

IV

Ein glatter* Kerl, dieser Ambrosius, so einer sass noch nie bei uns in der "Mühle", noch nie, auch seine Freundin ist nett, fand sie von allem Anfang an gut, eine Dame, würd ich sagen, aber

---

* lustiger

keine noble, keine, die so hochgestochen daherschwatzt wie die Stuttgarter Ziege, bot mir das Du an, und ich hab gewaltig Mühe, Elisabeth statt Frau von Grafental zu sagen, ist nach meiner Meinung eine Adlige mit Schloss und so, nichts für unsereins, nichts, ein Stockwerk zu hoch, wenn nicht drei, sind trotzdem keine Affen wie die meisten Leute vom "Pezold", glauben alle, sie seien mehr als ich, viel mehr, könnten mir laufend Befehle erteilen, besonders schlimm war Schmidi, gut, dass er fort ist, gut!, hat nur gevögelt und mich angeschrien und mir die Frauen gestohlen und geglaubt, er sei ein unglaublicher Held, auch der Typ mit dem Hund ist nicht besser, kommt jedes Jahr und fragt mich über alles und jedes aus, über die Leute hier und die Tiere in den Wäldern und schreibt unten in der Gartenbeiz und auch in der "Strahlegg" ganze Blöcke voll, rennt wenigstens keinen Weibern nach, bringt sie selber mit, ständig andere, junge sogar, langbeinige, so schlimm wie der Schmidi ist er zwar nicht, nur machmal vom hohen Ross herab, auch die Toblerin guckt auf mich herunter, immer wieder, dabei kann ich mehr als die meisten, versteh viel von Pflanzen, vom Schreinern, vom Maschinen in Schwung bringen, Elisabeth hat's lustig gefunden und mir ein Bier offeriert, als ich ihr erzählte, dass ich nie Steuern bezahle und keine Quittungen gebe und dafür über Weihnachten und Neujahr im Gefängnis von Walenstadt eine Strafe abhocke, fand das lustig und es ist auch lustig, schon jetzt warten sie in Walenstadt auf mich, wollen, dass ich in jeder Zelle ein kleines Büchergestell errichte, werd es tun, mit grossem Vergnügen, dürfen aber nicht nochmals vorschlagen, am Abend könnt ich doch heimgehn und am Morgen jeweils wieder kommen, ich mach das nicht, ich mach das nicht!, hab ein Anrecht auf meine Zelle, auf meine Gefängnisnacht!, hat ja um diese Zeit keine Schiffkurse mehr und die Toblerin würde mir nie den "Skorpion" für einen Tag ausleihen, glaubt, ihr Boot sei für mich viel zu schön, ich könne mit dem alten Klapperkahn nach Walenstadt fahren, sie hätschelt das Ding wie ein Kind, macht auch nichts, soll sie ihr Boot für sich haben, ist sowieso nicht übel, ein paar Tage und Nächte unter Kollegen im Knast zu sein und die Scheisse zu vergessen, weiss gar nicht, warum ich in Quinten bleibe und seit vier Jahren den Handlanger spiele, möchte auch Freundinnen wie der Schmidhauserlaffe und die meisten, würde es verdienen, eine von den Hostettlerinnen oder so, will ja nur leben, will keinem etwas wegnehmen, keinem!, aber wie die mit mir umspringen, ist gar nicht schön, auch nicht auf meinem Zimmerlein zu hokken und die tolle Nackte dort zu bewundern, die schläft nie mit mir, öffnet nie die langen Beine, schade, dass ich zu feige war, den Schmidhauser zu verprügeln, als er mich anschnauzte, wie wenn ich sein Diener wäre, frech war das, frech!, bin doch anständig gebildet, obwohl ich keine Bücher lese, sollte jetzt das Licht ausmachen und schlafen und nicht an die Hostettlerinnen denken, auch nicht an die Hexe vom Bürgli, will unten ein weiteres Bier holen, muss aber achtgeben, dass die Toblerin mich nicht erwischt, sonst behauptet sie wieder, ich wolle klauen, bei meinem Witzlöhnchen liegen pro Tag drei Flaschen doch drin, sogar vier oder fünf, ist knausriger als der Alte, viel knausriger, und ohne Bier kann ich nicht schlafen, liege stundenlang wach und denke mir aus, wie's mit Michèle oder mit der Lea im Bett oder vor der "Pezold"-Hütte wäre, dass die auf den Schmidhauser stehn!, dass sie das tun!, ist doch fett und eingebildet und tänzelt wie eine schmierige Schwuchtel* durch die Welt, vielleicht sollte ich anfangen, Bücher zu schreiben, das zieht bei Frauen, macht populär, hätte genügend Stoff, mein Leben, meine bösen Taten, die Elisabeth von und zu ist ein grossartiger Schatz, diese Frau würd ich nie anlangen*, sie im Gegenteil vor allem Bösen beschützen, hat letzte Woche eine ganze Flasche mit mir getrunken und mich ohne frechen Unterton über meine Vergangenheit ausgefragt und mir geraten, anderswo einen Volljob anzunehmen, muss mit Segesser reden, diesem sturen Bock, spielt schon jahrelang den Vormund und befiehlt stets, was ich tun dürfe und was nicht, muss reden, reden, sobald ich kann!, das Bier hol ich jetzt und dann les ich den heutigen "Schrei", falls er unten auf dem Buffet liegt, versteh nicht, wes-

---

* Slang für Schwuler, Homosexueller
* anfassen

halb ich keine Chance kriege, versteh das nicht!, bin doch nicht dumm, verfüg über Talente und Fähigkeiten, nur einen Freund hab ich nicht, einen richtigen Freund, Leute sind die Menschen, Leute!, echte Menschen gibt's selten, höchst selten, dieser Pater ist vermutlich einer und seine deutsche Lehrerin, er lacht so unverklemmt und raucht ein furchtbares Kraut, ich müsste kotzen, würd ich's versuchen, hat mir sogar eine angeboten und gegrinst, als ich ablehnte, vier volle Jahre bin ich schon hier und das ist viel zu viel, nicht einen Schritt kam ich vorwärts, nicht einen einzigen!, gelte als Clown und Käpplifred, dabei ertrag ich die Sonne nicht auf dem Kopf, krieg immer Schmerzen in der rechten Schädelhälfte und trag deshalb meine Kappe, das weiss keiner, keinem erzähl ich das, keinem!, muss jetzt in die Sandalen schlüpfen und über die Treppe zur Gaststube hinunterschleichen, wenn die mich sieht, glaubt sie, ich geh an die Kasse, wie's im letzten Jahr der Libanese getan hat, dabei hab ich, seit ich in der "Mühle" lebe und laut Abmachung halbtags, meistens aber den vollen Tag für Marierose arbeite, nie auch nur einen Franken geklaut, das ist vorbei, endgültig vorbei!, ich bin geheilt, will nie mehr wegen Diebstahl einen Knast von innen ansehn, da müsste schon ein Hunderttausender drin liegen, bis ich zugreifen würde, ein Hunderttausender oder zwei, bin doch nicht blöd, hoff lieber, ich hol bald mal als einziger den Sechser und dann ab mit der Post oder besser mit dem Schiff, ab, ab, ab!, ich will wieder eine Honda, eine Freundin, auch ein Haus im Tessin oder so, vielleicht ein Kind oder zwei, würde ein guter Vater sein, ihm alle Pilze erklären, alle Tiere und wie man ein Feuer macht und Bäume schneidet, ich kann mehr als viele, nur keiner merkt's, keiner!, alle denken, der ist durch bei Rot, ich bin nicht durch, ich bin Alfred Anliker, hab ein paar Dummheiten gemacht und musste dafür hocken, jetzt ist ein Schlussstrich zu ziehn, endlich, endlich!, auch der Segessertrottel müsste es begreifen, glaubt, er könne mich wie einen Verdingbub* behandeln, Amtsvormünder sind noch schlimmer als private, die von Zü-

---

* bei Pflegeeltern untergebrachter Junge

rich todsicher, jetzt aber aufgesprungen und langsam hinuntergegangen, auf dieser knarrenden Hühnerleiter, ich will weg von hier, will weg, so gern ich in den Wäldern bin und am See auf meinem Steinblock liege und träume und träume und doch nie bekomme, was mir gefallen würde, das muss anders werden, anders, das kann nicht ewig so bleiben, schikaniert von der Toblerin, schlecht hingestellt vom Tobler und angeschnauzt von Typen wie dem Obervogler vom "Pezold"-Hügel, ich geh, ich geh, ich hol mein Bier, ich hab's mir wohlverdient . . .!

V

"Du, Ambrosius, könntest du mal nachschaun, warum der Sprudler, oder wie das Ding heisst, nicht funktioniert?" hatte Elisabeth ihren früheren Freund gebeten, bevor sie mit dem grossen Kursschiff nach Weesen am untern Ende des Sees gefahren war, um für die nächsten Tage einiges einzukaufen.

Er hatte, voreilig wie er manchmal war, zugesagt, hatte aber nicht verschwiegen, dass er von Technik so viel wie nichts verstehe, sie wüsste es doch von früher.

Und jetzt kniete er vor dem Bassinrand, drehte am Ring, hinter dem jeweils – gerne hätte er herausbekommen, wie – das Wasser neu aufbereitet wurde und dann ins Becken zurücksprudelte.

Wie stark es hier überall nach Süsse, Honig, Fäulnis und schwerer Luft roch oder, musste er sagen?, duftete!

Waren es die jungen Akazien, die so gross und mächtig werden wollten wie jene zwei am Waldrand drüben?

Oder waren es Feigenbäume?

Oder Kakteen, Agaven?

Oder die Palmen?

Oder alles zusammen, vermischt mit vermodertem Laub, anderm Unrat und toten Tieren, die dort unten in der für Menschen unzugänglichen Schlucht lagen?

Er wusste es nicht, drehte weiter am schraubenähnlichen Gebilde und merkte auf einmal, wie wieder Wasser ins Bassin sprudelte.

Hei, bin ich geschickt! dachte er automatisch, ich hab ein Problem gelöst, das ich von meinem Wissen und meiner handwerklichen Begabung her gar nicht lösen kann, Elisabeth wird staunen, mich gleich als Handwerker engagieren ...

Ambrosius grinste über seine Vorstellung, tunkte die rechte Hand ins angenehm kühle Wasser und rettete dann einen blaugefärbten Schmetterling und eine Wespe, die auf der Oberfläche des Wassers zappelten, vor dem Ertrinkungstod, indem er sie mit den Fingerspitzen hinausschleuderte, gab seine kniende Haltung endlich auf, ging hinüber zur Veranda, setzte sich auf einen Sessel vor dem Mäuerchen und fragte sich erneut, warum diese Pflanzen so ungemein rochen, hier nahe beim Bassin, von der Schlucht her und auch rund ums ehemalige, reichlich verwahrloste Hühnerhaus, das von einem ebenfalls verlotterten Gehege umgeben war, in dem keine Hühner mehr die Erde aufscharrten, dafür meterhohe Unkräuter, Farne und Brennesseln ihr Unwesen trieben.

Er würde Elisabeth fragen; vielleicht waren es bestimmte Pflanzen, die diesen schweren Geruch verbreiteten, vielleicht wusste sie eine andere Erklärung.

Auch die Namen der Hügel und Berge, die man von der Veranda aus erblickte, wollte er sich merken.

Schon gestern und vorgestern hatte sie den einen oder andern genannt; doch vor lauter Freude, minutenlang ihr Gesicht ansehen zu dürfen, war er zu unaufmerksam gewesen, um die Namen im Kopf zu behalten.

Überhaupt, anderes interessierte ihn mehr!

Etwa, wie Elisabeth ihr einsames Leben lebte.

Sie war doch, er durfte es sagen, eine verdammt sinnliche und, eine seltene Kombination, zugleich tiefreligiöse Frau –

schon damals, als er sie in der Münchner Studentenbibliothek kennengelernt hatte.

Er erinnerte sich, als wär's gestern gewesen.

Sie war Ambrosius (Alexander hiess ich in jener Zeit, Alexander!) an einem der langen Arbeitstische gegenüber gesessen, hatte wie er ein Buch vor sich gehabt und plötzlich trotz Sprechverbot zu ihm hinübergeflüstert: "Was lesen Sie denn, Herr Unbekannt?"

Noch jetzt amüsierte Ambrosius ihre spontane Frage.

Er hatte im "Camões" von Reinhold Schneider gelesen und sie, die schöne, junge, schlanke, schwarzhaarige Frau mit griechischem Einschlag, hatte sich mit Novalis beschäftigt, mit dem Dichter, über den sie später promovieren sollte.

Fast zwangsläufig, dass sie beide keine halbe Stunde später in einem Café in der Nähe der Bibliothek (Knauss hiess es, oh ja!) einander näher kennenlernten, jeder mit einer Tasse Capuccino vor sich.

Sie war die Tochter eines Arztes, dessen Frau nach einem Autounfall zwei Jahre lang in einem Spitalbett liegen musste und starb, als Elisabeth die dritte Schulklasse besuchte.

Und er kam aus einem andern, aus einem kommunistischen Land und benötigte die kleine Erbschaft seiner Mutter, um, es war wenigstens sein Ziel, Priester zu werden.

Er hatte es ihr bereits im "Knauss" gesagt, worauf Elisabeth in ihrer Direktheit schelmisch drohte, dann verführe sie ihn halt, stehle dem lieben Gott einen Mann.

Im Nachhinein schien diese Bemerkung nichts als lustig zu sein, die Äusserung einer jungen, fröhlichen Frau.

Die Frage hiess nur: Wie hatte es Elisabeth geschafft, dass sie eine Woche später nebeneinander lagen und ein Fleisch, ja, eine Seele wurden?

Er vermochte es nicht nachzuvollziehn.

Und ebensowenig konnte er aus heutiger Sicht verstehn, wieso Elisabeth durch ihre gemeinsame Begegnung mehr und mehr die eigene Religiosität entdeckte.

Was war da geschehn?

Was?

Und weshalb roch es hier so penetrant?

Im Dschungel, im Urwald, dort wuchsen Pflanzen, deren Gerüche einem mit ihrer Süsse beinah betäubten.

Doch hier?

Ach, es hatte keine Bedeutung!

Hauptsache, er sass vor diesem Mäuerchen und liess die letztlich nicht in Worte zu fassende Aussicht auf sich wirken.

Da blätterte doch vieles ab, auch, dass unten auf dem Strässchen und auf dem betonierten Spielplatz des "Seeblick" wieder Kinder lärmten und Erwachsene dauernd kicherten, kurz, Geräusche produzierten, die bis zu ihm heraufdrangen.

Sie durften Ambrosius nichts vermiesen.

Und ebenso, dass dieser Geruch seine Nase bedrängte.

Wer weiss, was Vorgänger von ihnen in die von Disteln, Farnen und Brombeersträuchern bewachsene Schlucht hinuntergeworfen hatten ...

Gab's dort übrigens auch Geröllhalden und kleinere Felsen?

Gab's die auch?

Nein, an die Felsen unterhalb der Meldegg wollte er nicht denken.

Die Meldegg war die Meldegg; und Quinten war Quinten.

Darum klaubte Ambrosius nun doch eine Nazionale aus seiner Hosentasche.

Langsam steckte er sie in Brand, wobei er mit den Augen stets Neues entdeckte, was ihm gefiel: die weissen Felsen auf der andern Seite und über ihnen die Dörfer des Kerenzerbergs, Segelschiffe auf dem See, die Katze Tizzi, die direkt unter ihm neben einer Agave zu schlafen schien und, vielleicht, von einem Kater träumte, der nie kam.

Fast wie im Paradies, dachte er.

Oder so, wie wir uns das Paradies vorstellen.

Eine südliche Ambiance, von Palmen geschmückt ...

Auch vor dem verlotterten Hühnerhaus wuchs eine und animierte, unter ihr zu dösen oder auf einem der drei oder vier in der Nähe wartenden Liegestühle nichts anderes zu tun als zu faulenzen.

Er konnte nicht länger trödeln.

Auf einmal hörte er, wie das Bähnchen surrte und Elisabeth wieder zu ihm führte.

Was, sie ist zurück?, dachte er, dabei hab ich nicht mal bemerkt, dass das Schiff am Steg angelegt hat.

Und schon stand sie vor ihm, lachte und stellte die schwere Tasche auf der Veranda ab.

"Bereits zurück, Elisabeth?"

"Wie du siehst, ich will ja spazieren mit dir, falls du dies magst . . ."

Ambrosius wartete nicht mit der Antwort. Ja, er spaziere gern mit ihr, aber vielleicht etwas später, jetzt sei's noch zu heiss, und wenn, dann am Uferweg, nicht, bei aller Liebe zu ihr!, gegen die Churfirsten hinauf, einen Hitzschlag wolle er vermeiden . . .

Sie auch, beruhigte sie ihn, diesmal würden sie aber weiter als nur bis zur Au und zum "Bootshaus" gehn, weiter vorne gebe es für Ambrosius allerhand Schönes zu entdecken.

"Gut, gut, aber auf der Rückkehr machen wir vor dem 'Bootshaus' einen Halt!"

Beide mussten lachen. "Du und deine Beizen . . ."

Doch plötzlich realisierte Ambrosius, dass Elisabeth *jetzt* und nicht erst später Durst haben dürfte.

"Du bist bestimmt erhitzt, Elisabeth", unterbrach er daher ihr unbeschwertes Palaver, "darf ich dir einen gespritzten Weisswein bringen . . .?"

Er durfte.

"Ein Schorle, sagt man bei uns, hast du's vergessen?"

Er hatte es nicht vergessen.

Nur wenig hatte er vergessen, was er in München mit und dank dieser Frau erlebt hatte.

Gleichwohl verzichtete er auf eine Antwort.

Er wollte doch Elisabeth nicht unentwegt loben und ihr von neuem bestätigen, er erinnere sich an fast alles, was sie und ihn betreffe, in seinem Leben hätte er nur zwei Frauen echt geliebt, seine Mutter und eben sie, Elisabeth, ganz anders freilich, auch und vor allem als erotisches Wesen.

Besser, er ging zum Kühlschrank und bereitete ihr und sich einen Gespritzten bzw. ein Schorle.

Und nachher wollte er sie fragen, worauf der penetrant süsse Geruch zurückzuführen sei, den gewisse Pflanzen ausströmten.

Er tat's auch, nachdem er ihr ein Glas hingestreckt, ihr zugeprostet und sich wie Elisabeth vor den Gartentisch hingesetzt hatte.

"Hast du eine Ahnung, weshalb die Pflanzen in der Schlucht und ums Hühnerhaus so stark riechen, nach Süsse und Fäulnis und weiss nicht was, fast wie in den Tropen oder wie's nach meinem Dafürhalten in den Tropen riechen könnte ...?"

Elisabeth überlegte nicht lang. "Schon als ich ankam, fiel mir dieser Geruch auf. Es wird ein Harz sein oder etwas Ähnliches. Sobald ich Lilo am Telefon habe, frag ich sie."

"Schön, mich interessiert's ... Im übrigen," – und er sagte es voller Stolz – "dein Schwimmbad sprudelt wieder, ich hab's repariert, bin ein besserer Handwerker, als ich dachte ..."

"Wunderbar, dann nehm ich nach diesem Glas ein Bad ... Kommst du auch?"

VI

Sie konnte nicht schlafen.

Schon über eine Stunde lag sie wach auf dem Bett, etwas, was sie in den Tagen, bevor Ambrosius gekommen war, nie erlebte hatte; und nicht die geringste Lust war vorhanden, weitere Aussagen von Robert Mächler über den Dichter Robert Walser zu lesen.

Es gab auch nicht allzu viele. Zum grössten Teil bestand Mächlers Buch aus solchen des Dichters selbst, der sich, wie Elisabeth wusste, so gern in seine Einsamkeit eingebuddelt hatte und letztlich, der Welt wunderbare Prosastücke vermachend, doch an dieser zerbrochen war.

Elisabeth begriff nicht, weshalb Suhrkamp ein derartiges Buch publizierte.

Gab's nichts Besseres über Robert Walser?

Mächler, der über Seiten hin nur Zitate verwendete, um den Dichter des "Gehülfen" und des "Jakob von Gunten" dem Leser näherzubringen, schien ein ganz eigener Kauz zu sein.

Im Moment interessierte sie das wenig.

Eher schon, weshalb es ihr zu schaffen machte, dass Ambrosius im untern und sie im oberen Stockwerk schlief oder, in ihrem Fall, zu schlafen versuchte.

Gewiss, nie würde sie die alte Geschichte auffrischen.

Nie.

Aber ein Nachmittag war das schon gewesen, heute, ein ganz närrischer.

Dabei hatte sie nur eines gewollt: Ambrosius zeigen, wie schön und wie wild es zugleich in und um Quinten war, auf diesem Landstrich, der ihr wie ein irdisches Paradies vorkam.

Schon als sie hoch über dem See auf dem keinen Meter breiten, öfters den Felsen geradezu abgezwackten Weg gingen und von dort zu den drei oder vier Häusern von Bürgli hinuntersahen, konnte Ambrosius nicht glauben, dass in einer solchen Abgeschiedenheit Menschen lebten.

In Südamerika, in Kanada, weit weg von der Schweiz, war dies vielleicht möglich, aber nicht hier, knapp eine Autostunde von Zürich entfernt.

Er hatte es auch gesagt, sich am Drahtseil haltend, das entweder vor einem Sturz in die Tiefe oder in das Blau des Sees schützte.

Und ihr, sie gab's gerne zu, hatte es wahnsinnig gefallen, dass Ambrosius sich in Quinten so zu Hause fühlte.

Von einer Landschaft wie dieser hätte er bislang im besten Fall geträumt, bekannte er, im Tavetsch suche er seit Jahren

vergebens einen Gleichklang von Bergen und Weite, dort be-
drückten ihn die Gipfel, die Steine, hier sei alles lockerer, aus-
gewogener, wer in dieser Umgebung wohnen dürfe, sei zu be-
neiden, es sei wie eine Gnade.

Und dann, als von weit unten ein Hund heraufbellte, nahm
Ambrosius plötzlich ihre Hand und meinte, er begreife, dass er
sich in München in sie verliebt habe, hätte er sie in Quinten
kennengelernt, wäre gleich eine zweifache Liebe ausgebro-
chen, zu ihr und zu dieser mit keiner andern vergleichbaren
Landschaft.

Er übertrieb nicht.

Sie hatte gespürt, wie ernst es ihm war.

Auch als ein Mann, dem Aussehen nach Grafiker oder Ar-
chitekt, sie zum Ausweichen nötigte und auf ihr "Grüss Gott!"
nur mit einem unfreundlichen Brummen reagierte, verflog die
gute Stimmung nicht, die zwischen zwei Menschen, eben Ambrosius und ihr, und der Natur entstanden war, eine Balance
des Glücks, wie sie sonst nur in Büchern zu finden ist.

Ambrosius, neugierig wie eh und je, hatte natürlich wissen
wollen, wer dort unten in den von einander ziemlich entfernten
Häusern lebe, zu denen man nur zu Fuss oder eben mit einem
Boot gelangen konnte.

Sie hatte ihm gesagt, was sie wusste, dass zwei derzeit offensichtlich unbewohnt seien und dass in jenem, an dem sie zuerst
vorbeigehn würden, eine Zürcher Familie ihre Ferien und Wochenenden verbringe, während im letzten, bevor sich der Weg,
mehr Geissenpfad als Weg, nach Walenstadtberg hinauf-
schlängle, eine vielleicht vierzigjährige Frau allein mit ihrem
Knecht wohne, die Geissen, Gänse, Sauen und zwei Kühe besitze, einen kleinen Rebberg betreibe und Sonnenblumen und
Rosen züchte und davon mehr schlecht als recht lebe; ihr Vater
habe als Fischer sein Brot verdient und sei vor zwei oder drei
Jahren gestorben, sie gelte übrigens im Dörfchen vorne als
Hexe, weil der eine oder andere Dorfbewohner nicht begreife,
dass jemand wie diese Frau ihren Weg gehe, ohne nach links
oder rechts zu schauen.

Sie wüsste das alles von Tobler und von der "Bootshaus"-

Wirtin, die recht böse geworden sei, als sie, Elisabeth, das in Quinten aufgeschnappte Wort Hexe erwähnt habe; nur dumme Menschen, habe Frau Winkler sich entrüstet, würden Pia Fasser so beurteilen, sie sei eine tapfere, alleinstehende Frau und wolle, weil es ihr im Bürgli gefalle, auf dem nicht viel abwerfenden Hof bleiben, sie möge die Frau, so tapfere und tüchtige gebe es selten, ab und zu kehre sie auch bei ihnen im "Bootshaus" ein, am Stammtisch sei sie immer willkommen.

Und dann, es war nicht zu glauben, standen sie plötzlich Frau Fasser leibhaftig gegenüber.

Das heisst, Elisabeth hatte sogleich gewusst, es muss sie sein, derart präzis hatte sie Tobler beschrieben.

Rechts hinter dem Brückchen, das nur aus zwei wackligen, über Steine gelegten, halb faulen Brettern zusammengesetzt war und einen wilden Bach überquerte, war sie wie eine Märchengestalt mit fünf oder sechs Ziegen aus scheinbar undurchdringlichen Büschen aufgetaucht, begleitet von einem Appenzeller Hund, der das kleine Rudel zusammenhielt und aggressiv bellte, als er die beiden Wanderer erblickte, ja, mehrmals seine Zähne so fletschte, als ob er sie und Ambrosius nächstens angreifen und zerfleischen würde.

Die Frau beendigte die ungemütliche Situation.

"Tasso, hör auf, die machen uns nichts", befahl sie mit einer hohen, fast schrillen Stimme, "sitz, nimm Platz . . ."

Der Hund gehorchte sofort.

"Entschuldigt, bitte", meinte sie weiter, "ich muss wegen meinen Geissen einen scharfen Wächter haben, bereits zweimal haben fremde Hunde ein Gitzi* gerissen, beinah jeden Tag kommen bei uns Leute vorbei, die ihre Hunde freilaufen lassen, ich find's unverantwortlich, in den Wäldern und Schluchten da oben"—sie hatte mit beiden Händen in die Höhe gewiesen—"hat's doch Rehe und Gemsen und Hasen, manchmal auch Hirsche."

"Ich versteh."

Ambrosius hatte, auf seine unwiderstehliche Art, verständnisvoll getan – und war vermutlich wie sie, wie Elisabeth, ver-

---

* junge Geiss, Zicklein

blüfft über diese Frau gewesen, die sie von einem Steinblock hinunter ansah, mit wirren Strähnen im Gesicht und Augen, die, wenigstens Elisabeths Eindruck, vor Vitalität und Lebensfreude glänzten.

Noch nie hatte Elisabeth eine solche Frau gesehen.

Noch nie.

Und so sehr sie die Bezeichnung Hexe hasste und in diesem Zusammenhang immer an all das Schreckliche denken musste, das die Kirche bis ins 18. Jahrhundert hinein Frauen angetan hatte, die wegen ihrer Andersartigkeit, ihrem Abweichen von der Norm als Hexen verketzert wurden, diese Frau erschien ihr mit ihrer Stimme, ihren blonden Haarsträhnen und ihrer sanften und doch, sie fand kein anderes Wort, so energischen Ausstrahlung wie eine jener Hexen, die Elisabeths Kindheit genauso wie Feen und tapfere Ritter begleitet hatten.

Wie oft hatte doch die Oma ihr vor dem Einschlafen Geschichten erzählt, in denen Riesen und Hexen kleine, unfolgsame Kinder in Wälder, Abgründe oder auf Berge lockten, um dort deren Blut auszusaugen oder sie als Diener und Mägde nicht mehr freizugeben, bis, unter Gefährdung des eigenen Lebens, ein Ritter oder sonst ein Held sie befreite.

Und genau so hatte sich Elisabeth als Kind eine Hexe vorgestellt.

Genau so.

Blond, mit strähnigen Haaren, in einem langen, verknitterten Rock, einem Holzstock in der Hand, einer langen, kühnen und aus dem Gesicht ragenden Nase und begleitet von Geissen und bösen Hunden ...

Jetzt, hier auf dem Bett, schämte sie sich deswegen.

Frau Fasser war keine Hexe.

Sie war vielmehr eine faszinierende, aussergewöhnliche, möglicherweise in der einen oder andern Hinsicht verschrobene Frau, die nach dem Tode der Eltern auf dem einsamen Gelände ihrer Jugend geblieben war und dort mit viel Mühe und Arbeit ihr Dasein fristete.

Ambrosius, er hatte es später gesagt, war Ähnliches durch den Kopf gegangen.

Doch dann wurde alles anders.

”Wohnt ihr nicht in der 'Casa Pezold'?“ hatte sie gefragt. ”Ich hab nämlich euren Vorgänger gut gekannt und mit ihm manchmal über seine Literatur gestritten, und wenn ihr von dort kommt, lad ich euch gern zu einem Glas Most oder Wein ein, mich interessieren Leute, die mit Büchern und Schreiben zu tun haben ...“

Klar, dass Ambrosius nicht nein sagen konnte.

Er liebte es doch, und sie eigentlich auch, Menschen zu begegnen, die nicht irgendwelchen Schemen entsprachen.

Woher aber Frau Fasser wusste, dass sie beide im ”Pezold“ lebten, war Geheimnis geblieben.

Keiner von beiden hatte Pia Fasser danach gefragt.

Vielleicht waren sie gestern oder vorgestern von der Frau gesehen worden. Oder dann hatte das Quintener Buschtelefon funktioniert ...

Nun, es war nicht von grosser Bedeutung.

Dafür würde bleiben, dass sie beide gut zwei Stunden lang mit Frau Fasser vor deren von riesigen Drahtzäunen und dem See beschützten Haus auf holperigen Korbstühlen gesessen waren, dazu schweren, furchtbar süssen Holderwein getrunken hatten, der so massiv in den Körper fuhr, dass sie zuletzt froh waren, als Pia Fasser sich anerbot, sie mit ihrem winzigen Motorboot nach Quinten zurückzufahren, wer zu viel Holderwein trinke, könnte auf dem Felsweg einen falschen Schritt tun, und das wünsche sie ihnen beiden nicht.

Warum hatte Ambrosius nur zugestimmt, als Frau Fasser vorschlug, sie habe einen eigenen Holderwein, Herr Schmidhauser, der sie öfters besucht habe, hätte ihn gern getrunken, sie selber ziehe diesen Wein dem Quintener vor, natürlich lagere auch solcher im Keller, falls sie lieber den hätten.

Aber Ambrosius hatte für den Holderwein plädiert, wollte mal was Neues versuchen und war nach dem zweiten oder dritten Glas sichtlich stiller, passiver geworden.

Ob auch ihm, wie ihr, der Verlauf der zwei Stunden ins Nebulöse abgesunken war?

Nicht bestreiten konnte sie jedenfalls, dass sie von der Unterhaltung vor dem teilweise verlotterten, aber stimmigen, schichtweise aus Stein und Holz zusammengesetzten Haus nicht mehr vieles wusste, dass ihr aber gefallen hatte, wie unverändert Frau Fasser blieb, nachdem sie hörte, was Ambrosius von Beruf war, nämlich Mönch, Priester.

Sie hatte wie vorher weiter geplaudert, ihnen ihren taubstummen und meist blöd vor sich hergrinsenden Knecht vorgestellt, der aber nur Süssmost und keinen Holderwein erhielt, er vertrage den nicht, werde sonst schläfrig, verschwinde in seiner Kammer, schlafe dann stundenlang und vergesse, dass er eigentlich Ziegen und Kühe melken müsste.

Es war alles so traumhaft gewesen.

Sie beide vor diesem märchenhaften, von Efeu, Weinranken und Spalierobst fast zugewachsenen Haus, weit weg von der übrigen Welt, umgeben von Reben, Kürbissen, Feigenbäumen, Holunderbüschen, Sonnenblumen, Rosenstöcken und Bohnenstauden, die nur an einzelnen Stellen einen Durchblick zum See ermöglichten, und eingeschläfert von einer pausenlos auf sie einredenden Frau, die ihnen zu erklären suchte, warum sie nur nach Beendigung der Schule dieses Stück Erde für zwei Jahre verlassen habe, um in Sargans eine Lehre als Verkäuferin durchzustehn und dann, getrieben von Heimweh nach dem See und der Einsamkeit, hierher zurückzukehren.

Ein nicht mit Worten erklärbares Wesen, diese Frau.

Nicht einzuordnen, nicht zu fassen.

Da lebte sie mit Pflanzen, Ziegen, Sauen, Kühen, Gänsen, Katzen und ihrem Hund Tasso und dem offenbar nebst seiner Stummheit geistig behinderten Knecht auf dem abgelegensten Flecken von ganz Quinten, kleidete sich wie eine Zigeunerin, las ihr und Ambrosius demonstrativ aus der Hand, er würde in zehn Jahren Bischof werden und sie in Bälde einen schwarzen Professor heiraten, und schien mit ihrem Schicksal erstaunlich zufrieden zu sein.

Von dieser Frau konnte man, wenigstens in gewisser Weise, einiges lernen.

Zum Beispiel, mit dem Alleinsein besser zurandezukommen.

Oder sich über positive Kleinigkeiten zu freun, die das Leben bot.

Und so eigenartig Frau Fasser in vielem anmutete, überrascht war sie, Elisabeth, schon gewesen, als sie erklärte, ihre Tiere hätten alle literarische Namen, sie lese sehr viel, schreibe täglich Tagebuch und habe Anton, der aus dem Toggenburg komme, soweit gebracht, dass er nicht mehr Schundheftchen, sondern wenigstens Romane von Simmel oder Konsalik am Bahnhofkiosk von Murg kaufe, stundenlang hüte er manchmal die Geissen und verschlinge während dieser Zeit ein Buch von der ersten bis zur letzten Seite.

Sie und Ambrosius, halb, wenn nicht völlig beschwipst vom furchtbar süssen und schweren Wein, waren nach gut einer Stunde genötigt worden, sich die Bibliothek im Hause anzusehn, die zum Teil schon der Grossvater begonnen, die Pia Fasser aber, das Wort war gefallen, aufgestockt habe, weil nur das Lesen guter Bücher für sie sinnvoll sei, nicht das Lesen von Zeitungen und schon gar nicht das Konsumieren irgendwelcher Fernsehsendungen; darum habe sie weder einen Fernseher noch eine Antenne, mit Goethe, Schiller, Jean Paul, Mörike oder Racine und der Astrologie und Büchern übers Handlesen befasse sie sich täglich, weniger hingegen mit modernen Autoren wie Frisch, Dürrenmatt oder Grass, die würden zu viel herunterreissen, auch bei Egon Schmidhauser sei's der Fall, dafür sei er ein netter Mensch, sie bedaure, dass er Quinten verlassen habe, sie blieben jedoch in Kontakt, er wolle einen Briefwechsel mit ihr beginnen und ihn später in Buchform herausbringen, er trage sich zumindest mit dieser Idee.

Gewiss, verquer war einiges, was Frau Fasser so äusserte; aber die Bibliothek, die ein mächtiges, von Schränken und Bücherregalen beherrschtes Zimmer nahezu ausfüllte, hatte Elisabeth beeindruckt und ihr gezeigt, dass auf diesem abgelegenen Hof, eigentlich mehr Museum als Bauernhof, ein Mensch zu Hause war, der sich bewusst der Gegenwart entzog und intensiver mit dem Faust, dem Werther, dem Richter des "Zerbrochenen Krug" oder mit Schillers Räubern lebte als mit dörflichen, geschweige schweizerischen Problemen.

Ja, das war ein Nachmittag gewesen!

Ambrosius, nachdem er seinen schweren Kopf dank einem längeren Aufenthalt im Bassin ausgelüftet hatte, gab sogar zu, er bekunde Mühe, den Nachmittag zu verkraften, einerseits habe ihn die Frau beeindruckt, andererseits sei sie aber irgendwie unheimlich, die Frau beziehe ihre ganze Existenz aus Büchern, sehe, sie vermittle diesen Eindruck, vermutlich tagelang nur ihren stummen Knecht und ihre Tiere; es sei ihm, Elisabeth hatte es nicht bemerkt, aufgefallen, dass hinter und vor dem Haus an mehreren Orten Steine aufeinander geschichtet seien und jemand in Felsblöcke, die auf dem Gelände liegen, runenartige Zeichen hineingeritzt habe, vielleicht gehöre Frau Fasser zu den letzten europäischen Sonnenanbetern, deren Vorgänger und Vorgängerinnen sich einst in den Cevennen vor fanatischen, sie mit dem Tode bedrohenden Katholiken verbargen, er könnte es ihr nicht mal verübeln, in einer solch wunderhübschen Einöde würde er vielleicht auch zum religiösen Spinner.

War sie das, ein religiöser Spinner?

War sie's nicht?

Und wollte Egon Schmidhauser, von dem Elisabeth bis heute nie eine Zeile gelesen hatte, mit Pia Fasser ein Buch schreiben?

Warum auch nicht!, dachte sie, war aber froh, dass sie kein zweitesmal im Boot von Frau Fasser nach Quinten fahren musste. Es war ihr wie eine Nussschale vorgekommen; und als sie gar im Boden ein Leck entdeckte, aus dem ständig Wasser ins grasgrün bemalte und gewiss schon Jahrzehnte alte Boot sickerte, hatte sie Gott fast gedankt, dass heute kein Wind, und schon gar nicht der Föhn, über den See strich.

Frau Fasser, darauf von Ambrosius angesprochen, hatte nur gelacht und munter weitergeplappert, sie kenne den See und ihr Bötchen, es habe schon viel erlebt, selbst Kühe hätte sie mit ihm von Unterterzen herübergeholt und umgekehrt, für ein neues Boot reiche leider das Geld nicht, auch Anton kriege jeden Monat seinen Lohn und das Benzin fürs Boot sei nicht billig, sie wolle aber nicht jammern, sie wohne dafür so schön wie kaum jemand, würde mit keinem in Zürich oder Basel oder

Chur tauschen, der Lärm dort, er sei die Hölle, und die Luft, da geb's keine Worte.

So hatte sie geredet, immerfort, nicht realisierend, dass Ambrosius schon lange nicht mehr richtig zuhörte und sie, Elisabeth, ebenfalls nicht.

Das war unwichtig, für die Frau.

Reden, reden, pausenlos, das zählte, die Einsamkeit loswerden, die Tage und Nächte allein mit Anton und den Tieren.

Und sie, Elisabeth, sie konnte nicht einschlafen, war gefangen von diesem ältlichen Mund, der unaufhörlich, vor dem Haus, im Bibliotheksraum, auf dem Schiffchen, auf sie einschwatzte, Meinungen kundtat, so, als ob's keine andern gebe, als ob nur die ihre der Welt vermittelt werden müsste, damit es besser werde und Kriege und Verbrechen von der Erde verschwänden.

Aber Elisabeth war unfähig, die Frau deswegen als selbstgerecht oder meschugge einzustufen.

Das war sie nicht.

Sie war nur anders, hatte sich ein Weltbild zurechtgezimmert, in dem sie – und nur sie – zu Hause war.

Etwas wie Neid kam da auf.

Ein leiser Neid.

Und Elisabeth schämte sich deswegen . . .

Besser, sie schlief jetzt ein.

Viel besser.

VII

Elisabeth war gern hier, im "Bootshaus" oder genauer vor ihm.

Bereits am ersten Tag hatte sie die Gastwirtschaft und ihren unerhört schönen, von Reben und Kastanienbäumen umgebenen Garten entdeckt, vielleicht zweihundert Meter von der Schiffhaltestelle Au entfernt, von der aus man auf einem bekiesten Weg zum Wirtshaus oder auf einem andern zum Weiler Au hochsteigen konnte, der aus drei, vier alten, geschindelten Häusern, darunter einem grösseren Bauernhof, und weiter oben aus kaum sichtbaren, in den Hang hineingeduckten Ferienhäusern bestand, die alle ebenfalls zur Gemeinde Quinten gehörten.

Warum war Ambrosius so schweigsam?

Was war mit ihm?

Reute es ihn, sein Kloster mit Quinten vertauscht zu haben?

Zum Glück erwies sich ihre leise Angst als unberechtigt.

"Ich hab's gewusst, dass wir's miteinander gut haben werden ... Doch so, in einer solchen Landschaft, nein, das ist ein Wunder, auch dieses Blätterdach über uns, das Kühle bringt ..."

Ambrosius blickte in Elisabeths von ihm so lang vermisste Augen, zeigte mit der einen Hand auf eine der beiden Platanen, die dieses Dach ausmachten, und hob mit der andern sein Glas.

"Und hier gefällt's mir noch besser als in Quinten vorn oder in der 'Mühle' ... Weniger Kindergeschrei und keine Wirtin, die einem zum Konsumieren nötigt, und der Wein, so glaube ich, ist erst noch besser, nicht leicht säuerlich, wie der offene drüben!"

"Das schon, aber sobald ein Schiff kommt, wird's auch hier schreiende Kinder geben ..."

"Auch?"

"Ja, leider ..."

"Du sagst leider?"

Ambrosius schien verwundert.

”Ich, ja . . . Ich mag sie nicht, diese meist verwöhnten, ich-bezogenen Kinder“, erklärte sie, ”ihre Eltern, die Mütter vor allem, erlauben ihnen alles, sie dürfen essen, was sie essen möchten, können Spielzeuge und Esswaren wegschmeissen, wann und wo sie wollen, dürfen über Stunden hin vor dem Fernseher hocken, kennen nur Worte wie ’Ich will . . .‘ und ge-niessen, falls ich's so nennen darf, eine Erziehung, die nichts als den Narzissmus fördert . . .“

Zum Erstaunen von Ambrosius ereiferte sich Elisabeth.

”Glaub's mir“, argumentierte sie weiter, aber ohne jeden Fanatismus, ”aus solchen Kindern wird's nie jene neuen, selbstlosen Menschen geben, von denen Linke so oft träumen, noch grössere Egoisten als die heutigen Egoisten und Ellenbo-genmenschen werden da vorprogrammiert, Menschen, die nur haben wollen, haben, haben . . .“

Elisabeth biss sich ins Thema fest.

Und sie wusste, dass sie's tat.

Sie mochte verzogene Kinder nicht und empfand, gewiss kein schöner Charakterzug, Verachtung gegenüber jungen Frauen, die glaubten, die Welt sei nur für sie und ihre Brut da, sie alle müssten es bequem und problemlos haben, die Not der andern dagegen sei nicht ihre Sache.

Sollte sie dies dem Mann sagen, der einst ihr Geliebter ge-wesen war und so staunte, dass sie ohne Freund auskam?

Warum nicht!

Er würde sie gewiss begreifen, dachte vermutlich nicht viel anders.

”Immer wieder“, gab sie ihre Zurückhaltung auf, ”bin ich verdutzt, wie beispielsweise Kinder von Bauernfamilien mit-einander umgehn, wie sie Rücksicht kennen und in nichts jenen Kindern von Alternativen gleichen, die alles dürfen, alles be-kommen, stets im Mittelpunkt stehn . . . Von dort her gesehen bin ich froh, selber kein Kind zu haben. Ich weiss nicht, ob ich's besser gemacht hätte . . .“

Elisabeth konnte nicht weiter reden.

Und war froh darüber.

Frau Winkler, die Wirtin des ”Bootshaus“, eine ungefähr

fünfzig Jahre alte Frau, sehr schlank und meist, so Elisabeths Eindruck, eher ernst wirkend, stand unverhofft vor ihnen. Dabei hatte Elisabeth sie doch vorhin beobachtet, wie sie neben ihrer greisen Mutter, die in einem Schaukelstuhl vor sich hinlächelte, am durch zwei Reservé-Schilder auffallenden Personal- oder Familientisch bei der Hauswand sass und liebevoll der alten Frau hin und wieder ein Glas mit Flüssigkeit an den Mund hob oder mit einem älteren, väterlich aussehenden Mann namens Charly plauderte, der, Elisabeths Empfindung, ein Verwandter von ihr sein musste oder zumindest wie ein Familienmitglied behandelt wurde, eines, das man achtete und liebte.

"Sie sind doch der Pater", sprach sie Ambrosius an, "der in Quinten jetzt am morgen die Messe liest, oder? Jakob Tobler, der Wirt von der 'Alten Mühle' hat mir vor zwei oder drei Tagen angekündigt, dass in den nächsten Wochen bei uns wieder täglich eine heilige Messe gefeiert wird . . ."

"Ja, ich bin's . . ."

Ambrosius lächelte die Wirtin an.

Und bevor Elisabeth einen ähnlichen Vorschlag machen konnte, hatte er die Wirtin schon zu einem Glas eingeladen.

Sie trinke gern eines mit ihnen, aber dann müsse man ihr erlauben, später eine gute Flasche zu spendieren, sie hätten einen vorzüglichen einheimischen Weissen, morgen werde sie auch zur Messe kommen, eigentlich hätte sie nur fragen wollen, wann der Gottesdienst beginne, sie bedaure es sehr, dass alle Katholiken mit dem Boot nach Murg hinüberfahren müssten, wenn sie einer Messe beiwohnen möchten, wer wie sie im Gastgewerbe tätig sei, könne dies selten oder nie, noch vor zehn Jahren hätte Quinten nicht nur einen Lehrer, sondern auch einen Kaplan gehabt, heute sei's vorbei, leider, leider . . .

Und dann sass Frau Winkler, eine Liechtensteinerin, die vor rund zwanzig Jahren gemeinsam mit ihrem österreichischen Mann in die Schweiz umgezogen war, hier bald das Gasthaus "Bootshaus" erwarb und dieses später durch eine für Elisabeths Geschmack allzu helle, luxuriös anmutende Gartenhalle samt Cheminée erweiterte, mit ihnen am gelben, gemütlichen Biertisch und plauderte von gegenwärtigen und vergangenen Quintener Zeiten, in einer Stunde lege unten das nächste Schiff von Weesen an, dann müssten sie und ihr Mann, der fürs Kochen zuständig sei, und die Serviertochter und ihre mithelfende Tochter wieder hart arbeiten, sie geniesse die Pause zwischen drei und vier jedesmal, möchte nirgendwo anders ausruhn als in ihrer Gartenwirtschaft.

Elisabeth begriff sie.

Auch sie hatte mal von einem solchen Wirtshaus geträumt, allerdings von einem mit erheblich weniger Gästen, als jeweils im "Bootshaus", von der "Alten Mühle" zu schweigen, bedient werden wollten.

Hier wurde man mehrmals am Tag zur reinen Dienerin ganzer Gästescharen, zum Menschen, der vom Buffet zu den Gartentischen und von diesen zum Buffet rannte – als Person meist unbeachtet, nur in der Funktion als Servererin wahrgenommen.

Das wäre kein Beruf für sie.

Lieber war sie Gast.

Viel lieber.

Und Ambrosius? Er war so schweigsam heute.

Was ging in ihm vor?

Sehnte er sich nach seiner Studierstube, fehlte ihm das Alleinsein, konnte er wegen ihr zu wenig arbeiten oder meditieren?

Oder war er verärgert, weil die Wirtin sich bei ihnen am Tisch vor dem zu erwartenden Stress entspannte?

War es das?

Oder betete er und überhörte, wie sehr's Frau Winkler auch nach zwanzig Jahren in Quinten gefiel?

Elisabeth nahm einen kräftigen Schluck vom kühlen Weissen und gab sich Mühe, der Wirtin zuzuhören.

In diesem Moment wurde alles anders.

Plötzlich fielen Schatten in ihre Gesichter, sie blickte auf und erkannte den alten Wirt der "Mühle", der sie beide listig angrinste, begleitet von den zwei attraktiven Hostettler Schwestern, von denen Elisabeth nicht hätte sagen können, ob diese sie allein in optischer Hinsicht oder auch sonst ansprachen.

Tobler fragte gar nicht, ob er zu ihnen an den Tisch sitzen dürfe.

Wozu auch!

Er war ein Quintener, der nicht bitten musste, der, Elisabeth wusste es von Frau Winkler, als die graue Eminenz im Hintergrund galt und politisch am meisten Gewicht hatte, obgleich seit drei oder vier Jahren streng genommen mit Albert Manser ein Berufsfischer der kleinen Gemeinde vorstand.

Darum hockte er seelenruhig ab, gleich neben ihr; und die zwei Blondinen in ihren Shorts, braungebrannt und mit langen Beinen wie's Männer mögen, nahmen gegenüber von Ambrosius Platz, allen zunickend und mit einem Lachen im Gesicht, das wie ein Ei dem andern glich.

"Bring uns doch zwei Halbe vom selben, Marianne", befahl der Alte, ohne die beiden Frauen nach ihren Wünschen zu fragen und seine Tabakspfeife stopfend, "wir haben Durst, kein Schleck*, bei der heutigen Hitze bis zu euch zu spazieren . . ."

Und dann, kaum war Frau Winkler gegangen, um das Bestellte zu holen, riss der Greis die Szene, wenigstens vorübergehend, ganz an sich.

"Hören Sie am Samstag die Beichte?" fragte er Ambrosius. "Einige in Quinten möchten ihre Sünden los werden, auch ich. Unser Pfarrer ist nämlich schwerhörig, da weiss man nie genau, ob er versteht, was wir beichten . . ."

Er lachte, fand seine Bemerkung lustig.

Elisabeth, sonst gar nicht erpicht, Seitenhiebe auszuteilen, reagierte als einzige.

"Vielleicht musst du froh sein", duzte sie ihn (weil Tobler es ihr am Ankunftstag angeboten hatte), "wenn dein Pfarrer alles verstände, würde er dir unter Umständen die Absolution verweigern . . ."

Der ehemalige Wirt grinste sie an. "Das schon, aber der Sinn der Beichte ist doch ein anderer."

"Bestimmt."

Etwas verärgert, weil Ambrosius weiterhin schwieg und die

---

* Leckerbissen

66

beiden blonden Modepuppen nichts als Gleichgültigkeit aus-
strahlten, schaute sie ihren Freund an, holte ihn aus seiner Le-
thargie heraus, die kaum allein mit der Hitze zusammenhing
(unter den Bäumen war's ohnehin recht angenehm). "Nimmst
du also am Samstag die Beichte ab, obgleich du Ferien hast?"

Ambrosius schien wie aus einer Versenkung aufzutauchen,
blickte, als ob er eben wach geworden wäre, in die Runde.

"Was hast du gemeint, Elisabeth?"

Ohne aufzubegehren wiederholte sie die Frage – und erst
jetzt begriff Ambrosius, um was es ging.

"Natürlich, ich werde, wenn's gewünscht wird, nach der
Messe in den Beichtstuhl gehn, als Priester bin ich dazu ver-
pflichtet."

"Mich haben Sie auf jeden Fall als 'Kunden' ..."

Tobler gefiel sein Spruch. Sonst hätte er ihr und Ambrosius
kaum so strahlend ins Gesicht geblickt.

Ambrosius blieb eine Antwort erspart.

Zu seiner Beruhigung kam Frau Winkler mit den bestellten
Flaschen und fünf neuen, langstieligen Gläsern, entkorkte die
eine und schenkte allen sehr gekonnt ein.

"Zum Wohl, Herr Pater, zum Wohl, meine Damen, die von
mir offerierte Flasche kriegt ihr ein andermal oder später ..."

Frau Winkler lächelte Elisabeth und dem Pater so listig zu,
dass es keine umwerfende Intelligenz brauchte, zu erkennen,
wie sehr sie das Kommen des Alten bedauerte und mit ihnen
fast Mitleid empfand.

Jetzt redet nur noch er, schien sie zu sagen, mit der Gemütlichkeit ist's vorbei ...

Der alte Tobler hob selbstverständlich als erster sein Glas
und zwang jeden, mit ihm anzustossen was – Elisabeth gar nicht
mochte.

Aber sie war in einem andern Land, musste die hiesigen
Gepflogenheiten akzeptieren.

Tobler stellte sich freilich nach ihrem Geschmack zu oft in
den Mittelpunkt, war für sie, auch wenn ihr seine Art des Er-
zählens gelegentlich Spass bereitete, ein Monologist.

Auch jetzt.

Ohne zu überlegen, ob sein ewiges Thema bei den andern ankomme, begann er wieder zu klagen, weil der Murger Pfarrer nur alle zwei Monate in der Bernhard-Kapelle die Messe lese, bloss nach Todesfällen mache er eine Ausnahme, wenn aber der kleine Friedhof hinter der Kapelle nicht bald vergrössert würde, müssten die Quintener ihre Toten in Murg begraben, das gebe noch einen Kampf, und er, Tobler, wisse, auf welcher Seite er stehe.

Elisabeth beobachtete den Mann genau; und ihr war, als rede er ausschliesslich wegen Ambrosius und ihr, die beiden Blondinen und die Wirtin bezog er kaum ein, sie waren kein Ziel seines Vortrages.

Sollte sie die zwei Vorzeigefrauen, die sie doch ebenfalls duzte, gezielt ansprechen und ein gemeinsames Sujet suchen, zum Beispiel das berühmte Wetter?

Ambrosius kam ihr dazwischen.

"Ich hab gehört, dass in Ihrer Wirtsstube Geweihe von Hirschen, Gemsen und Rehböcken hängen", meinte er zu Jakob Tobler. "Haben Sie früher gejagt? Das dürfte alle interessieren."

Er war ein Schlaumeier, ihr Ambrosius.

Sein schon früher offenkundiges Talent war ihm geblieben: Mit ein paar wie zufällig hingeworfenen Worten oder mit einer Geste verstand er's, ein Thema zu wechseln, Spannung zu mildern, andere aus ihrer Sprachlosigkeit zu locken.

Doch gab's Spannungen am Tisch?

Elisabeth konnte nicht darüber nachdenken.

"Nein, nein, mein Vater war ein grosser Jäger", beantwortete Tobler noch so gern Ambrosius' Frage, "früher zogen Hirsche bis nach Quinten hinunter, heute findet man sie höchstens noch in höhergelegenen Wäldern, vor zwei Jahren hab ich auf der Waldwiese Nefadina einen prächtigen Hirsch beobachtet, wie er eine Hirschkuh besprang . . ."

"Hat er denn auch gewildert, dein Vater, ausserhalb der Jagdzeit?"

Eine der umwerfenden Blondinen, hiess sie nicht Michèle und war die ältere?, mischte sich plötzlich ins Gespräch, was Tobler gar nicht gefiel.

Zumindest bedachte er sie mit einem unfreundlichen Blick, meinte dann aber: "Früher lebten wir alle von dem, was uns von der Natur geboten wurde, von den Fischen im See, dem Wild in den Wäldern, dem Honig der Bienen, den Kastanien, den Quitten, Feigen, den Beeren, wir waren arm, mausarm . . . Und weil selten ein Wildhüter oder Fischereiaufseher zu uns herüberruderte, ging's uns einigermassen . . ."

Es musste Tobler Genuss bereiten, von früher berichten zu können; und weil nun auch Elisabeth, ganz gegen ihre Absicht, die eine oder andere Frage stellte, geriet der ehemalige Gastwirt mehr und mehr in Fahrt.

Er berichtete von Zeiten, als selten Wanderer, Touristen und Ferienleute den Weg nach Quinten fanden, die meisten Bewohner vom Fischfang und von der Milchwirtschaft lebten, indem sie entweder die Milch jeden Tag zweimal mit ihren klapprigen, sehr langsam vorankommenden Motorbooten zur Milchzentrale nach Murg hinüberbrachten oder gar durch den Linthkanal und den oberen und unteren Zürichsee fuhren und die Felchen und Eglis* auf dem Markt in Zürich verkauften, das sei eine schwierige Arbeit gewesen, die Fische hätten beim Verkauf frisch sein müssen, und was man in Zürich nicht an die Frau gebracht habe, habe man gleich wegwerfen können.

Davon erzählte Tobler eine gute halbe Stunde.

Und Elisabeth konnte Ambrosius nur zwischendurch leise informieren (zuvor hatte sie's dummerweise vergessen), dass sie wegen des Bassins nach Bern telefoniert hätte, nun wisse sie die Adresse eines Handwerkers von Weesen, den rufe sie morgen an, damit er den Sprudler in Ordnung bringe.

Ambrosius tat erstaunt. "Ich hab doch das Problem gelöst, oder?"

"Leider nicht, lieber Ambrosius", klärte sie ihn auf, "zwei, drei Stunden lang war alles in Ordnung, dann war's wie vorher . . ."

"Ach, was?"

Ambrosius grinste sie an.

---

* zwei Fischarten (beim Egli handelt es sich um einen Raubfisch)

Glaubte er tatsächlich, er hätte den Sprudler wieder in Schwung gebracht?

Kaum.

Oder besser: Nein, nein!

Geschickt spielte er den Beleidigten. "Da flick ich dieser Madame den Swimming Pool", verkündete er laut und schaute sehr bewusst zum alten Tobler hin, "und was geschieht: Sie beschuldigt mich, ich sei auf handwerklichem Gebiet eine komplette Nuss, das ist die Höhe!"

"Nie hab ich dir das vorgeworfen, nie . . . Aber wir brauchen zweifellos einen Handwerker, alle paar Monate gibt's Probleme mit dem Bassin, Lilo hat's bestätigt . . ."

"Dann halt . . . Aber niemand am Tisch hört doch zu, wenn wir übers Bassin der 'Casa Pezold' streiten . . ."

Damit kam er nicht durch.

Tobler, der bei Ambrosius lieb Kind sein wollte, widersprach.

"Eure Probleme sind auch meine, Herr Pater . . ."

"So?"

Ambrosius lachte, seine vorherige Abwesenheit war wie weggewischt.

Er hat vermutlich gebetet, dachte Elisabeth, seine häufigen Absenzen sind nur so zu erklären.

Und dann hörte sie zu ihrem Erstaunen, dass ihr Freund sich erkundigte, wie denn die beiden Damen heissen, er habe beim letzten Zusammentreffen in der Gartenwirtschaft der "Mühle" ihre Namen nicht richtig mitbekommen und bitte deswegen um Entschuldigung.

Die Antwort liess nicht auf sich warten.

"Ich bin Michèle Hostettler und . . . sie dort ist Lea, mein liebes Schwesterchen . . ."

Mit wahrscheinlich einstudierter Eleganz hob die ältere der beiden Schönheiten das Glas . . . und zwang damit ihr Schwesterchen, das so gross und so umwerfend wie sie war, dasselbe zu tun. "Aufs Wohl von euch allen . . ."

"Ja, von euch allen . . ."

Lea Hostettler wiederholte die Worte ihrer Schwester und

nahm hierauf, genau wie diese und bevor die andern Gelegenheit erhielten, ihnen zuzuprosten, einen winzigen, linienbewussten Schluck.

Elisabeth mochte das gar nicht: Frauen, die unablässig auf ihre Linie achten und sich nie gehen lassen können.

Immerhin, niemand kam auf die Idee, jetzt eine allgemeine Verbrüderung einzuleiten.

Ambrosius, das wusste sie, hätte es nicht in den Kram gepasst.

Und wie er hob Elisabeth daher rasch das Glas, prostete nun ihrerseits nochmals allen zu – und wusste im nächsten Moment, dass sie die Vornamen der Schwestern kaum im Kopf behalten würde, schon nach dem letzten Zusammentreffen waren sie ihr entfallen.

Zu ihrem Schrecken liess das Gedächtnis in der letzten Zeit ziemlich nach, ja, hin und wieder hatte sie Mühe, die richtigen Worte zu finden.

Ob dies erste Anzeichen der Alzheimer Krankheit waren?

Sie hoffte es nicht.

Das wäre fatal, dachte sie, und konzentrierte sich, aufzunehmen, worüber die andern sprachen.

Doch es war an Ambrosius, für ein paar Minuten das Thema zu bestimmen.

"Hast du deine Schriftstellerchefin gefragt, warum die Pflanzen bei uns so stark riechen? Vielleicht kennt auch Frau Winkler oder Herr Tobler solche Pflanzen . . ."

"Ja, hab ich . . ."

Elisabeth hatte ebenfalls vergessen, dies Ambrosius zu sagen.

Es war ja unwichtig, war Nebensächliches.

Jetzt, warum nicht?, sagte sie's halt in Gegenwart anderer . . .

"Lilo meint, vielleicht liege eine tote Katze oder sonst ein Tier im oder hinter dem Hühnerhaus, auch Egon Schmidhauser, unser Vorgänger, der zwei Monate im 'Pezold' gelebt hat, habe einen süsslichen Duft bemerkt und sei dann zufällig auf den Schlüssel des vergammelten Hühnerhauses gestossen und hineingegangen, worauf er dort eine halb verweste, vermutlich an einer Krankheit gestorbene Katze entdeckte, zum Glück sei's nicht Tizzi gewesen, die Katze des Hauses, penetrante Pflanzengerüche wären aber in Quinten keine Seltenheit, das gehöre zum südlichen Flair ..."

Der alte Tobler musste dazu natürlich seinen Kommentar abgeben.

"Ja, bei uns sterben in letzter Zeit viele Katzen, es scheint ein Virus umzugehn."

"So?"

Ambrosius fiel nichts Gescheiteres ein.

Darum, wie um sich zu korrigieren, meinte er, zu Elisabeth gewandt: "Dann gehn wir halt ins Hühnerhaus, heute abend oder morgen ..."

Diese Perspektive gefiel ihm gar nicht.

Eine tote Katze!

Träume kamen hoch, von einer Sekunde zur andern.

Träume, die er seit Monaten vergessen wollte: Wegen sich selbst, wegen der zwei PTT-Beamten, wegen der "Meldegg"-Wirtin, wegen Ferien, die keine Ferien gewesen waren, wegen Yves, der heute, wie er wusste, wieder mit seiner Frau zusammen war und seine Geliebte in letzter Konsequenz verraten und im Stich gelassen hatte.

Es durfte nicht sein.

Keine tote Katze durfte im oder in der Nähe des Hühnerhauses liegen.

Keine!

Aber warum sich aufregen: Denkbar, dass es doch nur Pflanzen waren, die so intensiv rochen!

Pflanzen, nichts sonst!

Tobler unterbrach Ambrosius' Überlegungen.

Er habe besagtes Hühnerhaus vor vielen Jahren für die Pezolds gebaut, meinte er plötzlich, und vor kurzem sei er wieder in diesem gewesen; Herr Schmidhauser habe ihn und seine, Schmidhausers Freundin, eine Trudi Schneider, zu einem Fondue eingeladen, wie Könige habe er sie bewirtet und ihm anschliessend das seither da und dort veränderte Haus, den Garten, den Swimmingpool, es gebe nur zwei in Quinten, der andere gehöre der Familie Hostettler, und auch den ehemaligen, eben von ihm erstellten Hühnerstall gezeigt, so, als ob Herr Schmidhauser der Besitzer der "Casa Pezold" sei, er habe übrigens angetönt, wenn dieses Haus das seine wäre und er wolle versuchen, es vom Eidgenössischen Schriftstellerverband zu kaufen, vielleicht im Tausch zu seinem in Aarau, dann würde er den kleinen Stall zu einem Atelier umbauen, er könnte dort schreiben und, falls sie zusammenblieben, seine Freundin dafür im Haus regieren.

Hierauf erfuhren sie, dass Tobler die Pezolds gut gekannt hatte, nie habe es in Quinten so freundliche Fremde gegeben wie diese zwei, andere Zuzüger seien in den allermeisten Fällen aufgetreten, als ob sie die Welt erfunden hätten, länger als ein Jahr oder zwei wären sie nie geblieben, sie, die Einheimischen, hätten es denen "besorgt" ...

Elisabeth begriff vermutlich als einzige, was Tobler mit dem Wort "Fremde" ausdrücken wollte.

Und sonst keiner?

Elisabeth schaute sich um und empfand Ärger über ihre Ansicht.

War sie so intolerant?

Auch die Wirtin des "Bootshaus" sass doch am Tisch; und sie war als Liechtensteinerin ebenfalls eine "Fremde", eine "Auswärtige" und wurde vielleicht wie ihr Mann, den Elisabeth bewusst noch nie gesehen hatte, von den Einheimischen als Eindringling betrachtet.

War's so?

War's anders?

Gewiss war nur, auch Frau Winkler dürfte sich gelegentlich trotz des erwünschten Umsatzes nach Stille sehnen, nach Tagen ohne Wandergruppen und Lärm bringenden Schulklassen, deren Lehrer und Lehrerinnen Quinten als Ziel ihrer Schulreise wählten.

Der nur schlecht versteckte Fremdenhass des alten Tobler dürfte ihr dennoch fremd sein.

Doch auch für Tobler muss ich Verständnis aufbringen, dachte Elisabeth, auf einmal sehr fern vom Tisch, vom See, von der Landschaft, die ihr so nahe war: Wer hier aufwachsen durfte und dann über harte Jahrzehnte hin sein Brot als Wirt, Fischer und Bootsführer verdienen musste, dem tat's gewiss weh, mitzuerleben, dass Zürcher oder Ausländer wie die Pezolds alte Ziegenställe aufkauften, diese in luxeriöse Ferienhäuser verwandelten oder auf ehemals unwegsamem Gelände halbe Villen hinstellten, um dann vielleicht pro Jahr drei, vier Wochenende in Quinten zu verbringen, während ihre Häuser über Monate hin durch heruntergezogene Roll- oder geschlossene Fensterläden auffielen.

Das war gewissermassen ein Ausverkauf der Heimat. Wenn auch weniger schlimm als im Tessin oder im Wallis oder auf den Balearen oder am Tegernsee . . .

Viel weniger.

Elisabeth wusste sich diesbezüglich mit Ambrosius einig, der eben wieder mal – unverschämt, vor Publikum! – sein riesiges, rotes Taschentuch hervorzog und ungehemmt die Nase schneuzte, hierauf einen Schluck nahm und jetzt sogar, das konnte nicht wahr sein!, eine seiner grässlichen Nationale aus der Packung klaubte und sie in den Mund schob.

Warum rauchte er nur dieses entsetzliche Kraut?

Sie wollte ihn fragen, sobald sie allein waren.

In diesem Moment schob Frau Winkler ihren Stuhl unter den Tisch und meinte: "Jetzt muss ich in die Küche, nehmt's mir bitte nicht übel . . ."

"Schade, Sie hätten eine längere Pause verdient!"

Elisabeth meinte es ernst, litt fast, weil die Wirtin sich so selten Pausen gönnen konnte.

Aber da, sie hörte die Signale, ohne es von ihrem Platz aus zu sehn, tutete bereits das Schiff, brachte neue Touristen, neue Rentner, die auf ein Vesper hofften, auf einen Schluck Wein, ein Bier, ein Mineralwasser.

Sie kam sich fehl am Platz vor, wollte fort, nichts als fort.

Allein oder mit Ambrosius, wie immer.

Sie war auch eine Touristin, die die hiesige Infrastruktur benutzte, den Bewohnern ein wenig Geld brachte und sonst nichts, rein gar nichts . . .

2

I

Elisabeth begriff die Welt nicht mehr.

So harmonisch hatte doch die Woche mit Ambrosius begonnen, so beschwingt!

Und jetzt dies!

Es war nicht zu glauben, nicht zu verstehn . . .

Ob Ambrosius wie sie auf seinem Bett lag und über das heute Erlebte oder Widerfahrene grübelte, dieser einmalige, so ganz und gar ungierige Mann, den sie vor vielen, vielen Jahren tief geliebt hatte und den sie, wie die letzten Tage bewiesen, noch immer liebte, zu ihrer Beruhigung anders als damals, ohne dieses Ziehen zwischen den Beinen, ohne die unglaubliche Sehnsucht nach Einswerden und ständigem Zusammensein?

Ob er wach war?

Und traf es zu, dass ihre Liebe sich verändert hatte?

Oder würde sie jetzt gern neben ihm auf dem Bett liegen, seinen warmen, guten Körper spüren, ihren Ekel vergessen?

Die Frage war überflüssig.

Jetzt schon gar.

Nach all dem Heutigen . . .

Sie konnte es nicht wegdrängen.

Im baufälligen, dem Haus der Pezolds gar nicht angemessenen Hühnerstall war dieser Tote auf dem von Mäuse- und Vogeldreck bedeckten Boden gehockt, den Rücken an eine von Spinnweben behangene Holzwand gelehnt.

Und Ambrosius, ihr armer Ambrosius!, hatte den Mann finden müssen.

Ausgerechnet er!

Er, der in den letzten Monaten weiss Gott genug gewaltsam ums Leben gekommene Menschen gesehen oder gar entdeckt hatte!

Elisabeth schauderte.

Doch statt sich unter die Bettdecke zu kuscheln, starrte sie weiter durchs offene Fenster ins Dunkle hinaus, sog wider Willen die von süssen Blüten- und Pflanzenduft schwangere Luft ein und merkte nicht, wie ihr fröstelte.

Warum hatte sie nur zugelassen, dass Alexander, nein, Ambrosius mit dem halb verrosteten, neben der Küchentür an einem Brett aufgehängten Schlüssel die Hütte öffnete?

Warum?

Warum?

Als Mieterin des Hauses wäre dies ihre Aufgabe gewesen.

"Ich geh hinein", hatte er sehr absolut gesagt, sie wie während jener längst vergangenen Münchnertage unwiderstehlich anlachend, "ich fürchte mich nicht vor toten Katzen oder toten Mardern . . ."

Dagegen war kein Ankommen gewesen.

Und auch der Hinweis war umsonst, sie hätte das Haus gemietet, niemand sonst . . .

Er wohne jetzt halt auch in der "Casa Pezold" und wolle seinen Anteil leisten, hatte er entgegengehalten; und sie, was für ein dummes Huhn war sie!, konnte daraufhin, vorne auf der Terrasse, nur spötteln, seine Anwesenheit sei nicht zu übersehn – und damit Ambrosius wegen dessen Leibesfülle in Verlegenheit bringen.

Kurz, es war so herausgekommen wie früher: Ambrosius, der ihr Unangenehmes vom Leib halten wollte, hatte sich durchgesetzt.

Er war mit dem schweren Schlüssel ins von meterhohen Gräsern und Büschen überwachsene Gehege gegangen, dann in den Stall selbst, während sie auf der Veranda sitzen blieb und mit ihren Augen wieder einmal die näherere und fernere Umgebung bewunderte, diese Landschaft, die sie mit jedem Tag mehr lieb bekam.

Nicht sehr lang blieb's dabei.

Keine Minute.

Plötzlich war Ambrosius wieder neben dem Tischchen, bleich, verwirrt, gar nicht der auf demütige Art selbstsichere Mann, den sie kannte – und sie, in ihrer Dummheit, hatte blöd gefragt: "Hast du eine tote Katze gefunden, hat dies dich so mitgenommen?"

Ambrosius hatte keine tote Katze und auch kein anderes totes Tier gefunden.

Leider nicht.

Leider nicht.

Vielmehr einen toten, entweder erstochenen oder erschossenen Menschen, nur mit einem weissen Slip bekleidet – und bereits sehr übel riechend.

Ambrosius hatte es ihr stotternd und nach Worten suchend beizubringen versucht.

"Keine Katze, Elisabeth", hatte er entsetzt den Kopf geschüttelt, "ein toter Mensch sitzt drüben im Hühnerhaus, wir müssen die Polizei informieren, weisst du, wo?"

Sie hatte es nicht gewusst.

Daher hatte sie, wahrscheinlich aufgeregter als ihr Freund es getan hätte, den jungen Posthalter angerufen, der seit zwei Jahren im Nebenberuf die kleine Post von Quinten betreute, sonst als Grafiker arbeitete und der vor ein paar Tagen zufällig in der Gartenwirtschaft des "Bootshaus" am selben Tisch wie sie ein Glas Wein getrunken und sich als jener Mann entpuppt hatte, der jeweils die herren- und frauenlos gewordene Katze der Pezolds fütterte, wenn gerade niemand in deren ehemaligem Haus wohnte.

Walter Hiltebrand musste nicht lang überlegen.

Für Unfälle und Verbrechen, seit Jahrzehnten habe es seines Wissens in Quinten keines gegeben, sei die Polizei von Walenstadt zuständig, er werde umgehend dorthin anrufen und bitten, unverzüglich mit dem Schnellboot jemand vorbeizuschicken, wenn sie wolle, komme er ebenfalls ins "Pezold", um ihr beizustehn.

Sie wollte es nicht.

Sie hatte Ambrosius.

Und keine Lust, schon gar nicht jetzt, ihrem neuesten Verehrer, und Walter Hiltebrand schien sie zu mögen, eine Beschützerfunktion zu überlassen.

Das nicht.

Nein, das nicht.

Dankbar war sie aber dem Posthalter, dass keine halbe Stunde später zwei junge, uniformierte Beamte das steile Strässchen heraufkamen, sich höflich vorstellten und Ambrosius baten, ihnen das Hühnerhaus zu zeigen, von Herrn Hiltebrand wüssten sie, er hätte dort einen toten Mann gefunden.

Unglaublich war das!

Unglaublich!

Dieser schon halb verweste Tote im ehemaligen Hühnerhaus, bei dem es sich, wie sie nun wusste, mit grösster Wahrscheinlichkeit um den Mann handelte, von dem Pia Fasser ihnen am Mittwoch den Kopf vollgeschwatzt hatte, ohne ihnen zu sagen, dass er vor etlichen Jahren mit zwei oder drei von ihm geschriebenen Romanen für einige literarische Aufregung gesorgt habe, vorausgesetzt, Lilo, ihre Freundin, habe sie richtig informiert, in der Aufregung könnte sie ja den Mann verwechselt haben.

Wie auch, morgen wollte sie unten im Bücherzimmer, mehr Bibliothek als Zimmer, nach einem Buch von ihm suchen.

Doch jetzt?

Elisabeth fror trotz der Wärme, die durchs Fenster hereinströmte, und bedauerte auf einmal, keinen Freund, keinen Mann zu haben, der sie gleich jetzt in seine Arme nahm, damit sie alles vergesse.

War sie also doch eine schwache Frau, die einen Beschützer brauchte?

Sie wusste und hoffte es nicht.

Dafür wusste sie, dass nie mehr einer wie Ambrosius in ihr Leben getreten war.

Und das würde so bleiben.

Möglicherweise gab's zwar irgendwo auf der Welt einen Mann seines Kalibers – aber kennenlernen würde sie ihn nicht.

Sie hatte ein anderes Schicksal.

Ihr Schicksal hiess Alleinsein – Alleinsein mit Gott und gelegentlich mit jener ganz aus der Tiefe aufsteigenden Freude, die sich jeder Deutung entzog.

Du lieber Himmel, wie hatte sie gelitten und gerungen, als Alexander ihr bekannte, er wolle tatsächlich Priester oder eher Mönch werden, sie habe mit ihrer Vermutung recht, seit Jahren habe er dieses Ziel, er könne es nicht ändern, so sehr er möchte und so sehr ihn manches an und in der heutigen Kirche störe, er könne dieses Verlangen nicht unterdrücken, nach dem Tode seiner Mutter habe er die Berufung zum erstenmal verspürt und jetzt wieder, Tag und Nacht leide er deswegen und habe Schuldgefühle.

Sie hatte, obschon sie mit ihrer Intuition sein Bekenntnis auslöste, es vorerst nicht glauben wollen.

Und doch war damals die geheime Hoffnung, er beschliesse wegen ihrer gemeinsamen Liebe, Laientheologe oder Lehrer zu werden, für immer geplatzt.

Nie, weder vorher noch nachher, war sie einem zärtlicheren und leidenschaftlicheren Liebhaber als ihm begegnet, nie auch einem Mann, der ihr beim Umarmen Lust geben wollte und nicht in erster Linie sich selbst.

Nie.

Und dann war er seinen Weg gegangen und sie den ihren: Wege, die sie vielleicht näher zu Gott brachten, dafür aber einsamer machten.

Sie hatte es angenommen – vermutlich nicht mit jener Demut und Gelassenheit wie Ambrosius.

Diese abwegige Geschichte hingegen nahm sie nicht an.

Sie hatte sogar, nicht gerade ein Zeichen grosser Souveränität, von Abreise, vom Abbruch der Ferien gesprochen, bis Ambrosius sie zurechtwies, das komme nicht in Frage, sie würden in Quinten bleiben und nicht davonlaufen, er wolle die Zeit mit ihr geniessen, Tag für Tag, es tue beiden gut, daran glaube er fest.

Und er hatte ihr versprochen, sich keine Gedanken zu machen, weshalb ein toter Schriftsteller und Gymnasiallehrer praktisch unbekleidet im Hühnerstall gehockt sei, er kenne den Mann ja nicht, die drei andern ermordeten Menschen, die er im letzten Jahr gefunden habe, hätte er vorher gekannt oder zuvor mehrmals gesehn.

Würde er sein Versprechen halten?

Kaum, dachte sie, fast verzweifelt und unfähig, entweder den Schlaf zu suchen oder wenigstens das Licht anzuknipsen und im Scheine der Tischlampe im kürzlich begonnenen Buch über das Leben von Robert Walser weiterzulesen, über diesen Dichter, dessen devote und gleichzeitig sehr selbstbewusste Haltung in Gegenwart illustrer Personen sie seltsam berührte.

Sie konnte beides nicht.

Und sie wollte, da gab's keine Ausrede, wissen, was dem vorherigen Mieter der "Casa Pezold" passiert war.

Lilo, ihre Freundin, hatte, auf alle Fälle am Telefon, die Welt nicht mehr begriffen.

Sie habe zwar gegen Egon Schmidhauser leise Vorbehalte gehabt, schon wegen seines schlüpfrigen und nicht gerade frauenfreundlichen Stils und wegen seines Verschleisses an Freundinnen, aber dass er im von ihr verwalteten Haus ermordet wurde, dies sei unglaublich, das gebe einen Skandal, der sehr zur falschen Zeit komme, laufe doch bei der Stiftung "Pour la Suisse" und beim Kanton Bern ein Gesuch, wenig begüterten Schriftstellern und Dichtern im "Pezold" einen Gratisaufenthalt zu gewähren und zudem allfällige Unterhaltungskosten des Hauses zu übernehmen, gute Werbung sei dieser Todesfall nicht gerade, sie werde einiges zurechtbiegen müssen.

Wider Willen musste Elisabeth lächeln.

Einen solchen Realismus hatte sie von ihrer Lilo nicht erwartet: Da wurde einem ein unerwarteter und sehr mysteriöser Todesfall mitgeteilt, und was tat die gute Frau: Sie sprach als erstes von Geld, an das man nun möglicherweise weniger schnell rankam.

Typisch Lilo, dachte Elisabeth, sie geht auf in ihrem Job, will ihrer Arbeit gerecht werden.

Und darum kann ein Autor, den sie nicht besonders schätzt . . .

So durfte sie nicht denken.

Besser war's, zu schlafen und den Mann aus dem Gedächtnis zu drängen, der während etlicher Tage tot im Hühnerhaus gesessen war und jetzt nie mehr Bücher schreiben würde, die Lilo als schlüpfrig und gelegentlich gar als frauenfeindlich geschildert hatte.

Auch hier auf dem Bett kann ich für ihn beten, redete sie sich ein, fand aber, nur vorläufig?, nicht die nötige Ruhe hierfür. Zu sehr kamen Bilder, Szenen, Personen, zeitliche Abläufe hoch.

Etwa die jungen Polizeibeamten, die gemeinsam mit Ambrosius und in gebückter Haltung das Hühnerhaus betreten hatten, um dort – sie wusste es von Ambrosius, war nicht mitgegangen – Fotos zu schiessen, mit einer Kreide die Lage des Toten zu markieren und nach Spuren zu suchen.

Oder – sie brachte das Bild nicht los – der Sarg, den zwei weissgekleidete Männer den schmalen Weg hinauf- und dann mit Hilfe der Polizisten hinuntertrugen, worauf der telefonisch herbestellte Jakob Tobler im Quintener Hafen trotz seiner Proteste sich den Toten ansehen musste und ihn tatsächlich als Egon Schmidhauser identifizierte, ehe der Sarg aufs Polizeiboot gebracht wurde.

Oder der höhere, brandmagere Polizeibeamte aus Rapperswil, der später ebenfalls in der Villa "Pezold" auftauchte und schimpfte, weil man den toten Schriftsteller bereits mitgenommen hatte, dann aber sanfter wurde, als sie und Ambrosius ihn auf der Veranda mit Wein und Salami verköstigten.

Gleichviel, Ewald Meier hatte ihnen Frage um Frage gestellt; und erst als ihm aufging (jünger ist er als Ambrosius, jünger!), dass weder sie noch der Pater Genaueres über den toten Mann wussten und beide dem lebenden Egon Schmidhauser nie begegnet waren – erst dann war das Gespräch allgemeiner geworden, hatten sie über Quinten und die Churfirsten und, zur Freude von Ambrosius, über Thomas von Aquin geredet, in dessen Werken Ewald Meier nach seinen Aussagen und zum Erstaunen von Elisabeth täglich las, hoffend, das Gelesene helfe ihm, den Alltag besser zu meistern.

Kein Zweifel, sie hätten zu dritt einen angenehmen, ruhigen Abend verbracht, wäre da nicht dieser tote Egon Schmidhauser ständig Gegenwart gewesen, der nun vermutlich in einer Tiefkühlschublade des gerichtsmedizinischen Institutes von Zürich lag und bald zerschnitten und zerlegt würde ...

War Egon Schmidhauser überhaupt erstochen oder erschossen worden?

Keiner der Polizisten hatte es ihr gesagt.

Und Ambrosius gab keine Vermutungen zum Besten, erwähnte bloss, er habe weder ein Messer noch sonst eine Waffe auf dem Boden gesehn, dafür eine Bauchwunde und vertrocknetes Blut auf dem Boden.

Elisabeth fröstelte von neuem.

Und diesmal nahm sie's wahr und handelte entsprechend.

Sie glitt vom Bett herunter, warf sich den blauen Bademantel über, der auf dem stabellenartigen* Stuhl neben dem Bett lag, ging aufs offene Fenster zu, ohne die singenden Grillen zu hören, den Bach, der munter Richtung See plätscherte, das Bimmeln von Kuhglocken auf den Weiden oberhalb der Rebberge.

Nichts drang bis zu ihr, kein Geräusch, kein Gedanke, nichts.

Sie war allein.

Furchtbar allein.

Und litt unter der Angst, einmal wie Egon Schmidhauser sterben zu müssen und dann in eine Leere zu stürzen, sehr fern von jener Hoffnung, die sie sonst begleitete.

War alles ohne Sinn?

Alles, alles?

Gab's keinen Gott, war Jesus nicht sein Sohn, der sie und jeden Menschen mit seinem Opfertode erlöst hatte?

War sie von allen guten Geistern verlassen gewesen, als sie sich als junge Frau für ein langes Studium entschloss statt eine Familie zu gründen oder mit einem Freund zusammenzuleben, der ihr sexuelle Genüsse bot und dem sie ebenfalls solche schenkte?

Elisabeth wusste es nicht.

Sie glitt auf den nun doch kühl gewordenen Holzboden und weinte.

---

* Stabelle = hölzerner Stuhl, Schemel (romanischer Ausdruck)

Irgendwo schrie ein Vogel.

Für sie, für einen andern?

Auch Ambrosius hatte doch mehrfach vor dem Einschlafen ein schreiendes Tier gehört ...

Es bedeutete nichts.

Rein gar nichts.

Sie musste mit ihrem Alleinsein zurechtkommen.

II

Der Schmidi ist hin, der Schmidi ist hin, gefunden und gevierteilt! Mich freut das so, mich freut das so, am liebsten würd ich vom Bett an die Decke springen und jubeln und jubeln und auf der Matratze tanzen! Ich tu's aber nicht, tu's aber nicht, will nicht nach Walenstadt ins Spital und mir das Knie wieder eingipsen lassen!

Ich will das nicht.

Es kommt nicht in Frage.

Fantastisch aber doch, dass der Pater heute mittag den toten Schmidi entdeckt hat und mein Alter nachher in den Sarg gukken musste, vorne am Hafen und vor Publikum.

Das gönn ich ihm.

Das gönn ich ihm sehr.

Befiehlt mir, wie wenn er noch der Wirt wäre! Und hat Angst, in einen Sarg hineinzuschauen und den Tschuggern* zu sagen, er ist's oder er ist's nicht ...

Wenigstens ging der Tobler vor sechs oder acht Stunden hin, kniff nicht wie seine Tochter mit einem lauten Aufschrei:

---
* Polizisten

"Nein, Vatti, das kommt nicht in Frage, ich kann keinen Toten sehn!"

Feig sind sie alle, feig!

Nur mich hat keiner gefragt, mich!

Dabei kannte ich den Schmidi so gut wie die zwei ihn gekannt haben, ja, ich kannte ihn besser, sehr viel besser.

Aber den Typ mit dem Käppchen und dem blauen Trainer oder dem roten T-Shirt fragt keiner, bin ja bevormundet, bin für sie alle ein dummer Klaus!

Mir soll's recht sein.

Mehr als recht.

Weniger recht dagegen, dass dieser Pater ein Weib hat und ich keins. Ich schneide nur Büsche, mähe Rasen für reiche Vögel, helfe der Toblerin volle Fässer und Harasse* vom Boot in den Keller und leere vom Keller zum Boot zu tragen, gelte als halbverrückt und scheisse und seiche vor Wut in fremde Gärten.

Gut bleibt's aber schon: Der Angeber ist tot, ist mausetot, kann nie mehr eine Frau auf den Rücken legen! Kam doch andauernd mit andern Weibern zu uns in die "Mühle", hat mit ihnen vor mir und der Marierose und den Kellnern wichtig getan, sie im "Pezold" gevögelt und mir bei jeder Gelegenheit demonstriert, du bist nichts wert, Fred, bist eine halbe Portion!, keine will etwas von dir, keine!

Schön waren sie aber nicht gewesen.

Abgetakelt, uralte Tanten.

Nur dass er Michèle bekam, dass sie ihre Hand mit den langen Fingernägeln auf seine Schenkel, seine ausgelatschten, fettigen, braunen Hosen legte, das hat mich wild und wütend gemacht.

Und wie!

Wie!

Mich, die Witzfigur, die angeblich so gern Geschichten zum Besten gibt, Aufträge der Häuschenbesitzer annimmt, ihnen die Feigen, die Pflaumen, die Äpfel, die Nüsse pflückt und un-

---

* Lattenkiste, franz.

ter dem Dach der "Alten Mühle" eine schäbige Bruchbude bewohnt.

Jaja, der Tod hat den Schmidhauser von einer Minute zur andern erwischt, diesen Bluffer und Frauenficker, der im "Pezold" wohnen durfte, obschon er, wie er so oft betonte, in Aarau ein eigenes Haus mit Garten am Ufer der Aare besitzt . . ., nein, besass, besass und jetzt nicht mehr hat!

Gehasst hab ich den, gehasst!, und mit Vergnügen hätt ich ihm den Hals zugedrückt, als ich vor einem Monat oder so die Gartenwege der "Pezold"-Hütte wieder begehbar machte und dieser Schweinehund trotz meiner Gegenwart nackt mit der Blonden im Bassin schwamm und sie nachher auf der Veranda fickte, sehr genau im Bild, dass ich draussen war und alles hörte, alles, alles!

Es war ihnen gleichgültig gewesen.

Beiden.

Beiden!

Auch ihr, der Schlampe . . .!

Sie hatte gestöhnt und er wie ein Irrer gelacht, vor Lust und Geilheit oder was weiss ich was.

Ich hab's nicht hören können, hab an Theres gedacht, an die letzte von dreien, die mich ranliess . . .

Und jetzt bleibt nur die Hand, nichts als die Hand!

Immer, immer . . .

Für die bin ich nichts als ein Tier, ein kaputter Hund, der Bier säuft, mit seiner Dächlikappe umherläuft und froh ist, wenn er den Damen und Herren aus Zürich und St. Gallen und Chur zu günstigen Bedingungen die Gärten und das Gelände pflegen darf und gelegentlich von ihnen ein Gläschen Wein erhält.

Gut, sehr gut, dass einer den Schmidhauser getötet hat.

Sehr gut.

Schweine wie ihn muss man umbringen, ihnen die Luft und die Schwänze abschneiden.

Den nächsten übernehm ich selbst, das garantier ich mir.

Bumst oben seine Blonde und kommt dann im Bademantel zum Geländer und ruft, wann bist du endlich fertig mit deinem

Herumgehacke und Büscheschütteln, wir wollen Ruhe, keinen Lärm.

Ein Schwein war er, ein richtiges Schwein!

Da ist mir der Pater mit seiner Deutschen hundertmal lieber, bezahlte mir gestern wieder ein Bier und hat mit mir gesprochen, als ob wir uns seit Jahren kennen.

Das tut keiner sonst.

Nicht einer.

Weiss bald nicht mehr, wie's geht mit einer Frau, wie man ihr das Zeugs loswird, das nachts auf mein Leintuch tropft. Bin halt nur ein Würmchen für alle, ein Handlanger, ein Gelegenheitsgärtner, der Kuli der Madame Tobler . . .

Ob der Pater diese schöne Deutsche von und zu aufs Kreuz legt?

Der Tobler hat behauptet, er mache es nicht, Ambrosius sei ein guter, fast heiliger Priester, beim Messelesen hab er's gemerkt, einen solchen Geistlichen geb's hier in der Gegend keinen, es tät mir gut, auch einmal in die Kapelle zu gehn.

Wird es wissen, der fromme und verlogene Hund!

Mich unterdrücken und dafür in die Kapelle springen, wenn dort einer den Weihrauchkessel schwingt!

Und ständig auf den Friedhof latschen, seiner Frau nachtrauern, die so viel lieber und ruhiger als er gewesen ist und die ich mochte, mehr als alle zusammen in unserer Hütte.

Geh jetzt trotzdem nach unten in die Stube, trink ein Bier oder zwei und hoffe, der dicke Pater kommt mit seiner Köchin oder was und bietet mir wieder ein Weinlein an und beschreibt uns haargenau, was in der Schriftstellerhütte heute nachmittag alles geschehen ist.

Alle wollen es wissen.

Alle, sogar unsere Italiener.

Vorher möcht ich mir aber einen runterholen, prüfen, ob's noch kommt, ob noch was drin ist, bin ein Tier für die, ein Tier, auch der Winkler René nimmt mich nicht ernst und schon gar nicht seine Alte, einzig der Pater ist besser, streckt mir sofort die Hand hin, während Elisabeth, seine Freundin oder was, mich mit einem "Hallo, Fred!" begrüsst und sehr freundlich in ihrem Hochdeutsch zu plaudern anfängt, wenn ich sie auf der Post oder weiss wo treffe.

Nein, ich will nicht wixen, kommt sowieso nichts, nicht mal ein Sprützchen, die Tabletten sind mein Untergang . . .

Wer aber war so mutig und hat das Schwein gekillt? Wer?

Ja, morgen ruf ich von der Kabine beim Hafen den "Schrei" an und sag denen, ich hätte den Schmidhauser gekannt, wär öfters am Abend mit ihm in der "Mühle" gesessen, zusammen mit seiner langjährigen, urlangweiligen Freundin und dem alten Tobler, ich könne ihnen ganze Geschichten bringen, ein wenig müsse aber rausschaun, ich wisse, dass sie Informanten nicht schlecht bezahlen, das gebe eine tolle Story, Fortsetzungen könne ich garantieren.

Das werd ich tun, heilandsack!, und ihnen verraten, dass der Tote unheimlich gestunken habe, nur deshalb hätte der Pater ihn gefunden, ich sei voll überzeugt, es sei eine seiner Freundinnen gewesen, diese Trudi Schneider aus Aarau oder so, der Schmidhauser habe in Quinten nichts als gevögelt, mit der Pia vom Bürgli hab er's getrieben und mit einer von den Hostettler-Töchtern und vielleicht mit beiden, das müssten sie selber herausfinden, sie würden doch die Hostettler aus St. Gallen kennen, ganz dick im Textilgeschäft drin, ich könne in Quinten nicht alle Leute aushorchen, ich lebe eben hier, für mich sei's sonnenklar, dass es die Haushaltslehrerin war, an ihrer Stelle wär ich auch auf die Barrikaden gestiegen, welche Frau schaue schon gern zu, wie ihr Freund oder Mann zuerst die Dorfhexe und dann eine blonde Schönheit ficke und mit x andern Weibern schmuse und flörte, eine Frechheit sei's, eine bodenlose Frechheit, mit den einen zu vögeln, während die andere das Haus putze und die Hemden bügle, schon viele komische Vögel hätten im "Pezold" gewohnt, doch so einer sei nie dort droben gewesen, noch nie, ich würd's schwören.

Das werd ich sagen und verlangen, dass sie mein Foto bringen und mir zwei oder drei Tausender in die "Mühle" hinüberschieben, ich würde sie prompt anrufen, wenn Neues geschehe, ich verspreche es.

Und geschehn wird Neues, da bin ich sicher!

Geh einfach eines Abends zur Pia über die Felsen und den für Betrunkene gefährlichen Weg und frag, ob sie mit dem Mord zu tun habe, ich wüsste, sie habe im "Pezold" mit diesem Hund aus Aarau geschlafen, als Hausgärtner hätte ich sie beobachtet, und wie das oberhässliche Trudi hätte sie allen Grund gehabt, Schmidhauser ein Messer in den Bauch zu stechen oder ihm eine Kugel zu verpassen, er habe sie mit der ältern Hostettlertochter betrogen und vielleicht auch mit der jüngern und einigen andern, ich verstände sie, so etwas gehe einem an die Nieren.

Wie Schmidi aber ins Hühnerhaus gekommen ist?

Wie?

Das ist schon eine Frage.

Keine der beiden Frauen hat doch die Kraft gehabt, einen Fettsack wie den Schmidhauser allein in die Hütte zu schleppen, selbst ich hätte da Hilfe, einen Kollegen gebraucht.

Und wo fanden sie den Schlüssel fürs Hühnerhaus?

Das ist ein Rätsel.

Ein grosses Rätsel . . .

Nicht mal ich weiss, wo er hängt oder liegt, dabei holt diese hübsche Berner Katze mich für jede Kleinigkeit, glaubt, ich sei Elektriker, Schreiner und Gärtner in einer Person, bin's ja auch, bin's ja auch!, kann mehr als Marierose mir zutraut, viel, viel mehr!, müsste selber eine Beiz führen oder ein Geschäft, dumm wäre nur, Tag für Tag und oft auch nachts ständig präsent sein zu müssen, das ist nichts für den Schö*, es macht müde und alt, geh hinunter deshalb, lass am Buffet ein frisches Bier aus dem Hahnen und frag bei dieser Gelegenheit den Alten, ob ich morgen im Garten neben der Gartenwirtschaft die Topfpflanzen beschneiden soll, sie wucherten langsam aus und würden nachher ersticken, es sei halt ein Problem, dass seine Tochter einen südländischen Garten wolle, mit Sonnenblumen oder Flieder hätte man weniger Sorgen, ich mache es aber gern, verlange kein zusätzliches Geld, höchstens den einen oder andern freien Nachmittag.

---

* Deutschschweizer Ausdruck für das französische Je (ich)

Das werd ich tun.

Man muss sich wehren, muss –

Ach, dumm, diese Fotos an der Wand, die Nackte dort mit den tollen Titten, an denen ich nie saugen darf, und dann der Humphrey Bogart und der Elvis . . .

War schön blöd, die alle aufzuhängen.

Schön blöd.

Die haben doch bekommen, was sie wollten, ich bekomm das nie.

Will morgen drum die Bilder runterreissen und wieder die kaputte Tapete angaffen, jetzt bin ich zu faul, will in den Spunten*, Schritt um Schritt die Treppe hinab, hat mir gereicht, einmal auf der Hühnerleiter auszurutschen, darf nicht mehr passieren, nie mehr, auf keinen Fall!, sterben, das wäre zu früh, viel zu früh, ich weiss, einmal hab ich den Sechser, einmal werd ich reich, dann kauf ich mir eine nigelnagelneue* Honda und nehm ein Girl auf jene Weltreise mit, von der ich in der Kiste* träumte, sie wird's mir machen, immer wieder, in einem Jahr oder auch in zwei.

Jetzt wenigstens ein Bier, eher einen Kübel als eine Stange*, ich hab's verdient, mehr als verdient, es ist nicht recht, dass alle mich für einen Komischen halten und dass die Toblerin mir verbieten will, an den Stammtisch zu hocken, ich würde plagieren*, unaufhörlich über Kanada reden, sobald ich getrunken hätte, der zahl ich's heim, wenn die Zeit reif ist, wie's in Büchern heisst, darf doch Geschichten erzählen, so tun, wie wenn ich mal in den Wäldern von Quebec Bären und Elche gejagt und einen Grizzly im letzten Moment umgelegt hätte und einer Freundin so das Leben rettete, hab ja nichts sonst, nichts und geblufft wird überall auf der Welt!, frag mich so-

---

* Slang für Restaurant
* ganz neue
* Slang für Gefängnis
* einen Humpen bzw. einen Becher Bier
* wichtigtun

wieso seit Jahren, wer diese Tante mag und woher sie das Recht hat, mir ständig zu sagen, was ich darf und was nicht, was kann ich dafür, dass ich aus der Schule geflogen bin und keine Lehre beendet habe und später eine Honda klaute und mit André einige Dinge drehte, ich kann nichts dafür, nichts!, ich hab's nicht leicht gehabt, ich hab's noch immer nicht leicht, leicht hat's dieser Bluffer mit seinem dicken Bauch gehabt, die krochen geradezu zu ihm ins Bett und Professor war er auch und hatte ein Haus und ein Auto und eine Wohnung in Portugal oder wo, der hat's geschafft, bis ihn sein Trudifudi oder sonst eine schaffte, muss aufstehn vom Bett, runtergehn, achtgeben, dass ich nicht falle wie vor fünf Wochen und dann hinke und zum Doktor Stiel nach Weesen muss, brauch aber Geld und Leute, die wollen, dass ich ihre Gärten auf Vordermann bringe, zum "Pezold" hinauf geh ich nicht gern, sind alles Ärsche, auch dieser Vogel aus Zürich, der nie ohne seinen Hund auftaucht, er macht mich rasend, macht mich wütend mit seinen Freundinnen, seinem gespielten Lächeln, ich muss den umbringen, wenn er wieder kommt und ihn mit dem Schubkarren ins Hühnerhaus schleppen, ähnlich wie sie den Schmidhauser geschleppt haben dürften, einzig der Pater und seine Gräfin sind nett, sind nicht eingebildet und auch die Berner Katze, die das Haus führt, kann man leben lassen, alle andern glauben, sie seien Gott persönlich und die Welt gehöre ihnen allein, ich geh nun hinunter, raff mich auf, es ist so zwecklos und heller Unsinn, die Nackte anzugaffen und zu wissen, nie kriegst du eine wie die, das muss aufhören, muss aufhören, ich bin doch kein Dubel*, kein Hundeknochen, ich will, was ich will, ich geh!

---

* Dummkopf

III

Eben war Ambrosius aus der winzigen Sakristei gekommen und noch immer spürte er, war's ein Quintener gewesen?, den Wein auf der Zunge, den er bei der Kommunion getrunken hatte.

Das Blut unseres Herrn ist ein kräftiges Blut, dachte er und entschloss sich, durch den Hauptausgang auf den kleinen Friedhof zu gehn und endlich, endlich, schon seit Tagen war's ein Wunsch von ihm, das Grab der beiden Menschen zu suchen, die Pezold geheissen hatten und in deren ehemaligem Hühnerhaus er den toten Schriftsteller gefunden hatte.

Wieso immer ich? fragte er und kam sich wegen seiner Frage, zurecht, ja, zurecht!, kindisch vor.

Wieso immer ich?

Ambrosius haderte trotzdem weiter, konnte es nicht begreifen.

Erfreulich aber, dass er allein in der Kapelle war, dass die sieben oder acht Gläubigen, die der Messe beigewohnt hatten, bereits gegangen waren, auch der alte Tobler, der weiterhin und noch so gern als Messdiener einsprang.

Ambrosius wollte nicht länger aufbegehren.

Ihm gefiel's in der hellen Rokokokapelle, die offenbar im Jahre 1765 erbaut und, wie auf einer Tafel neben der Eingangstür zu lesen war, 1986 von einem gewissen Dr. Adolf Fäh, "dem wohlwollenden Freund Quintens", restauriert wurde, man möge seiner im Gebet gedenken.

Sollte er das?

Oder sollte er nicht eher für den toten Mann beten, den er gestern gefunden hatte?

Das war doch keine Frage.

Egon Schmidhauser brauchte seine Anteilnahme, nicht Dr. Adolf Fäh, der gewiss ein geistlicher Herr gewesen war.

Ambrosius ging auf die Tür zu, blieb aber, weiss Gott,

warum, stehn und sah wie schon öfters am heutigen Samstagvormittag zum erstaunlichen und ebenfalls restaurierten Dekkengemälde hinauf und musste von neuem zugeben, dass der unbekannte Maler das Dörfchen Quinten und den See sehr realistisch getroffen hatte, über dem ein Mönch mit gefalteten Händen kniete, vermutlich der heilige Bernhard von Clairvaux, und zu einer Maria mit Kind hochblickte. Aber nicht der Mönch und die Muttergottes berührten den Pater; es waren die Engel, die alle Lilien in ihren Händen hielten. Jeder sah anders, sehr individuell aus, war vermutlich eine innere oder eher eine äussere Figur des Künstlers: So wirkte einer sehr streng, wie es sich für Engel gehört, der andere lausbübisch und listig, während der dritte zu schlafen schien. Noch in keiner Kirche und schon gar nicht in einer Kapelle waren Ambrosius so verschiedenartige Engel untergekommen.

Ob der schätzungsweise vor zweihundert Jahren verstorbene Maler, ganz entgegen kirchlicher Gepflogenheiten, seinen eigenen Kindern damals ein Denkmal setzen wollte?

Ambrosius würde nirgends Erkundigungen einziehen.

Er war gern in der Kapelle von Quinten.

Selbst heute, mit dieser Unruhe im Leib, mit all seinen Gedanken, die um den toten Schriftsteller kreisten.

So fand er die kleine Orgel links über dem Altar äusserst neckisch und wünschte, dass mal ein Organist oder eine Organistin im Räumchen neben der ebenso engen Sakristei auf ihr spielen würde, wenn er, Ambrosius, hier die Messe las.

Wie sie wohl klang?

Mickrig und kitschig wie ein Harmonium oder volltönend wie eine grosse Orgel?

Er würde es kaum je hören.

Weder der alte Tobler noch die "Bootshaus"-Wirtin, die vorhin erneut in einer der hinteren Bänke gekniet war, hatten je von einem Organisten oder einer Organistin gesprochen.

Doch, was dachte er da!

Er wäre besser beraten, die heilige Barbara und die heilige Katharina zu bitten, sich des toten Mannes anzunehmen, der allem Anschein nach ein kleinerer oder grösserer Frauenheld gewesen war und der heute im Laufe des Tages im Gerichtsmedizinischen Institut von Zürich zerschnitten und zerstückelt wurde, von einem Gerichtsmediziner, dem neugierige Studenten die Instrumente reichten.

Ambrosius begann innerlich zu frieren.

Und statt ins Freie zu gehn, kniete er spontan auf die kühlen Fliesen, blickte zu den beiden Statuen hinauf, die links und rechts vom Schiff etwas überhöht, aber gar nicht aufdringlich je auf einem winzigen Kapitell standen und unter denen in goldenen Lettern die Namen "Heilige Barbara" und "Heilige Katharina" zu lesen waren.

Ob die beiden grossen Frauen so ausgesehen hatten?

Das war doch belanglos, durfte ihn nicht beschäftigen.

Beten wollte er, sie als Fürbitterinnen für den Toten ansprechen, und ebenso jenem Menschen einige Minuten widmen, der diesen vorzeitigen Tod verursacht hatte.

Ambrosius vergass alles.

Wie weggehoben vom Irdischen kniete er auf dem kalten Boden, versenkte sich ins Gebet, war nicht mehr Ambrosius mit seinen Bedürfnissen, seinen Wünschen und Anliegen, seinem Aufbegehren, mit seiner Kritik gegenüber fast allem, was nicht seinem Weltbild entsprach.

Er war ein anderer, ein Mann, der betete, flehte, nicht für sich, für Menschen vielmehr, die seine Hinwendung, seine Demut brauchten, jetzt, in diesem Augenblick.

Und dann, er wusste nicht, wie, fand er sich plötzlich im Freien.

Die Strahlen einer gleissenden Sonne schossen ihm förmlich ins Gesicht und Ambrosius war so geblendet, dass er seinen "Ministranten" erst erblickte, als dieser ihn ansprach.

"Ich bin froh, dass Sie bei uns Ferien machen", sagte Tobler, dies zum zehnten- oder zwanzigstenmal feststellend, "so erhalte ich Gelegenheit, mehr als sonst für meine Frau zu beten..."

"Das wird sie freuen..."

Ohne die ungewollte Ironie seiner Worte zu bemerken, versuchte Ambrosius damit fertigzuwerden, dass der einstige Wirt wieder auf ihn gewartet hatte.

Wollte er über den toten Schriftsteller reden?

War Tobler genau so neugierig wie Fred, dem Ambrosius auf dem Weg zur Kapelle beim Hafen begegnet war und der ohne Umschweife gefragt hatte, ob man herausgefunden hätte, was in der "Casa Pezold" eigentlich geschehen sei, der Herr Schmidhauser sei ein schöner Filou gewesen, er, Fred, habe viel gesehn und gehört, wenn er im Garten Bäume geschnitten oder Unkraut gejätet habe, an diesem steilen Hoger*gar kein Schleck . . .

Ambrosius, der den armen Schlucker in seinem ewig gleichen Trainingsanzug mochte, war darauf nicht eingegangen, hatte gemurmelt, er müsse in die Kapelle, sich auf die Messe vorbereiten, Fred möge es bitte begreifen.

Und jetzt wollte Tobler vielleicht ähnliche Fragen stellen!

Dem musste er zuvorkommen.

"Kannst du mir sagen, wo die beiden Pezolds begraben sind?" fragte er instinktiv und realisierte zu spät, dass er den alten Wirt geduzt hatte, was diesen für einen Moment aus der Fassung brachte.

"Ja, direkt an der Kapellenmauer dort vorne, Herr Pater", stotterte dieser, "ich selber pflege das Grab, hab ich doch die beiden Deutschen geschätzt, sie haben viel für unser Dörfchen getan . . ."

Ambrosius kam nicht so billig weg.

"Gestern", fuhr Tobler fort, "gestern, das war für mich . . . gar nicht lustig: In den Sarg hineinzuschaun . . . Ich hab meinen Augen nicht getraut, als ich Egon Schmidhauser . . . trotz all den Flecken und dem Dreck erkannte . . . Und gestunken hat er, gestunken . . ."

"Ich weiss, ich hab den toten Mann ja gefunden . . ."

"Furchtbar, furchtbar . . . Wie war's denn für Sie, als Sie die gegen eine Wand gelehnte Leiche sahen?"

---

* Hang, Hügel

"Eben, wie du's sagst: Furchtbar!"

Damit, so hoffte Ambrosius, würde Tobler sich zufrieden geben.

Es war nicht so.

"Ich kann's mir vorstellen, Herr Pater ... Ich wär nicht gern an Ihrer Stelle gewesen, auf keinen Fall ..."

"Ah, so?"

Ambrosius fand, so sehr's ihn störte, aus dem ironischen Ton nicht heraus.

Er musste das gut machen.

Sofort.

Es zeugte kaum von Liebesfähigkeit, diesen einst so mächtigen Mann zu demütigen.

"Ich bin kein Herr Pater", sagte er darum, "du kannst mich zukünftig Ambrosius nennen, aber jetzt möchte ich allein sein, ich hoffe, du bringst dafür Verständnis auf ..."

Brachte Tobler es auf?

Jedenfalls reagierte er für sein Alter recht prompt.

"Ich weiss, Sie brauchen Ruhe nach der Messe, nach dem gestrigen Tag sowieso ..."

"Sag du zu mir, vergiss den Pater, den Herrn ... Vielleicht sehen wir uns am Abend auf einen Schluck und können das Du offiziell besiegeln ..."

Darauf konnte der alte Wirt nichts mehr entgegnen.

Ob er wollte oder nicht, jetzt musste er Ambrosius allein lassen.

"Ich geh schon, Ambrosius, spätestens morgen bin ich wieder in der Kapelle ..."

Dann war Ambrosius allein; und keine Minute später ging er durch den kleinen Friedhof, in dem ausschliesslich frühere Bewohner von Quinten ruhten, und, zählte er die wenigen Grabsteine und Kreuze, vermutlich nicht mal alle.

Ja, dort an der Kapellenwand sah er die Grabplatte der beiden.

Er las ihre Namen, las, dass Georg Pezold von 1906 bis 1973 gelebt hatte und Kathi Pezold fünfzehn Jahre später starb.

Waren sie Juden gewesen?

Die Grabplatte, in die keine Kreuze eingekerbt waren, wies darauf hin.

Falls es aber zutraf, mussten die Quintener über den eigenen Schatten gesprungen sein, ihren Friedhof zwei Nichtchristen zur Verfügung zu stellen.

Er hoffte, dass seine Annahme stimmte.

Doch welchem Glauben oder welcher Religion die beiden auch angehört hatten, vielleicht waren sie für ein Gebet dankbar.

Nur, nach allem, was er über die zwei Menschen wusste, brauchten sie kaum Gebete, waren ihre Seelen längst dort, wo nur noch Liebe ist.

Sicher ist sicher, dachte Ambrosius in einem Anflug von Humor, betete leise das "Vaterunser" und bat dann seinen liebsten Heiligen, den heiligen Franz von Assisi, sich um die Seelen der beiden, die ihm diese Ferien ermöglicht hatten, zu bemühen – und, so kindlich war Ambrosius manchmal, falls sie seine Fürsprache nicht benötigten, sich halt zu dritt, der heilige Franz mit den beiden Pezolds, für den toten Schriftsteller einzusetzen.

Ambrosius, vom Tode Egon Schmidhausers aufgewühlt, schüttelte über seine Bitte den Kopf.

Er war so naiv, sprach oft mit Heiligen, als ob sie seine besten Freunde wären . . .

Aber vielleicht waren sie's auch.

Vielleicht.

Nein, nicht vielleicht: bestimmt.

Ambrosius erblickte hinter der Grabplatte die Mauer der Kapelle und nahm's mit Freude auf, dass sie und die Pflanzen, die sich an ihr hochrankten, ganz ins Sonnenlicht getaucht waren.

War seine plötzliche Freude unangebracht?

Würde er nicht besser auf die Grasnarbe unter ihm knien und von neuem beten, unbekümmert darum, ob er dabei von jemandem beobachtet wurde oder nicht?

Ach wo!, dachte er, ich hab Egon Schmidhauser gar nicht

gekannt, weiss nur von Elisabeth, dass er literarische Romane mit stark pornografischem Inhalt geschrieben haben soll und damit einigen Staub aufgewirbelt hat.

Schlimm und unbegreiflich blieb's dennoch, dass jemand – was Ambrosius seit Ewald Meiers frühmorgendlichem Anruf wusste – den Mann erschoss, hernach vermutlich auskleidete und, nachdem er den Schlüssel in der Küche geholt hatte, ins Hühnerhaus schleppte und despektierlich gegen eine der Wände setzte.

Wer immer das war, er musste schön kaltblütig sein.

Und Ambrosius begriff nicht, weshalb niemand im Dörfchen einen Schuss gehört haben wollte.

Es war ja nicht Jagdzeit, während der ständig geballert wurde.

Hatte wirklich niemand den Schuss vernommen?

Oder beherrschte auch in Quinten eine unter dem Deckmantel der Anonymität daherkommende Gleichgültigkeit die Herzen?

In einem andern Zusammenhang war's Elisabeth schon mehrmals aufgefallen.

Erst seit er in Quinten sei, werde sie von allen Einheimischen begrüsst, hatte Elisabeth ihm gestern während des Mittagessens humorvoll verraten, als Köchin oder Bekannte eines Paters sei man eben wer, vorher habe selbst der Nachbar dort drüben, der seine Reben ständig mit Gift bespritze, ihr nie guten Tag gesagt, es sei ein Rentner aus Basel, er habe sie vermutlich für ein schriftstellerndes Huhn gehalten ...

So war's wohl.

Viele misstrauten eben Schriftstellern oder solchen, die sich für Schriftsteller hielten.

Anders bei einem Pater.

Der war jemand, war eine Autorität.

Die Kälte aber, die Einheimische oft Fremden entgegenbrachten, tat Ambrosius weh. Er hatte das vielerorts erfahren. In Mompé oben, im Appenzell, im Tessin, und auch hier, sein bisheriger Eindruck wenigstens, schien's kaum anders zu sein: das Geld der Touristen und Ferienleute nahm man, nur den

Menschen, die Person nicht. Er war ausserhalb, wurde, vor allem, wenn er scheu oder schüchtern war, ausgegrenzt.

Ein übler Mechanismus, ein sehr übler ...

Ambrosius reckte sich, dachte wieder an die beiden toten Pezolds und dankte ihnen erneut für ihre Grosszügigkeit.

Die hatten gewusst, dass keiner etwas mitnehmen kann und das letzte Hemd keine Tasche hat.

Gerne hätte er sie gekannt, vor allem die Frau.

Es sei eine alte, wunderbare Dame gewesen, die leider nach seinem ersten Quintener Jahr gestorben sei, hatte Fred in seiner weitschweifigen Art erzählt, jeden Tag habe sie auch als Achtzigjährige im kleinen Swimmingpool gebadet, sogar im Winter, ebenso sei sie allwöchentlich mit dem eigenen Motorboot zum Einkaufen ans andere Ufer gefahren, und als es wegen ihren Beschwerden nicht mehr ging, habe er oder Tobler in Murg oder Walenstadt drüben für sie eingekauft und die Sachen mit dem Bähnchen hochgebracht; praktisch jeden Abend habe aber Frau Pezold im "Bootshaus" oder bei ihnen noch ein Gläschen Roten getrunken, sie sei keine dieser geizigen alten Tanten gewesen, ihm hätte sie für jeden Dienst ein grosszügiges Trinkgeld gegeben, auch die Gartenarbeit habe sie gut bezahlt, besser als der Schriftstellerverband.

So wird's gewesen sein, dachte Ambrosius, erstaunt darüber, dass er sich mehr mit der in einem Spitalbett verstorbenen alten Dame beschäftigte als mit dem Ermordeten.

Noch heute wollte er, sofern er den Mut dazu aufbrachte, in einem seiner Bücher lesen, von denen drei oder vier im Bibliothekzimmer, gleich neben jenem, in dem er schlief, unter dem Buchstaben S eingereiht waren.

Ambrosius war neugierig, ob Schmidhausers literarische Arbeiten ihm gefallen würden.

Mit Sensationslust oder so hatte es nichts zu tun.

Er war nur gespannt, herauszubekommen, was für ein Mensch Egon Schmidhauser gewesen sein mochte, neben dessen Leichnam er trotz des bestialischen Geruches die Gebete der Kirche gesprochen hatte.

Doch so oder so, den heutigen Tag wollte er sich nicht vermiesen lassen. Wie vereinbart würden Elisabeth und er mit dem Kursschiff bis Betlis fahren, die dortige Gegend erkunden; mit der ”Strahlegg“ und dem ”Inseli“ gebe es in Betlis zwei Beizen, die ihm gefallen könnten, hatte sie ihn gestern beim Frühstück erfolgreich zu diesem Ausflug verlockt, sie sei bereits in beiden gewesen; auch die Landschaft sei ähnlich wie hier, nur könne man mit dem Auto auf einer schmalen, nicht zuletzt dank ihren Felsengalerien wunderschönen Strasse im Einbahnverkehr nach Weesen oder von Weesen nach Betlis fahren, zudem gehöre zum Dörfchen eine Kapelle, die er gewiss sehen möchte.

Er wollte sie sehen.

Und möglicherweise konnten sie bereits auf dem Schiff über ”Die silberne Schöne“ reden, das Hauptwerk des Toten. Elisabeth hatte das Buch bereits gestern vor dem Einschlafen in den Händen gehabt, dieses aber, erregt wie sie gewesen war, nach der ersten Seite weggelegt; er hingegen wollte, falls er seinen komischen, durch nichts gerechtfertigten Widerwillen überwand, nach dem Frühstück einen ersten Eindruck gewinnen, gemäss dem nicht ganz gerechtfertigten Gemeinplatz, dass erste Eindrücke meist die richtigen waren.

Jetzt aber ein letztes Gebet für die zwei Toten!

Ja, die kleine Marmortafel deutete an, dass beide kremiert und die Urnen innerhalb der von Steinplatten eingerahmten und mit weissem Kies bedeckten Fläche in die Erde gegraben worden waren.

War es so?

Mein Gott, warum stellte er eine so belanglose Frage!

Viel gravierender, dass nur ein kärglicher und verwelkter Blumenstrauss in einem schäbigen Glas auf dem Grab stand, ohne Wasser drin – und sonst keine Blumen, keine Pflanzen, nichts!

Nannte Tobler dies ein Grab pflegen?

Und trauerte kein Mensch um die beiden?

Waren sie schon vergessen?

Und galt dies auch für alle Tobler, Manser, Fasser, Gwerder, die auf dem Friedhof begraben waren, Väter, Mütter, Tanten, Kinder jener Tobler, Manser, Fasser und Gwerder, die heute noch in Quinten lebten?

Halt, er war im Begriff, eines seiner voreiligen Urteile abzugeben!

Ausgerechnet auf dem weit grösseren Grab rechts von den Pezolds lagen frische Blumen, während der Stein von gepflegten Sträuchern mit roten und gelben Rosen und etlichen Kerzen umgeben war. Wer hier wohl ruhte?

Ambrosius rückte, weitsichtig wie er war, seine Hornbrille zurecht, trat näher und las den Namen Rosi Tobler.

War sie die Frau seines "Ministranten"?

Er würde ihn fragen, noch heute abend.

Jetzt hingegen war's Zeit, zu gehn, das Schlimme aus seinem Kopf zu schieben und zum voraus Gott zu danken, dass er mit Elisabeth diesen Ausflug machen durfte.

Es sollte ein schöner Tag werden, trotz allem.

Und mehr aus einem Reflex denn aus einer Überlegung heraus bückte er sich zum Glas mit den verwelkten Blumen, waren es Margeriten oder Nelken gewesen?, hinunter und ergriff es. Wasser wollte er hineingiessen, wenigstens auf diese Weise den Pezolds danken. Und in diesem Augenblick wusste er, dass er das Leben und Elisabeth liebte und trotzdem sein Gelübde nie brechen würde.

Freude kam auf.

Er musste vor nichts und niemandem Angst haben.

IV

Ambrosius sass auf einem der sieben oder acht Korbstühle, die höchstwahrscheinlich seit Jahren zum Inventar der teilweise überdachten Veranda gehörten, las in dieser fürchterlichen "Silbernen Schönen" und konnte nicht verstehn, weshalb ein Schriftsteller nur von Ficken, Pflaumen, Mösen, Schwänzen und Eiern schreiben konnte, also ausschliesslich von männlichen und weiblichen Geschlechtsorganen. Wo immer er den über sechshundert Seiten umfassenden, bei Rowohlt herausgekommenen Wälzer aufschlug, stets war die Hauptfigur, ein gewisser Enrico Malaparte, mit sexuellen Dingen beschäftigt – so, als ob's auf dieser Welt nichts anderes gäbe.

Gerade jetzt war er wieder bei einer solchen Stelle, las, dass Enrico sich nie hätte entscheiden können, was bei Frauen schöner sei, ein sogenannter Birnen- oder ein Apfelhintern, zum Vögeln sei der zweite geeigneter, der andere dafür möglicherweise eleganter.

Ambrosius legte das Buch weg.

Das war nicht sein Stil, nicht seine Literatur; er wollte nicht ständig von Frauen lesen, die ihre Höschen auszogen und dann ihre Hintern irgendwelchen Zwergen hinstreckten, damit diese von hinten eindrangen und es ihnen "machten".

Natürlich, er begriff, dass es eine solche Obsession gab, aber, bei aller Toleranz, war er der Meinung, es sei erbärmlich, nur einen Aspekt des Menschseins zu zelebrieren und sozusagen nur von Ärschen, Klits oder Fötzchen zu schreiben.

Auch religiöse Schwärmer sind mir ein Greuel, dachte er, Leute, die in ihren Traktaten vor lauter Herz Jesu, Gebenedeite Frucht deines Leibes und Seeligkeit den Bezug zum Leben verlieren ...

Er empfand jedoch keinen Ekel wegen all diesen in letzter Konsequenz austauschbaren Einseitigkeiten.

Er war höchstens ein wenig traurig.

Gut, dass sie gestern zum zweitenmal einen so schönen

Nachmittag vor den beiden Beizen von Betlis verbracht hatten und dass Elisabeth bald per Schiff ins "Pezold" zurückkehren würde!

Gut, sehr gut!

Weniger gut hingegen: Bevor sie heute nach dem Frühstück mit dem vermaledeiten Bähnchen nach Quinten hinuntergefahren war, um das Kursschiff nach Walenstadt zu erwischen und in der dortigen Papeterie Schreibmaschinenpapier und für ihren kleinen PC-Drucker ein neues Farbband zu kaufen – bevor sie also hinuntergefahren war, hatte sie ihm den bereits vor acht Jahren erschienenen Roman hingestreckt und Ambrosius gebeten, ihr zuliebe endlich ein wenig in ihm zu schnüffeln, er hab's doch am Wochenende vorgehabt und dann vor sich hergeschoben, sie gebe jetzt absichtlich keinen Kommentar ab, sein Urteil oder seine Meinung würde sie sehr interessieren.

Sie würde sie zu hören bekommen.

Und er war auf die ihre neugierig.

Seit drei, wenn nicht vier Tagen hatte er ja, anders als Elisabeth, um die Bücher von Egon Schmidhauser, entgegen seinem Vorhaben, einen grossen Bogen gemacht, instinktiv würde er sagen, nicht aus Feigheit oder so.

Nein, Liebe zwischen Mann und Frau und, von ihm aus, zwischen Frau und Frau und zwischen Mann und Mann bestand nicht nur aus Pimmeln und offenen Vaginen, wie Herr Schmidhauser zu schreiben beliebte.

Das war mehr.

Viel mehr.

Er würde nicht weiter lesen.

Obschon er zugeben musste, dass der fast märchenhafte Ton in einzelnen Passagen ihn irgendwie ansprach.

Für Ambrosius würde zumindest dieses eine Buch des Aargauer Schriftstellers zu den überflüssigen zählen. Und ob er in die andern hineinlesen wollte, etwa in jenes mit dem vielversprechenden Titel "Hitlers bitterer Abgang", das wollte er noch überlegen.

In diesem Moment hörte er die Klingel.

Er begriff es nicht, blieb sitzen.

War Elisabeth zu Fuss heraufgekommen und jetzt zu bequem, ums Haus zu laufen?

Er konnte es nicht glauben.

Nein, das konnte er nicht.

Es klingelte wieder, diesmal ziemlich lang.

Zum Kuckuck, war's Fred, der eine Gartenarbeit in Angriff nehmen wollte?

Sicher nicht, der hätte ihn gestern abend in der engen, an ein Grotto gemahnenden Wirtsstube der "Mühle" gefragt, ob er mit dem Bähnchen hochfahren dürfe, er käme dann und dann und rufe vom Strässchen hinauf, so laut er könne.

Nein, Fred war's nicht und noch weniger der alte, von der Gicht geplagte Tobler.

Der steile, wenn auch stellenweise asphaltierte Weg würde ihn von einem unangemeldeten Besuch abhalten.

Wer war's dann?

Am besten, er überlegte nicht länger und sah nach, obschon er keine Lust empfand, mit irgendwem, ausser mit Elisabeth, zusammenzusein.

Unwillig erhob er sich, ging durch die offene Balkontür ins karg, aber geschmackvoll eingerichtete, von Elisabeth häufig als Arbeitsraum benutzte Wohnzimmer und von dort in den grossen Korridor mit seinem Steinboden.

Es klingelte wieder.

"Ja, ich komme", rief er automatisch, "nur nöd so g'sprängt*...!"

Vor der milchglasigen Tür stand tatsächlich jemand.

Wer war so blöd gewesen, nur einmal hatte er's getan und hatte dabei ständig ans Bähnchen gedacht, die unsinnige Strapaze auf sich zu nehmen?

Bei diesen Temperaturen, die Ambrosius nach der Abkühlung durch den nächtlichen Regen immer noch erstaunten ...

Er würde es wissen, bald.

Elisabeth konnte es nicht sein.

Da gab's keinen Zweifel.

---

* Schweizerdeutsch für "nur nicht so eilig", "nicht so pressant"

Umständlich löste er den am Gürtel befestigten Schlüsselbund.

Drei zum Glück nicht allzu schwere Schlüssel hingen daran, eben jener, den er jetzt brauchte, desweitern einer fürs Bähnchen und ein weiterer für den überdimensionierten Brief- und Milchkasten, der nicht unweit des Eingangstores montiert war.

Mit einem Ächzen schloss er die Tür auf.

Es war nicht Elisabeth.

Eine gross gewachsene, nach Ambrosius' Einschätzung ungefähr fünfzigjährige, leicht elefanteske und einen grünrot gemusterten Faltenrock tragende Frau sah ihn – wie er glaubte – ziemlich verlegen an. Sie glich, in körperlicher Hinsicht, irgendwie seiner verstorbenen Tante Eugenie, der Schwester seiner geliebten Mutter, deren Energie die Tante ebenfalls besessen hatte, nicht aber ihre Sanftheit.

Wer war diese Frau?

Was wollte sie?

"Grüss Gott", sagte er, etwas unbehaglich, "was wünschen Sie von mir?"

Die Unbekannte rang um Worte.

Selbst einer wie er merkte dies.

"Sie brauchen keine Angst zu haben", suchte er ihr zu helfen, "Sie hätten auch anrufen dürfen, der Weg zu diesem Haus hinauf ist schon ein Murks*..."

"Ja, ich weiss..."

Endlich öffnete die Frau den Mund. "Aber ich kenne den Weg... Wissen Sie, Herr Pater, ich bin... nein, ich war... die Freundin von Dr. Schmidhauser... Kürzlich, im Juni bin ich auch einige Tage in Quinten gewesen... Egon war ja fast zwei Monate hier, er hatte vor Ferienbeginn zusätzlich vier Wochen unbezahlten Urlaub genommen, wegen des Buches, das er schreiben wollte... Und jetzt würd ich gern mit Ihnen reden, ich bin so entsetzt..."

Sie stotterte schier, brachte aus ihrem schweren Körper nur mühsam Worte heraus.

---

* Anstrengung

"Ah, ich versteh . . ."

Ambrosius, du lieber Himmel, so hilflos zu sein!, verstand zwar rein nichts, streckte aber der Frau zur Begrüssung seine rechte Hand entgegen, die sie wie einen Rettungsanker gierig ergriff.

"Wissen Sie, ich möchte wissen, wo Egon gestorben ist . . . Falls man die Stelle kennt . . . Oder dann sehn, wo er gelegen ist . . ."

Sie hatte Tränen in den Augen, konnte sich kaum aufrecht halten.

"Begreiflich . . ."

Und jetzt log Ambrosius nicht. Er begriff, dass man die Stelle sehen wollte, an der ein geliebter Mensch seine letzten Augenblicke erlebt hat. Denkmäler wurden ja an solchen Orten errichtet, Kerzen oder sogar Kreuze und bei Berühmtheiten Kapellen hingestellt . . .

"Kommen Sie doch herein", sagte er endlich, von seinem Benehmen selber irritiert und trotzdem ungläubig, dass die reichlich gewöhnlich aussehende Frau die Freundin dieses Schriftstellerwüstlings gewesen sein sollte.

Oder hatte er nur, wie er's nannte, schreibenderweise schöne Frauen gefickt und bei ihnen in allen möglichen und unmöglichen Stellungen als neuer Casanova geglänzt?

Er bat die zögernde Frau herein.

"Sie kennen doch die Veranda, soeben hab ich in einem Buch Ihres Freundes geblättert, in der 'Silbernen Schönen' und war . . ., ja, ich kann's nicht anders ausdrücken, schon befremdet über den Inhalt . . ."

Er sagte es offen – und ärgerte sich bereits beim Reden darüber.

War er so taktlos, fehlte ihm jedes Fingerspitzengefühl?

Aber er hatte gesagt, was er gesagt hatte, konnte die Worte nicht zurückrufen.

Die Frau schwieg, gottseidank.

Er wies auf den Gartentisch und die Stühle. "Setzen Sie sich, bitte . . ."

Und während er sie zum Tisch führte und dann selber Platz

nahm, hoffte er verzweifelt, Elisabeth tauche sobald als möglich auf und befreie ihn aus der doch eher ungemütlichen Situation.

Was sollte er der Frau auch sagen?

Sie schaute ihn nur an . . . und schwieg.

"Möchten Sie etwas trinken, Frau . . .?"

"Oh, verzeihen Sie, ich bin so durcheinander, ich hab mich Ihnen nicht vorgestellt . . . Ich heisse Schneider, Frau Trudi Schneider . . ."

"Gut dann, Frau Schneider . . . Also, haben Sie Durst, möchten Sie etwas trinken?"

"Gern . . ."

Ambrosius, als Mönch nicht gewohnt, den Gastgeber zu spielen, erhob sich. "Was darf ich Ihnen bringen, ein Glas Wein, Mineralwasser oder einen Kaffee . . .?"

"Oh, gewöhnliches Wasser genügt."

Verschämt blickte sie zu ihm hinüber. "Ich will Ihnen keine Mühe bereiten, mein Besuch muss Ihnen wie ein Überfall vorkommen."

"Ah, so schlimm ist's nicht, von einem Überfall dürfen Sie nicht reden . . . Wir haben übrigens auch gute Quintener hier, rote und sogar einen weissen . . . Ich selber würde gern mit Ihnen ein Glas trinken . . ."

Wieder log er.

Aber dank seiner Bemerkung, er habe Lust auf ein Glas, war es ihm gelungen, ihr altjüngferliches Getue ein wenig zu durchbrechen.

"Sehr lieb, Herr Pater, dann vielleicht den weissen . . ."

Sie musste es Ambrosius nicht zweimal sagen.

Er war unglaublich froh, für einige Minuten in die Küche verschwinden zu können, hatte er doch keine Ahnung, wie er mit dieser so bieder aussehenden Frau umgehn sollte.

Was war da angebracht: Sein Beileid auszudrücken oder, wie bis anhin, nichtssagende Konversation zu betreiben?

Die Frau munterte eher zum zweiten auf . . .

"Ich hol die Flasche und die Gläser, bin gleich wieder da, vielleicht ist bis dann auch meine . . . Bekannte zurück . . . Dann können wir zu dritt trinken und reden . . ."

Fast fluchtartig verliess er die Veranda, beschämt, Elisabeth eine Bekannte genannt zu haben.

Eine Bekannte!

Was war nur in ihn gefahren!

Was?

Elisabeth war doch keine Bekannte, sie war seine Freundin, die einzige . . .

Und er konnte sich nicht vorstellen, dass Frau Schneider mit einem so frauensüchtigen Mann wie Schmidhauser eine lang andauernde Beziehung gehabt hatte, das war nicht vorstellbar, war unmöglich.

Wenn schon Freundinnen, dachte er, dann sicher hübsche, attraktive, Urfrauen wie meine Tina* . . .

Trotzdem öffnete er den Kühlschrank, griff nach dem weissen Quintener, schimpfte sich, weil er den lieber mit Elisabeth als mit der ihm langweilig vorkommenden Frau getrunken hätte und stellte dann die Flasche aufs Tablett, auf dem er oder Elisabeth gewöhnlich das Frühstück zur Veranda trugen, entnahm dem eingebauten Küchenschrank zwei grosse, kelchartige, an sich nicht für Weisswein bestimmte Gläser, suchte den schweren, von einem Wurzelkopf gekrönten Zapfenzieher, fand ihn auch und ging mit allem zur Veranda zurück, an die Sonne, zu einer Frau, die irgend etwas – oder täuschte er sich? – von ihm erwartete.

”Es tut mir leid, Ihnen Umstände zu bereiten“, entschuldigte sie sich wieder, ”das ist aber eine teure Flasche, . . . ein Glas Brunnenwasser hätte wirklich gereicht . . .“

”Nein, nein, jetzt trinken wir aus dieser Flasche, und ich hoffe, wir bodigen* die ganze . . .“

Eine Spur gar zu hilflos stellte Ambrosius die zwei Gläser auf den Tisch, zuerst ihres, dann seines und hernach, immer noch stehend, schraubte er umständlich den unhandlichen Korkenzieher in den Zapfen und zog diesen mit aller Kraft heraus.

Der Knall, den es dabei absetzte, und die Hand, die ihm

---

* sh. ”Mord in Mompé“, von Jon Durschei
* besiegen, leeren

wehtat, belustigten Ambrosius, obwohl er seine Stimmung keineswegs lustig fand.

"Ich bin's halt nicht gewohnt", sagte er wie zur Entschuldigung und goss ihr und sein Glas voll, sehr bemüht, keinen Tropfen des teuren Weines zu verschütten.

Erst jetzt setzte er sich, langsam besorgt, weil Elisabeth allem Anschein nach nicht mit dem vereinbarten Kursschiff nach Quinten zurückgekehrt war.

Sie würde gewiss mit dem nächsten kommen.

Es bestand kein Grund, nervös oder aufgeregt zu sein.

Und nun sass er eben allein mit dieser Frau Schneider auf der Veranda, die eine Aussicht bot, wie sie sonst nur in Büchern geschildert wird, in Büchern, die zwar erst mal geschrieben werden mussten.

"Sie waren also mit Herrn Schmidhauser befreundet", stellte er absurderweise fest, schlicht, um etwas zu sagen, und hob der Frau das Glas entgegen, hoffend, die ihn bedrückende, letztlich auch irgendwie fade Stimmung löse sich auf.

Sie löste sich aber nicht auf.

Sie blieb.

"Ja, das war ich", erwiderte sie in einem Ton, als ob sie Ambrosius Weltbewegendes mitteilen würde, hob dann ebenfalls, reichlich gehemmt, ihr Glas und berührte leicht jenes des wieder zivil angezogenen Paters. "Vor vielen Jahren . . . wollten wir sogar heiraten, . . . aber ich ahnte, dass Egon kein Mann zum Heiraten war . . . und lehnte seinen Heiratsantrag ab . . ."

Und dann, auf einmal, sprudelte es für ihre Verhältnisse aus der Frau heraus.

Ambrosius erfuhr, dass Frau Schneider in Aarau an der dortigen Realschule als Haushaltslehrerin angestellt war (natürlich unterrichtete sie nach altem Rollenspiel nur Mädchen) und es hingenommen hatte, dass ihr Freund, Schriftsteller und vollamtlicher Deutschlehrer der Aargauischen Kantonsschule in einem, dauernd andere Beziehungen einging, in Spanien, Portugal, Frankreich, in den USA Freundinnen hatte, aber stets zu ihr und lange Zeit auch zu seiner von ihm geschiedenen Frau, einem Mitglied der portugiesischen Königsfamilie (Ambrosius musste es glauben), zurückkam, wenn er gerade keine neue Geliebte hatte oder ein kostspieliger Anzug gebügelt werden sollte.

Ihr, so betonte Frau Schneider mehrfach, habe das gereicht; lieber wollte sie alle paar Wochen, dies war über Jahre ihre Maxime gewesen, einige Tage mit Egon zusammensein, als seinen Charme, seine geistreichen Gespräche und (die biedere Frau sagte es zum Erstaunen von Ambrosius) seine sexuelle Potenz zu verlieren, einen Mann vom Schlage Egon Schmidhausers müsse man zwangsläufig mit andern Frauen teilen, er brauchte halt Inspiration, war von seinem Naturell her ein Schmetterling und kannte darum Treue nur im geistigen Sinn.

Von dieser Rechnung, und was war's anderes!, hatte Frau Schneider sich nie befreien können.

Arme Frau, dachte Ambrosius, durchbrach aber die wieder aufkommende Pause mit einer Plumpheit, die ihm schon vor dem Aussprechen wehtat. "Ich versteh", meinte er, "lieber den Spatz in der Hand, wenn die Taube auf dem Dach bleibt . . ."

"Vielleicht nicht ganz so."

Die verhuschelte Frau, die im Gegensatz zum Pater höchst selten einen Schluck aus ihrem Glas trank, wehrte sich. "Wir hatten durchaus schöne Momente und Tage zusammen . . . Auch bereisten wir mit seinem Auto fremde Länder und unterrichteten eine Zeitlang an derselben Schule . . ."

"So, so . . . Und hier, in diesem Haus habt ihr beide ein paar Wochen zusammengewohnt?"

Ambrosius wollte es im Grunde genommen gar nicht wissen. Eher, um keine neuerliche Pause aufkommen zu lassen, war ihm die Frage herausgerutscht.

Frau Schneider hatte Mühe zu entgegnen.

Der Pater sah's auf einen Blick.

"Nein, ich wohnte nicht hier . . . Ich hatte, wie jetzt, ein Zimmer in der Dependance der 'Alten Mühle' . . . Egon wollte allein sein, wollte intensiv und ungestört an einem neuen Buch schreiben, an seinem seit Jahren geplanten Roman über einen heutigen Schimmelreiter, eine moderne Fassung der Novelle von Storm . . . Ich hab aber öfters gekocht . . . Und dann haben wir zusammen gegessen und nachher kehrte ich meist in die

'Mühle' zurück ... Und jetzt ist das geschehn, furchtbar, entsetzlich ..."

Frau Schneider konnte nicht weiter sprechen.

"Ja, furchtbar, schlimm – wie jeder Tod, jedes Verbrechen, Sie haben mein Mitgefühl", versuchte Ambrosius sie zu beruhigen und dachte gleichzeitig, wie dumm sind doch viele Frauen, statt einen solchen Mann zu verlassen, kochen, putzen, waschen und bügeln sie Kleider für ihn, vielleicht sogar für die Geliebte oder in seinem Fall für mehrere Geliebte ...

Was es alles gab, auf der Welt!

Alles, alles!

Ambrosius nahm wieder einen Schluck. Der Wein fühlte sich eklig an auf der Zunge.

Wenn nur Elisabeth käme, meine geliebte, grossartige Elisabeth, dachte er und verwünschte gleichzeitig seine einstige grosse Liebe ein bisschen wegen ihres Fernbleibens.

Auch ging's ihm nicht in den Kopf, warum Frau Schneider nach Quinten zurückgekommen war.

Wollte sie noch mehr leiden?

War sie eine Masochistin?

Oder litt sie unter Schuldgefühlen, weil sie weniger lang als ihr Freund in Quinten geblieben war?

Warum nicht fragen!

"Ich versteh nicht ganz", meinte er, "warum Sie weniger lang als Herr Schmidhauser hier blieben ... Und haben Sie ihn nicht vermisst, als er nach Ablauf des Quintener Aufenthaltes nicht in Aarau aufgetaucht ist?"

Wie um sich Mut zu geben, nahm die unbeholfene Frau einen Schluck.

"Ich ging eine Woche vorher", erklärte sie, "weil meine Schule früher als seine begann ... Und als er dann nach Ferienende nicht in seiner Schule erschien, nahm ich an, er hätte den Aufenthalt verlängert oder sei irgendwohin gereist, mit einer andern Frau zum Beispiel ... Bei der Schulleitung liess er sich, wie mir sein Rektor mitteilte, für eine Woche entschuldigen ... Irgendeine Hoteldame oder so hat deswegen angerufen und am

Telefon erklärt, Herr Schmidhauser fühle sich nicht in bester Gesundheit, werde aber am nächsten Montag mit dem Unterricht wieder beginnen."

"Ah, so war's? ... Und jetzt möchten Sie wissen, wo ich Ihren toten Freund gefunden habe?"

"Ich weiss nicht ... Nein, ich will es ... Deswegen beantragte ich ja von der Direktion meiner Schule eine Woche Urlaub und erhielt ihn ... Ich muss auch die Beerdigung vorbereiten, sobald der Leichnam freigegeben wird ... Ich bin ganz durcheinander, bitte, verzeihen Sie mir ..."

Sie atmete schwer, wollte eindeutig nicht aufstehn.

Was tun?

Was tun?

Ambrosius wusste es nicht. Und gerade deshalb fragte er gegen seinen Willen, was Frau Schneider denn von den Büchern ihres Freundes halte. "Ich habe eben in der 'Silbernen Schönen' geblättert", wiederholte er, "und war schon über einzelne Stellen schockiert ..."

"Das wollte er halt, Egon, schockieren, die Angelsachsen waren ihm mit ihrem Humor, ihrer Fröhlichkeit bedeutend näher als die Schweizer, er betonte es in vielen intensiven Gesprächen ... Und auf die helvetischen Spiesser, auf die ging er bei jeder Gelegenheit los ..."

Warum redete die Frau auf einmal so geschwollen?

Wollte sie ihn auf den Arm nehmen?

Das passte doch gar nicht zu ihr.

"Egon schrieb zwar immer vom Sex", führte sie aus, "hat deswegen sogar eine Arbeitsstelle als Mittelschullehrer verloren und dann eine Zeitlang als Journalist gearbeitet, aber letztlich ging's ihm um anderes ..."

"Ah, so, um was dann?"

Ambrosius, der den ironischen Ton nicht abzustreifen vermochte, runzelte die Stirn und hoffte, Elisabeth erlöse ihn endlich aus seiner von Minute zu Minute unangenehmer werdenden Lage.

Doch Frau Schneider verteidigte weiter hartnäckig die Texte ihres Ex-Liebhabers.

"Ja, sicher ... Es ging ihm darum, aufzuzeigen, wie verlogen die meisten von uns sind, die Männer vor allem ...
Alle, fast alle gehn zu Huren, doch die allerwenigsten geben es
zu ..."

"Fast alle?"

"Nein, ... vielleicht hab ich übertrieben, aber viele tun's
schon ..."

"So?"

Halb mit Absicht spielte er den Schwerfälligen und ärgerte
sich, dass die unbekannte Frau ein Werk verteidigte, dessen
Existenz er vor wenigen Tagen nicht mal gekannt hatte.

"Und deshalb dieses ewige Thema?"

"Ja, deshalb, teilweise wenigstens ... Und zudem verehrte
Egon die Frauen, seine Bücher sind, wenn ich's so sagen darf,
eine Huldigung, eine Liebeserklärung an sie, auch wenn ...
manche Leser und Leserinnen das nicht sehen wollen ... Und
in einzelnen, wichtigen Büchern, ich denke an 'Hitlers bitterer
Abgang', schrieb Egon über ganz andere Dinge ... Ist's auch
hier im Haus? ... Wenn ja, müssen Sie's lesen ..."

Musste er?

Er musste gar nichts.

Eine Antwort geben, vielleicht.

"Ich weiss nicht, ob's hier ist, ich muss" – wieder sprach er
das schreckliche Wort aus – "meine Bekannte fragen ..."

"Ja, tun Sie das, unbedingt ... Es ist ein faszinierender Roman, viel zu wenig von der Kritik beachtet worden ..."

"Das Schicksal vieler Dichter."

Ambrosius erlaubte sich diesen Gemeinplatz und zog dann,
in seiner Ratlosigkeit, eine Nazionale aus der auf dem Tisch
liegenden Packung und suchte in der rechten Hosentasche nach
dem Feuerzeug mit der Aufschrift "Gasthaus Meldegg".

Es war aber, wie er nach einigen Sekunden merkte, in der
linken.

"Sie gestatten?"

"Sicher, Sie sind ja hier zu Hause, ich rauche übrigens
auch ..."

Und wie um dies zu dokumentieren, entnahm sie ihrem,

eher einer älteren Dame, nicht einer heutigen Frau angemessenen Handtäschchen eine Packung Camel und steckte sich eine Zigarette in den diskret geschminkten, nicht mehr so jungen Mund.

Ambrosius gab ihr Feuer.

"Ja, jetzt, wo er gestorben ist, schreiben sie überall über ihn und sein Werk, die 'Weltwoche', die seine neuen Bücher stets totgeschwiegen hat, soll unter anderem eine ganze Zeitungsseite bringen, von Frau Dr. Bachmann, der berühmten Kritikerin . . . Und als Egon lebte, hat sie ihn nie besprochen, das hat ihn verbittert, auch mich . . ."

Frau Schneider drückte die eine Hand vors Gesicht, wollte verbergen, dass sie aus Trauer und Wut weinte; und Ambrosius, dem nichts Besseres einfiel, versuchte sie mit Worten zu beruhigen.

"Weinen Sie ruhig, Frau Schneider, ich hab in meinem Leben schon öfters geweint . . . In den Hühnerstall, und dort hab ich Ihren Freund gefunden, würd ich übrigens nicht gehn . . . Es hat Kreidezeichnungen auf dem Boden und an der Wand . . ."

Sie wandte ihm das Gesicht zu, antwortete fast heftig. "Doch, doch, ich will alles sehen, ich hab ja gehört, dass Sie im Hühnerstall waren . . . und dort . . . Entsetzlich, grauenhaft, es will nicht in meinen Kopf! . . . Ich kann nur hoffen, die Polizei verhafte den Mörder oder die Mörderin bald . . . Mir unbegreiflich, dass man Egon sogar die Kleider auszog und ihn dann in diesen Stall brachte, keine Achtung haben solche Menschen, nicht die geringste . . . Strafe, Rache muss sein, sobald als möglich . . ."

Musste sie das?

Die Rache gehörte doch Gott.

Ihm allein.

Ambrosius verschwieg aber, was er dachte, stellte vielmehr die Frage, die er sich im Prinzip gar nicht erlauben wollte: "Haben Sie denn einen Verdacht?"

Er musste nicht lang auf eine Antwort warten.

"Ja, den hab ich schon . . . Ich werde ihn aber unter allen Umständen für mich behalten . . ."

"Das dürfen Sie nicht!"

Der Pater sagte es fast heftig – und erreichte damit das Gegenteil von dem, was er beabsichtigt hatte.

"Nein, nein, ich sag zu niemandem ein Wort ... Ich hab ja nur einen Verdacht, nichts mehr und nichts weniger ..."

"Auch mir verraten Sie ihn nicht?"

Ambrosius zog an seinem Stumpen und drückte wieder die Brille mit einer heftigen Bewegung aufs Nasenbein.

Sein liebenswürdig vorgebrachtes Bitten hatte Erfolg.

Von einer Sekunde zur andern stiess Frau Schneider ihre vorherige Zurückhaltung geradezu ins Gegenteil um.

"Oh, wissen Sie, immer wieder ... ja, immer wieder haben junge Frauen sich in Egon verliebt, er ging dann einige Wochen, einige Monate mit ihnen und kehrte stets zu mir zurück ... Eifersucht kann also durchaus im Spiel gewesen sein ..."

Ambrosius spürte, wie Ekel in ihm entstand, Ekel, den er mit seiner stupiden Frage selber ausgelöst hatte.

Wollte die Frau sich an ihren Rivalinnen oder an einer ganz bestimmten rächen?

Fast schien's so.

"Ich weiss, diese Eifersucht, sie bringt so oft Unheil ... Und Sie, sind Sie wirklich nie eifersüchtig gewesen, bei seinem Lebenswandel?"

Er fragte, weiss Gott, warum, recht hart, ja, so kam's Ambrosius vor, beinah gnadenlos. Der liebenswürdige Ton war zu seiner eigenen Verärgerung verschwunden.

"Früher, ja, aber dann ...", sie zögerte, weiter zu reden ..., "aber dann wird man reifer, grosszügiger und lacht in gewissen Augenblicken über seine früheren Qualen ..."

"Schön, für Sie ..."

Ambrosius war der unhöfliche Ausdruck zu leicht aus dem Mund geraten – und es beschämte ihn. "Wissen Sie, in meinem Beruf begegnet einem viel Eifersucht, im Beichtstuhl, bei Ratsuchenden, selbst unter Schülern, eine schlimme Krankheit ist's ..."

"Ja, das ist so ..."

Sie sprachen weiter in diesem Stil. Und Ambrosius gefiel's gar nicht: Zu oberflächlich war alles, zu unverbindlich. Doch Frau Schneider liess, so verzweifelt sie war, nichts anderes zu. Jedesmal, wenn das Gespräch tiefer zu werden drohte, blockte sie mit irgendwelchen Gemeinplätzen ab.

Häufiger als zu Beginn ihres Besuches blickte er darum zu den Hügeln auf der andern Seite des Sees, suchte mit den Augen Dörfchen, Felswände, Täler, Wiesen ab und mied mit voller Absicht die sein ästhetisches Empfinden verletzende Autobahn und die zwei von hier sichtbaren Tunneleinfahrten.

Wo blieb nur Elisabeth?

Was war mit ihr?

Er zog wieder an seiner Nazionale und blies dann den Rauch, alle Gebote der Höflichkeit missachtend, über den Tisch.

"Also, Sie wollen ins Hühnerhaus, jetzt? . . . Ihr Freund muss einige Tage dort gelegen sein . . . Aber ob er dort auch starb, ich weiss es nicht, die Polizei bezweifelt es eher . . ."

"Ich möchte den Ort trotzdem sehn . . . Bitte, Herr Pater, bringen wir's hinter uns . . ."

Zu seinem Erstaunen erhob sich die Frau von ihrem Gartenstuhl und zwang damit Ambrosius, ebenfalls aufzustehn.

Er tat's nur zögernd. "Sie wissen ja, wo die Hütte ist, ich muss den Schlüssel in der Küche holen . . ."

Alles war so unangenehm.

Alles.

Nur der Hahn, der im Dörfchen drüben dauernd krähte, schien Spass am Leben zu haben. Aber ganz gewiss nur bis zum Tage, an welchem er gerupft werden würde . . .

Wo war nur Elisabeth?

Wo war sie?

Sie, allein sie, konnte diese Misere beenden.

V

Hockt dort, der Pater, ist interessiert an allem, hört jedem zu, auch der Stuttgarter Tante mit ihrem Schmalspurtypen, hält mich nicht für einen Trottel, ist kein Hochstapler wie der Schmidhauser, dieser Aufreisser, gut, dass er tot ist, gut, gut, gut!, oh, er ... fragt, ob ich an ihren Tisch kommen mag, möchte ja schon, möchte es sehr, aber muss ... das Gegenteil sagen, das pure Gegenteil!, jetzt, sofort, jetzt: "Nein, nein, danke, ich bin gern hier, allein am Tisch!", ich bin's aber nicht, ich bin es nicht!, die Alte hat's mir gestern wieder verboten, abends am Stammtisch Platz zu nehmen, weil ich einmal einen sitzen hatte, bin doch ein Mensch, darf abhocken, wo ich will, der Pater ist schwer in Ordnung und schwer in seine schöne Freundin verliebt und hat mir gestern ein Glas offeriert, als er sah, wie ich die Sträucher schnitt und büschelte, das macht keiner sonst von diesen Herrschaften, keiner!, frag mich, wie der elende Typ ins Hühnerhaus gekommen ist, hätt gern geholfen dabei, gratis und ohne Entschädigung, fickte jede, die er erwischen konnte, hat die blonde Hure gehabt, hab gehört, wie sie stöhnten, hab's gehört!, und noch jetzt kann ich nicht glauben, dass er auch mit unserer Pia eine Geschichte hatte, sah, wie er vor der "Strahlegg" hockte, Hand in Hand und lachend und froh, glaubte meinen Augen nicht und nickte trotzdem zur Begrüssung!, widerlich, widerlich, eine Frau in ihrem Alter!, mir ein Rätsel, warum's Schmidhauser mit ihr trieb, hatte ja noch das krummbeinige, von sich weiss wie eingenommene Trudi, mir unverständlich, wie sie Schmidhauser nachlaufen konnte und vom Egon schwärmte, was für ein unsterblicher Dichter er sei, wohnt wieder bei uns, die Tante, isst ständig in der Wirtschaft mit dem Tobler zusammen und behandelt mich, als ob ich der übelste Dreck wär, soll nur plärren, den ganzen Tag, nur plärren und sich vom Tobler trösten lassen, versteh nicht, warum das halbe Dorf hinter der guten Pia her ist, versteh es nicht, die wollen ihre Hütte, den Hof, das Land, ich möchte es nicht, so abgelegen und für einen normalen Menschen nur per Schiff zu erreichen, hab versucht, zu einem Besuch eingeladen zu werden, versprach ihr, ich würde den Hag* für die Geissen flicken, nichts war damit, nichts!, dafür habe sie Anton, hat sie gesagt, der könne alles, Pia liebt wohl auch den hirnlosen Vogel, der kein Wort reden kann, liebt jeden, nur mich nicht, mich!, die Blonde aber, es ist schwer zu glauben, so schön, so geil wie ihre Schwester und erlaubt's dem Dicksack, sie stundenlang nackt anzusehn und zu pimpern, ich begreif das nicht, kann's nicht begreifen, so toll der Körper, die Jeans, die Titten, der schlanke Hals, die Ohren, der Mund, auf beide Schwestern bin ich spitz, auf alle beide, aber er hat's geschafft, er!, hat die ältere gehabt und, Serge behauptet es, die jüngere auch, und jetzt ist er hin, ob Serge ihn gekillt hat, der famose Fischer?, er wollte doch alle, Pia oder eine der Blonden, ich kenn ihn, ich kenn ihn!, wird hundertprozentig noch kommen und hoffen, Michèle oder Lea sei da oder beide kämen zur Tür rein, bin kein hergelaufener Hund, kein Trottel wie der Anton, frech, frech, wie die Toblers mich behandeln!, vor allem Marierose, die jeden Abend stundenlang das Geld zählt, und wie sie frisst, Salami und Käse und Pommes frites in sich hineinstopft, meint, sie sei etwas Besonderes, nur weil der Alte ihr die Beiz überschrieben hat, ich lach mich krumm, Tag und Nacht!, sie hat nichts, was Männern gefällt, besitzt kein Organisationstalent, braucht mich, Tobler und das Rösi und hatte ebenfalls, da bin ich sicher, ein Auge oder beide auf den Schmidhauser geworfen, und jetzt hockt die ganze Brut drüben am Stammtisch und quatscht und quatscht, nein, Marierose fehlt im Moment, zählt sicher das Geld und bringt's in den Tresor hinterm Bett, verrückt, wie sie bei Anlässen kommandiert und mir sagt, mach das, Fred, mach jenes, die beiden Kellner sind klüger als ich, fahren mit dem letzten Schiff nach Murg und dann ab nach Glarus oder Walenstadt, einzig Rösi bleibt bei uns und bedient bis Mitternacht sämtliche Herrschaften, müsste rübergehn und mich neben den Pater oder Elisabeth setzen, sind beide sehr

---

* Zaun

nett, anders als die andern, Marierose ist nicht da, und Tobler reklamiert nie, wenn ich die Runde beglücke, bin zwar nicht sein Freund und werd's nie werden, ob eine der Blonden auftaucht, uns ihre Beine zeigt?, Serge will, dass sie kommen, will sich aufgeilen, auf ihre Brüste blicken, oh, nein, es darf nicht wahr sein!, es darf nicht wahr sein!, jetzt steht die Kuh vom Schmidhauser unter der Tür, hat es satt, allein auf dem Zimmer zu hocken, Trübsal zu blasen und Kochbücher zu lesen, sitzt frech zwischen den Pater und die Theatergeiss, stiehlt meinen Platz, meinen Stammtischstuhl, und drum geh ich nicht hin, drum!, kommt nicht in Frage, mit der zu schwatzen und nie eine Antwort zu erhalten, darauf verzicht ich problemlos, ein Bier soll s'Rösi aber bringen, ein neues Bier!, was?, Ambrosius winkt schon wieder, lädt mich ein, was soll ich da tun, was?, wenn er mich einlädt, muss ich zu ihm, mir ein Gläschen einschenken lassen, ja, ich sag was, danke, jetzt, jetzt!, ohne Bedenken: "Ja, ich komm gern, Herr Pater, sobald ich mein Bier getrunken habe, steh ich auf, danke, danke!", ich mach's auch, bei Gott und beim Teufel, das lass ich mir nicht entgehn, bin ein Mensch, ein Lebewesen, wenn die Kuh dort sitzt, darf ich auch dort sitzen, Marierose und ihre Befehle hin oder her!, und falls sie aufkreuzt, wird sie schweigen, vor dem Pater und seiner schönen Deutschen vollführt sie kein Theater, darum jetzt den letzten Schluck, gluckgluck die Kehle hinunter, in den Bauch hinein!, schmeckt heute gar nicht, wirkt abgestanden, fad, werde drüben gewiss vom Wein bekommen, vom besseren, den sie trinken, deshalb erheb ich mich, warte nicht länger, geh zu ihnen an den Tisch, so, ich steh und geh die zwei Schritte, in meiner ganzen Grösse!, bin schon dort, bin dort und der Tobler merkt's nicht mal, dass ich den freien Stuhl wegzieh und Platz nehme, jetzt!, ist voll wie immer am Abend, referiert mit Ambrosius, mit allen, mit jedem, hei!, nur der Pater nickt und seine grossartige Deutsche, die Trudi meint, ich sei ein Knallkopf, sie ist aber einer, sie!, will mich hüten, heute zuvil zu trinken, werde aufpassen wie ein Häftlimacher*, muss nüchtern blei-

---

* Rappenspalter, Pfennigfuchser

ben, ohne gelöste Zunge, oh, er holt für mich ein Glas vom
Buffet, was ist das für ein toller Mann!, so gütig, so voller Herz,
nicht doch, Herr Pater, muss ich sagen, nicht doch!, sofort, sofort!, nicht erst übermorgen, jetzt, in dieser Sekunde: "Nicht
doch, Herr Pater, ich kann selber ein Gläschen holen, kenn
mich aus in der Wirtschaft, weiss, wo die Gläser sind!", vergebens, vergebens!, er ist schon da, stellt es hin, schenkt ein aus
der Flasche, lacht mir ins Gesicht, ich muss danken, danken,
immer wieder: "Danke, Herr Pater, danke, vergeltsgott, Sie
sind . . . zu gütig!", er will's aber nicht, dass ich danke, hebt sein
Glas an meines, ich bin . . .

Ja, langsam muss ich trinken, Schluck um Schluck, will auch
morgen am Stammtisch sitzen und übermorgen und die Beine
der Blonden betrachten oder jene von Elisabeth, nicht jetzt,
jetzt sag ich "Prost, Herr Pater, prost alle miteinander . . .!", oh
ja, ich bin anständig, gut erzogen, hab meine Kinderstube, meinen Anstaltsdrill, die Trudi, sie kann mir übers Kreuz und das
Theaterweib dazu!, muss näher zum Pater rücken, näher, so
ist's zu eng, viel zu eng, nun ist's besser, nun kann ich schnau-
fen, der mageren Geiss gefällt's aber nicht, dass ich ihr den Ambrosius weggenommen habe, kann sich ja mit dem Büblein beschäftigen, glaubt, er sei schön, dabei ist er dumm, nichts als
dumm, ich bin gescheit, ich!, Ambrosius weiss es, Elisabeth
weiss es, und sie reden und reden und Trudi macht einen
Lätsch* . . .

---

* saure Miene

VI

Ambrosius war's recht, dass er heute nachmittag allein sein konnte, dass Elisabeth mit ihrem kleinen Peugeot, der normalerweise in Murg drüben auf dem für Quintens Bewohner reservierten Parkplatz stand, nach Walenstadtberg hinaufgefahren war, so hoch wie's nur ging, um von dort aus in ihren Bergschuhen zur Wirtschaft Tschingel zu laufen und endlich die Bergkette der Churfirsten auch in höheren Regionen zu erleben, nicht nur, wie sie's nannte, aus der Perspektive der Frösche.

Er durfte es nicht verdrängen: Manchmal litt er, Stunde um Stunde mit Elisabeth zu verbringen.

Aber nicht, weil Elisabeth ihm auf den Wecker gefallen wäre, wie's so trefflich heisst.

Nein, nein, nicht deshalb!

Vielmehr, weil ihre Nähe und, ganz realistisch, ihre Kleider, Socken, Hosen, Unterwäsche Ambrosius verwirrten, die sie im gemeinsamen Duschraum zum Trocknen aufhängte.

Und ebenso die alle zwei Tage sich wiederholende Frage, ob er was zum Waschen habe, sie fülle gerade eine Maschine – Zeichen, dass er nah mit einer Frau zusammenlebte, diese aber nicht umarmen durfte und auch nicht umarmen wollte.

Er war Priester.

Und die Probleme und Verstrickungen vieler mit Frauen liierter Mitbrüder, sie waren nicht seine Sache.

Für Ambrosius kam dies nicht in Frage.

Einmal, weil es weiss Gott bereits genug Leid auf der Welt gab; und zum andern, weil er ein Gelöbnis abgelegt hatte, das er zu halten gedachte. Nicht aus Sturheit oder Bequemlichkeit, sondern, weil's ihm wichtig war.

Einzig deshalb.

Dies änderte aber wenig daran, dass er sich öfters Gewalt antun musste, Elisabeth nicht an seinen Körper zu ziehn, ihren warmen Leib zu liebkosen, die grossen, schönen Frauenbrüste zu streicheln und dann ganz eins, ein Fleisch mit ihr zu werden.

Und ihm schien, dass sie Ähnliches dachte und die Möglichkeit nicht ausschloss, ihre frühere Liebschaft zu erneuern.

War es so?

Täuschte er sich nicht?

Wie's auch war, für einmal sass er gern allein unter der Pergola neben dem Bassin – und verdrängte mit vollem Bewusstsein die Mordgeschichte und dass sich die süssen, schweren Gerüche seit der Entdeckung der Leiche nur minim, falls überhaupt, vermindert hatten.

Das war belanglos, im Augenblick.

Und auch die wie üblich quietschenden Kinder auf dem Spielplatz vor dem von ihm und Elisabeth bislang gemiedenen "Seeblick" würden seine Stimmung nicht gefährden. Er hatte sein Weinglas auf dem Tisch, daneben die unter Intellektuellen in letzter Zeit wieder Mode gewordenen, ihn seit seiner Studentenzeit faszinierenden Essais von Montaigne und einen Block, auf den er, wenn er wollte, Einfälle notieren konnte.

Er würde im besten Fall noch drei oder vier Stunden allein sein.

Aber das gab genügend Zeit, seine Lage zu überdenken.

Und vielleicht würde er sich gar aufraffen, mit dem Bähnchen, nachdem er's mit einem Knopfdruck heraufgeholt hatte, runterzufahren und dem "Bootshaus" einen Besuch abzustatten.

Vielleicht.

Vielleicht.

Sofern ihn die dazu notwendige Lust überkam . . .

Jetzt sass er da, fühlte in sich eine gute Ruhe und dachte ohne Unbehagen daran, dass er Elisabeth versprochen hatte, morgen, sofern das Wetter hielt, mit ihr nach dem Frühstück das Schiff nach Weesen zu besteigen, dort das Frauenkloster St. Katharina zu besuchen, hernach mit dem Postauto gegen Amden hochzufahren und in einer knapp einstündigen Wanderung zur "Oberchäseren" hinaufzulaufen und dann den gleichen Rückweg zu nehmen, eine Wanderung, die für ihn in seiner körperlichen Verfassung gerade noch drin lag.

Einmal müsse er ihrem Bergfimmel entgegenkommen, hatte er lachend gesagt, einmal . . .

Das muss ich, dachte er, und plötzlich, weiss der Kuckuck, warum, sah er Antoinette und Yves vor sich, dieses seltsame und doch so in sich versunkene Liebespaar und konnte nicht begreifen, warum der Mann, für den er weiterhin freundschaftliche Gefühle empfand, zu seiner Frau zurückgekehrt oder böser gesagt: zurückgekrochen war.

Nur, wie herzlos urteilte er da wieder?

Er war nicht der liebe Gott, durfte nicht entscheiden, das ist recht, das ist falsch.

Das Bild von den verschlungenen, den Menschen unerklärlichen Wegen drängte sich einmal mehr auf.

Weit angebrachter, er betete kurz für seine Freundin und anschliessend nicht nur für Antoinette, sondern auch für die Frau von Yves.

Weit angebrachter.

Und keineswegs übel war's, dass er im Moment an Yves dachte und damit ein wenig den toten Schriftsteller vergass, den er drüben im Hühnerhaus, keine zwanzig Meter von hier, gefunden und der, wie ihm in der Zwischenzeit hinterbracht worden war, mit mindestens zwei derzeit in Quinten lebenden Frauen ein Techtelmechtel angefangen hatte, mit einer der blonden, verboten schön gebauten Schwestern und mit dieser närrischen Pia, die ihn und Elisabeth seit ihrer Begegnung im Bürgli nicht mehr losliess, jetzt erst recht nicht, seit er allenthalben zu hören bekam, Pia Fasser habe mit Egon Schmidhauser eine heftige, vielleicht drei Wochen dauernde Affäre gehabt, ehe Michèle Hostettler mit ihrer Schönheit die belesene Bäuerin wieder in den Hintergrund schob.

Und dennoch, die Begegnung mit Pia Fasser war für Ambrosius eindrücklich gewesen.

Auch hätte er noch vor Tagen Stock und Bein geschworen, es sei unmöglich, dass die auf ihre Art sehr eigenständige Frau ein Liebesverhältnis mit einem Gast der "Casa Pezold" gehabt hätte, schon gar nicht mit Egon Schmidhauser, dessen literarische Interessen mit den ihren in keiner Weise übereinstimmten.

Aber wieder war er falsch gelegen, hatte sich dies oder jenes vorgestellt.

Dem war möglicherweise im Leben nicht auszuweichen.

Möglicherweise ...

Sicher war nur: Diesen Mordfall musste die Polizei lösen. Da konnte Ewald Meier so oft anrufen, wie er wollte. Er, Ambrosius, war nicht involviert. Auch durfte es ihm keine schlaflose Nacht bereiten, dass bis heute nie Polizeibeamte ins Tobel hinuntergestiegen waren, um nach Kleidern und andern Utensilien des ermordeten Mannes zu suchen.

Das ging ihn nichts an.

Selbst die Feuerstelle hinter dem Hühnergehege, auf die er vorgestern gestossen war, hatte die Polizei und nicht er zu untersuchen.

Kurzum, seinem Abt würde er keine neuen oder weiteren Sorgen bereiten.

Wer so schlimmes Zeugs wie dieser Aargauer schrieb, der –

Was war mit dem?

Nein, so durfte er nicht weiterdenken.

Auch Augustinus war schliesslich auf diesem Gebiet ein Sünder gewesen. Und wie mancher frühere Kirchenfürst hatte ein Lotterleben geführt!

Wie mancher!

Und heute war's vielleicht kaum besser.

Auf alle Fälle: Eine tiefe Liebe zwischen Mann und Frau war nicht allein das Privileg von Laien.

Er musste nur an diesen wunderbaren Priester und Dichter aus Nicaragua denken, der in vielen seiner Gedichte Frauen besang* ...

Ach, was!

Es war naheliegender, aufzustehn und wieder mal zum "Bootshaus" zu spazieren und dort mit Frau Winkler, falls sie Zeit hatte, einige Worte zu wechseln. Er liebte es ja, den Gang entlang dem See, mit einer Nazionale im Mund und gelegentlichen, wie er's nannte, Gedenkpausen.

Ambrosius gab sich einen Ruck.

---

* Ambrosius denkt hier vermutlich an Ernesto Cardenal

Er stand auf.

Dieser Druck auf seinem Herz musste aufhören.

Er war für anderes auf der Welt. Um zu danken, nicht um zu nörgeln. Oder, etwa nicht?

VII

Heute wird's streng, all diese Zürcher. Wollen bis zehn bleiben, und dann ab mit dem Superboot! Im Kanal dürfen sie aber nur mit dreissig fahren. Machen sie mehr, ist's ihre Sache. Die kontrollieren immer schärfer, sind nicht so tolerant wie vor wenigen Jahren . . .

Gut, dass Cesare bleibt, zu dritt sollten wir's im Service schaffen, trotz meines bösen Fusses. Alberto muss mit Fred in der Küche zurechtkommen, ist alles bereit, nur die Büchsen mit dem Rüblisalat sind noch zu öffnen, auch Vatti wird helfen, er hat's versprochen. Wird mit jedem Tag älter, der Knabe, mit jedem Tag, es wär schlimm, ohne ihn leben zu müssen, muss mich darauf einrichten, irgendeinmal kann's geschehn, es wird aber schlimm, sehr schlimm, aufs Personal ist nie Verlass, nie . . .!

Weil Giovanni seinen freien Abend hat, geht er um sechs, will seine Freundin sehn, es gehe nicht anders, das sagt er immer, nie bleibt er, wenn ich ihn nötig hätte, nie kommt er mir entgegen, auch Cesare ist um kein Haar besser, find ich andere Gotthardchinesen*, geht's auch nicht anders, das versprech ich denen, einzig auf Fred können wir uns verlassen, säuft aber zu viel Bier und schwatzt, sobald er blau ist, dummes Zeugs, muss

---

* Slangausdruck für Italiener

ihn abziehn von den Gästen, schäme mich, wenn er seine blöden Witze macht, dem Pater gefällt der Kerl, mir ganz unerklärlich, was Ambrosius an Fred so Grossartiges sieht, mag ihn gut, diese Rauchmaschine, hat sicher nichts mit der Deutschen, soll zwei Morde aufgeklärt haben, wenigstens hat's die Sondereggerin behauptet, als ich ihr gestern am Telefon vom Tode des Schlawiners erzählte und erwähnte, ein Pater habe den Schweinigel gefunden, war schön durcheinander, als ich sagte, er heisse Ambrosius und rauche und trinke wie ein Fuhrmann, wird mit ihrem Mann wieder in die "Mühle" kommen und einiges liegen lassen, es gefalle ihr besser bei uns als im "Bootshaus", solche Gäste hat man gern, weniger mag ich Elisabeth, sieht zwar nicht übel aus und trinkt auch gern, blöd nur, dass sie ihren Pater so oft zu den Winklers schleppt, ist doch gemütlicher bei uns und von der Aussicht her schöner, der Egon war fast immer da, der geile Egon, geschieht ihm recht, dass er tot ist, wer Wind sät, erntet eben Sturm, Vatti sagte schon oft, so Leute gab's früher nie in Quinten, es gab sie auch nicht, erst heute haben wir dieses schreckliche Gesindel, darum erwart ich von einem Pater, dass er nicht schmust und vögelt, nur Bernhard hat mich glücklich gemacht, zwei-, nein, dreimal, zähl ich die Waldwiese mit hinter der Kapelle, sonst war alles Bahnhof, Zeitverschleiss, es geht nicht in meinen Kopf, dass Pia auf Egon Schmidhauser hereinfiel, und was Michèle von dem wollte, ist sowieso ein verrücktes Ding!, unheimlich sexy sehen beide Schwestern aus und mögen einen solchen verfetteten Vogel, das Geld kann's nicht sein, haben ja Millionen und er besass nur ein altes Haus, ich hab's nicht leicht, die Wirtschaft zu führen und die Angestellten anzutreiben, sind faul, die meisten, wissen nicht, was es heisst, teure Löhne und Ahavau*zahlen zu müssen und das Rentenzeugs, bin ständig im Stress, muss ihnen beibringen, dass sie unsern Gästen teure und nicht billige Weine vorschlagen und selber keine Flaschenweine saufen, ich kenn sie ja, sie sind nicht interessiert an Umsatz und Gewinn, will bald mit neuen Leuten andere Verträge aushandeln und

---

* AHV, Alters- und Hinterbliebenenversicherung

von ihnen verlangen, dass sie allen Gästen raten, wenigstens eine Flasche mitzunehmen, gut, dass Fred nur ein Sackgeld* erhält, ist auch ein Verehrer der Hostettlerinnen und hat's bei der Pia zwei- oder dreimal versucht, gut, dass sie abgelehnt hat, würde jetzt dort wohnen und mehr Geld als sie aus ihren Ziegen und Reben herausschlagen, aber ich hab sie gewarnt, hab ihr im Vertrauen gesagt, Fred habe krumme Sachen gedreht und sei in Zürich einige Monate gehockt, hockt ja noch immer über Weihnachten und Neujahr, weil er keine Steuern bezahlen will, ein seltsamer Kauz, mir irgendwo unheimlich, muss aber hinunter, jetzt!, Salatteller vorbereiten und Alberto sagen, er müsse die Egli länger als die Felchen fritieren, gestern seien sie halb roh gewesen, auch die Preise der Walenseefische steigen und steigen, der Fasser nutzt die Tatsache aus, weil die vielen Motorboote die Fische vertreiben, jeder denkt nur an sich, jeder!, wünsche mir, dass Pater Ambrosius heute abend kommt, würde ihn gern Dr. Wydler vorstellen, mit Ambrosius animieren oder wie das Wort heisst, muss in Zukunft vermehrt Reklame für unsere Zimmer machen, nur das liebe Trudi belegt jetzt eines, weint und weint und schwärmt unter Tränen, Egon sei ein grossartiger Mensch gewesen, ein Dichter so gross wie Max Frisch oder Dürrenmatt, das war er nicht, das war er nicht!, hat nur herumgevögelt und schlimme Bücher geschrieben, und so sehr ich's möchte – ich kann mir nicht vorstellen, wer ihn umgebracht hat, unsere Pia wär fähig dazu, kann auch schiessen wie ein Räuber, vielleicht ist sie's gewesen, vielleicht?, oder sonst war's einer, der Schmidis Bücher hasst, seine Schweinereien, sein Gehopse von einem Bett ins andere, ich muss Salate herrichten, muss garnieren und Fred sagen, dass er genügend Zwiebeln schält und schneidet, mault zwar jedesmal, will keine Tränen in den Augen, wer will das schon, wer?, ich will's auch nicht, bin aber die Chefin und muss jetzt aufs WC, nachher hab ich keine freie Minute, wir sind schon gestraft, die Wirte, die Leute im Gastgewerbe, nie Feierabend und ewig rennen und rasch einen Kalten Teller in den Mund schieben

---

* Taschengeld

und mit den Gästen trinken und so den Umsatz steigern, das macht dick, ist ungesund, Vatti macht's besser, viel, viel besser, trinkt nur mit Auserwählten, mit Ambrosius oder Doktoren oder Politikern, ich will wieder anfangen, Wirtinnenschlückchen zu nehmen, darf nicht beduselt sein, wenn ich unser Tagestotal im Stübchen zähle, darf es nicht!, darf es nicht!, überhaupt tippen wir zu viel in die Kasse, in andern Wirtschaften vergessen sie mit Absicht Getränke und ganze Menüs, Mutter hat's nie getan, unsere gute, auf dem Friedhof liegende Mutter, sie fehlt Vater sehr und auch mir, jetzt aber aufs WC, Frau Wirtin, noch einen drücken und dann hinuntergerauscht und fröhlich gelacht!, ich kann das ja, hab's im Schlosshotel von Sargans gelernt, war schon eine harte Schule, hat aber letztlich viel gebracht, brauchen kann ich's jetzt, brauchen, als Chefin und Tochter meines Vaters!, dass Susi nicht geblieben ist, tut mehr weh, als ich dachte, ich vermisse sie in der Küche und im Service, muss Alberto alles hundertmal erklären, jeden Handgriff, jede Kleinigkeit, vergisst sogar manchmal, wie die Mikrowellen funktionieren, werd's ihm morgen Wort für Wort aufschreiben und den Zettel neben den Apparat an die Wand kleben, ist so unbegabt, so zerstreut, nicht mit Fleiss, vom Charakter her, ein grosses Handicap, auf Personal angewiesen zu sein, sollte einen Mann haben, der mir gehorcht und dem's trotzdem bei uns in der "Mühle" gefällt, kenne keinen, den ich möchte, sind elende Hunde, die meisten, nicht einer ist wie Vatti, nicht einer!, wenn er stirbt, bin ich allein, für immer allein!, muss trotz solcher trüben Aussichten aufs WC und dann gibt's ein Käse- oder Schinkenbrot, kann Fische im Moment nicht mehr riechen, den Salat werd ich zusammen mit Fred rasch auf den Tellern und in unsern Eisschränken haben, bin routiniert, die beste Wirtin an diesem See, nur keiner weiss es, keiner.

VIII

Er war traurig, ausgelaugt, ja, so was gab's selten bei ihm!, fast den Tränen nah.

Ambrosius verstand es nicht. Da sass er hier, ganz allein an einem für vier oder fünf Personen gedachten Tischchen, hatte eine Aussicht, wie sie das Tavetsch nie bot, liebte diese harmonische Landschaft, den See, das Platanendach über der Gartenwirtschaft, die Kastanienbäume vor ihr, sah der Wirtin und ihrer Tochter zu, wie beide in aller Ruhe die acht oder zehn derzeitigen Gäste bedienten, dachte automatisch ans von ihm geschätzte, seit einem Monat verheiratete Wirtepaar auf der Meldegg, und trotzdem war eine Trauer in seinem Fleisch, die sich nicht auflösen wollte, die Herz und Seele wie zuschnürte.

Sie hatte, er war davon überzeugt, nichts mit dem gewaltsamen Tod von Egon Schmidhauser zu tun, so sehr er jegliche Gewalttaten verabscheute. Es hing mit Elisabeth zusammen, mit seiner schmerzhaften Erfahrung, dass das Paradies auf Erden nicht möglich war, dass es im besten Fall in einzelnen, der äusseren Wirklichkeit entrückten Momenten eine Ahnung von ihm gab, eine Ahnung von Glück und immerwährender Freude. Hier, auf der Erde, war solche Harmonie nichts als ein sehnsüchtiger Traum, wurden seelische Höhepunkte fortwährend vom Gewöhnlichen unterlaufen oder gar zerstört, von Unzufriedenheit, vom Zwang, dem andern seine Eigenheiten, sein Weltbild aufzudrängen, seine Ticks; auch das Körperliche wurde viel zu oft zur bedrückenden Last, die Tatsache, dass jeder Mensch aufs WC muss, dass die Nase am morgen verstopft ist, sich das Rauchen vom Vortag mit Hustenanfällen rächt oder dass man schlecht erträgt, wenn der andere in seiner Nase bohrt, nach Knoblauch riecht oder so frei ist, sein Zahnbürstchen neben das eigene zu stellen.

War's das?

War's etwas anderes?

Vielleicht das Wissen, nie über Monate hin Elisabeth täglich sehen zu dürfen, die einzige Frau, mit der er sich ein gemeinsames Leben vorstellen konnte?

Als Mönch gab's für ihn eine solche Möglichkeit nicht.

Und jene berühmten oder weniger berühmten Theologen, die mit ihrer Haushälterin oder einer andern Frau rein geistige Hausgemeinschaften pflegten – Ambrosius wollte glauben, dass es dies gab –, sie waren zu bewundern, aber in seinem Fall kaum nachahmenswert. Er, Ambrosius, suchte, ohne es leider je erreichen zu können, das Alleinsein Christi, wünschte jeden Tag, dem Ideal einer mönchischen Existenz ein klein wenig näherzukommen.

Das machte einsam, erlaubte nicht, längere Zeit mit einem andern Menschen zu verbringen.

Das musste er annehmen.

Und damit auch die momentane Trauer.

Es gab für Menschen viel Ärgeres.

Hunger, tödliche Krankheiten, kein Zuhause, Krieg . . .

Und dass er heute um sein bisschen Leiden kreiste, das war doch –

Ambrosius war nicht mehr allein.

Frau Winkler, die Wirtin, lächelte fast schüchtern in sein Gesicht.

"Darf ich mich für ein paar Minuten zu Ihnen setzen . . .?"

Natürlich durfte sie, noch so gern, das lenkte ab – und auch, weil dieser Tisch, die Stühle, der Boden, die Wirtschaft ihr gehörten, nicht ihm, dem Gast. Und zudem, weil er die Frau sympathisch fand und es schätzte, mit ihr zu plaudern, über welche Themen immer.

Und, so Gott wollte, vielleicht wurde seine traurige Stimmung auf die Weise allmählich aufgehoben.

"Wissen Sie, was im Hause der Pezolds geschehen ist, beschäftigt uns alle, Herr Schmidhauser war oft bei uns, manchmal allein, dann in Begleitung, und genau am Tisch, an dem wir sitzen, hat er oft in sein Heft geschrieben, an einem Buch, wie er mir sagte, das einen Mord zum Thema hatte . . . Und jetzt ist er selber ermordet worden . . . Mein Mann und ich sind darüber sehr erschüttert, seit wir in Quinten leben, ist nie ein Verbrechen passiert, nie, einmal ertrank ein Kind im See, das war aber alles ..."

Frau Winkler schaute den Pater an, war ehrlich betroffen.

"Ja, es ist schlimm ... Möchten Sie ein Glas von meinem Wein?"

"Lieber nicht, Herr Pater ... Wir haben's noch streng heute, da darf ich mir kein Räuschchen erlauben ... Aber trinken Sie ruhig, ich seh Ihnen gern zu ..."

Und wie um ihre Worte zu unterstreichen, schenkte sie ihm aus der erfreulicherweise erst zu einem Drittel leeren Karaffe das Glas voll.

"Danke, danke, mir bekäm's auch gut, weniger zu trinken." Ambrosius lachte.

"Dann wären wir aber nicht zufrieden, unser Weinkeller wartet auf durstige Gäste ..."

Jetzt war's an der Wirtin, gelöst zu lachen. "Wir haben übrigens gehört, dass Sie ein halber Detektiv sind ..."

"Von wem haben Sie das?"

Der Pater schnellte beinah in die Höhe und fragte, als ob die Wirtin ihn mit einem Messer oder einem andern scharfen Gegenstand unverhofft verletzt hätte. Am liebsten wär er grob geworden.

Erst im letzten Moment gelang's dem Pater, seine Fassung halbwegs zu wahren.

Frau Winkler zuckte jedoch nur mit der rechten Schulter und deutete mit einer schelmischen Bewegung auf ihre Mutter, die vor dem Familientisch, und wie oft bei schönem Wetter, in ihrem Schaukelstuhl dahindämmerte.

"Was, von ihr?"

Ambrosius konnte es nicht glauben.

Machte sich Frau Winkler lustig über ihn?

"Nein, nein, nicht von ihr, sie war aber dabei, als der frühere 'Mühle'-Wirt es dort am Stammtisch erzählte ... In Quinten gibt es eben keine Geheimnisse, bei uns macht fast alles die Runde ..."

"Ja, das seh ich."

Ambrosius nahm einen Schluck.

Von Frau Winklers Äusserungen musste er sich richtiggehend erholen.

"Ich bin nichts als ein Mönch und gelegentlich ein kaum sehr begabter Lehrer", sagte er, "darum würd ich gern wissen, wie's zu solchen Gerüchten kommt . . ."

Frau Winkler, unsicher geworden durch das spürbare Unbehagen ihres Gegenübers, wollte ihre Frage wieder gut machen.

"Ich kann nichts dafür, Jakob hat's erwähnt, er scheint es von einer Appenzellerin zu haben, die in seiner Wirtschaft verkehrt . . ."

"Ah, so!"

Ambrosius wurde nun doch neugierig und vernahm, dass eine Frau Sonderegger in Quinten gelegentlich Ferien mache, auch bei ihnen sei sie schon gewesen und vor ein paar Wochen in der "Mühle", gestern oder vorgestern hätte sie mit Marierose telefoniert und dabei habe sie, Frau Winkler wüsste nicht, weshalb, von einer Wirtschaft "Meldegg" berichtet, Frau Sonderegger sei mit der dortigen Wirtin offenbar gut bekannt, diese wiederum hätte ihr verraten, dass sich vor etlichen Monaten in der Nähe ihres kleinen Hotels ein Doppelmord zugetragen habe, den ein Pater Ambrosius aufgeklärt hätte, die Frau habe dies jedenfalls so gesagt und auch in der dortigen Presse wäre es zu lesen gewesen . . .

"Ich hab ihn nicht aufgeklärt", wies er Frau Winkler fast zurecht, "ich war dort, als es geschah . . ."

Und er log nicht.

Nicht er hatte die Morde, falls es welche waren, aufgeklärt, sondern ein Traum war's gewesen, ein Traum.

Dies behielt er aber lieber für sich.

Und auch darum wollte er jetzt den Spiess umdrehn.

"Ahnen Sie denn, wer unsern Schriftsteller auf dem Gewissen hat?"

"Ich . . .?"

"Ja, Sie, als Wirtin hören Sie doch allerhand . . ."

"Das schon, und Herr Schmidhauser war, wie ich sagte, öfters bei uns, mit seiner Freundin oder mit der Pia vom Bürgli und den beiden Schwestern, die Sie auch kennen, aber einen Verdacht, nein, den hab ich nicht . . ."

"Gar keinen?"

"Nein, keinen . . . Natürlich, Egon Schmidhauser ist ein Gigolo gewesen," – Frau Winkler sagte langgezogen Schiigolo, was Ambrosius amüsierte – "aber ich kann mir nicht vorstellen, dass eine Frau ihn deswegen umgebracht hat, jede, die mit ihm eine Geschichte anfing, wusste doch, was für ein Kerl er war, ich selber finde nur keine Erklärung, weshalb Frauen, gescheite Frauen sich mit ihm einliessen . . ."

So ging das Gespräch weiter. Und Frau Winkler gelang's noch besser als dem Pater, diesem eine andere Richtung zu geben, indem sie Ambrosius verriet, wie ihr Mann die Felchen- und Eglifilets zubereitete, er sei in Bregenz in einem Erstklasshotel Chefkoch gewesen, als eigener Herr und Meister sei er bedeutend zufriedener als damals, heute rede ihm keiner drein, höchstens sie gelegentlich, die Frau.

Warum er allerdings so selten zu den Gästen sitze und fast immer eine Sonnenbrille trage, blieb weiterhin ein Geheimnis, das Ambrosius aber mühelos akzeptierte. Vielleicht hatte der beleibt aussehende Mann einfach keine Lust, mit jedem hergelaufenen Gast eine belanglose Konversation zu betreiben. Vielleicht war es das. Vielleicht war ein Augenleiden der Grund.

Ambrosius, und es freute ihn, entkam langsam seiner Trauer, sah wieder die Landschaft, den heute sehr sanft wirkenden See und liess sich von Frau Winkler die Stelle zeigen, an der eben ein Wasserskifahrer bei recht grosser Geschwindigkeit ins Wasser gepurzelt war.

Geschieht ihm recht, dachte er, wie kann einer nur einen solchen Sport betreiben, für den man ein Motorboot braucht, also völlig unnötigerweise die Umwelt belastet . . .

Die Menschen!

Diese Menschen!

Nur wenige lebten vernünftig, versuchten mit der Schöpfung sorgsam umzugehn . . .

Der Rest war voller Gier, wollte dies, wollte jenes.

Auch Schmidhauser ist, wie's aussieht, so einer gewesen, dachte er, dem genügte nicht eine Frau, nein, hunderte musste er haben ...

Unwillkürlich kam Ambrosius, während Frau Winkler weiterhin auf ihre angenehme Art plauderte und er mit halbem Ohr zuhörte, jener Tessiner Wirt in den Sinn, der oberhalb des von Nonnen geführten Ferienheimes "Christiana", in dem Ambrosius mal Ferien verbracht hatte, um eine Lungenentzündung auszukurieren, der also am Hang zum Monte Lema hinauf die grösste Bocciabahn des Kantons erstellen liess und deswegen, weil kein Lastwagen die steile, enge Strasse befahren konnte, einen Piloten samt Helikopter engagierte, worauf dieser, wohl dank der Genehmigung eines vom Wachstumsdenken geleiteten Gemeindevorstehers, monatelang mit seinem Hubschrauber Zementkübel um Zementkübel vor die Osteria des Auftraggebers flog und den halben Malcantone mit ratterndem Lärm beglückte.

War das ein Mann, dieser Wirt!

Und der Lärm hatte entscheidend beigetragen, dass Ambrosius das gut geführte Heim nach zwei Wochen fluchtartig verliess ...

Da konnte einer, wenn er seine eigene Bocciabahn wollte und genug Geld besass, Tag für Tag ein ganzes Tal mit Lärm erfüllen und niemand protestierte!

Niemand!

Abscheulich ...

Auch wenn er, Ambrosius musste ehrlich sein, selbst was Erinnerungen betraf!, nicht allein wegen des Wirtes und seines Helikopterpiloten aus Breno geflohen war. Die Ambiance im wartesaalähnlichen Speiseraum, die bigotten Schwestern, beim Essen sabbernde Greise, von organisierten Carfahrten schwärmenden Tanten, die düsteren Vorhänge in allen Räumen und Gängen, der religiöse Mief im Aufenthaltssaal, der Geruch, den alte Leute vielfach ausströmen, das alles hatte ihn ebenfalls weggetrieben ...

Warum aber diese Erinnerung?

Warum?

Ah ja!, weil er's seit Beginn seiner Schweizer Jahre lachhaft fand, dass Leute sich beschwerten, wenn irgendwo ein Hahn zu oft sein Kikeriki ausstiess, hingegen nichts unternahmen, wenn der weit mehr die Nerven belastende Lärm von Rasenmähern oder eben von Helikoptern sie drangsalierte.

Ambrosius bewegte seinen Kopf ungewollt von links nach rechts . . . und bemerkte erst jetzt, dass Frau Winkler leicht zerknirscht zu ihm herüberschaute.

"Verzeihen Sie bitte, dass ich soviel schwatze, ich muss Sie furchtbar langweilen . . ."

"Nein, nein, ich muss um Entschuldigung bitten, ich war abwesend . . ."

Er war's gewesen.

Und er schämte sich.

Das war auch wieder eine kleine Sünde gegen die Liebe.

Und eben jetzt, als er ganz auf die Wirtin eingehen wollte, wurde es Ambrosius verunmöglicht.

Er sah, oh Schreck!, als er den Kopf zufällig hob, dass auf der Steintreppe, die zur Gartenwirtschaft hinunterführte, "seine" Haushaltslehrerin samt der schönen Michèle in seine Richtung blickten; eindeutig suchten sie einen Tisch, der ihren Wünschen entsprach.

Zögernd kamen beide auf Frau Winkler und ihn zu.

Ambrosius war perplex, hatte er doch angenommen, Frau Schneider habe Quinten bereits verlassen.

Und dass die beiden ehemaligen Rivalinnen, die schöne Blonde und die biedere Haushaltslehrerin, gar gemeinsam in den Garten des "Bootshaus" kamen, war für Ambrosius eine doppelte Überraschung. Er konnte nur hoffen, dass sie einen andern Tisch wählten, dass ihm eine weitere Konversation mit der trauernden Frau Schneider erspart blieb.

Er erhielt nicht die Gelegenheit, weiter zu hoffen.

"Oh, Herr Pater, Sie hier . . . Dürfen wir uns zu euch setzen?"

Frau Schneider, die ganz in schwarz gekleidet war und durch den engen Rock Ambrosius noch rundlicher als sonst erschien, streckte zuerst ihm und hierauf der Wirtin die Hand entgegen.

Er ergriff sie.

Und gab dann auch Michèle Hostettler die Hand.

"Bitte, nehmen Sie ruhig Platz, die Tische sind für alle da . . ."

Ambrosius gab sich weltmännisch, hätte es aber vorgezogen, allein mit Frau Winkler am Tisch zu sitzen.

Sie hat's besser, wird bald weggehn, Arbeit vorschieben, dachte er und hob automatisch und wie zum Gruss die rechte Hand, als er zufällig auf die Grossmutter in ihrem Schaukelstuhl schaute und diese ihm freundlich zulächelte.

Einen grösseren Unterschied hätte es nicht geben können: Dort am Familientisch die alte, auf den Tod wartende und sprachlose Frau und hier am Tisch diese umwerfende, hochgewachsene, auf Ambrosius nordisch wirkende Ex-Geliebte von Egon Schmidhauser, die, seit er sie kannte, selten bis nie den attraktiven Mund geöffnet hatte, um sich an einer Unterhaltung zu beteiligen.

Ja, das war ihm aufgefallen.

Aber Michèle Hostettler konnte kaum eine dieser dummen Cliché-Blondinen sein, wie sie in Fernsehserien über Bildschirme flimmerten, studierte sie doch, von wem wusste er's?, wie ihre Schwester an der Hochschule von Zürich oder an jener von St. Gallen Nationalökonomie oder, er hatte es vergessen, Jurisprudenz.

Und nicht zu glauben, dass sie mit Trudi Schneider an seinem Tisch sass!

Nicht zu glauben!

Wie anders die zwei Frauen waren, erkannte selbst Ambrosius . . .

Und Frau Schneider schien die Überraschung des Paters aufzufallen. Noch bevor sie bei Frau Winkler ein Mineralwasser und eine Karaffe Weisswein bestellte, klärte sie Ambrosius auf, warum sie mit Michèle in die Gartenwirtschaft des "Bootshaus" gekommen sei.

"Wir haben uns in der Trauer um Egon gefunden", meinte

sie, ohne dass eine diesbezügliche Frage gestellt worden wäre, "ich nehme an, Sie wissen, dass Frau Hostettler ebenfalls mit Herr Schmidhauser befreundet war . . ."

"Das ist gut, ich erlebe zu oft, wie Hinterbliebene miteinander streiten . . ."

Ambrosius sagte es wie nebenher, wollte sich nicht auf eine tiefere Diskussion einlassen. Zu sehr war er in Gedanken bei Elisabeth, wurde noch immer von einer Traurigkeit eingelullt, die es ihm im Moment nicht erlaubte, auf die Probleme anderer Menschen einzugehn, besonders dann nicht, wenn er für diesen speziellen Menschen, und das traf im Falle Trudi Schneiders zu, keine besondere Sympathie aufbrachte.

War das wieder lieblos?

Ach, darüber gab's jetzt kein Nachdenken, kein Grübeln!

Lieber nahm er einen kräftigen Schluck und rauchte eine weitere Nazionale, in der Hoffnung, sie treibe möglicherweise die beiden Ladies an einen andern Tisch oder veranlasse sie, nicht allzu lange vor dem "Bootshaus" zu bleiben . . .

Ambrosius musste über seinen Wunsch beinah lachen, vermochte sich aber zu beherrschen und wartete ohne überbordendes Interesse darauf, was Frau Schneider oder die blonde Schönheit sagen würde, die er in keiner Weise mit diesem Porno-Dichter zusammenbringen konnte. Und wenn's zutraf, was Fred angedeutet hatte, dass Egon Schmidhauser auch um deren jüngere Schwester wie ein Gockel herumgetanzt war, wurde alles noch unbegreiflicher.

Dass aber ein Mann von einer solchen Frau angetan sein konnte, musste er zugeben. Der klassische Kopf mit dem Rossschwanz, der Sinnlichkeit verratende Mund und die zwei Brustwarzen, die das gelbe T-Shirt zu durchstossen schienen – selbst er, Ambrosius, nahm das alles wahr, fand es schön und aufreizend.

Naja.

Frau Winkler kehrte mit dem Gewünschten zurück, stellte das Tablett auf den Tisch und wollte beiden Frauen je ein Glas mit Mineralwasser und Weisswein einschenken.

"Nein, nein, das machen wir selber, Marianne . . ."

Frau Schneider wehrte ab und demonstrierte damit, dass sie irgendeinmal mit der "Bootshaus"-Wirtin Duzis gemacht hatte (was Ambrosius auch wollte, aber nicht jetzt, wo Frau Schneider ihm gegenüber sass).

"Schön, ich hab nichts dagegen . . ."

Frau Winkler nickte Ambrosius zu und liess den Pater, was ihm mehr als nur missfiel, allein mit den zwei so unterschiedlichen weiblichen Wesen zurück.

Wenn das nur gut herauskam!

Vor allem, weil ja Michèle Hostettler, warum wohl?, selten eine Meinung äusserte.

Was sollte er sagen, jetzt?

Er durfte doch nicht einer Geliebten wegen des Verlustes ihres Liebhabers kondolieren, wenn dessen trauernde Freundin ganz in Schwarz neben ihr sass.

Was!

Ambrosius konnte es kaum glauben: Die blonde Schönheit nahm ihm seine Sorge ab, befreite den Pater aus seiner Sprachlosigkeit.

"Ich weiss, dass Sie im Hause leben, in dem Egon ermordet wurde", durchbrach sie die Stille, mit einer Stimme, die ihrem Aussehn durchaus angemessen war, "es ist furchtbar, was da geschehn ist, weder Trudi noch ich können damit fertig werden . . . Trotzdem zum Wohl, Herr Pater, für Sie war's sicher nicht angenehm, Egon zu finden . . ."

"Nein, das war's nicht . . . Aber schlimmer bleibt für mich, dass ein Mensch einen andern getötet hat, ich kenn kein ärgeres Verbrechen . . ."

Ambrosius hob wieder einmal sein Glas, nickte den beiden Frauen zu. "Damit ihr mit eurem Leid besser zurecht kommt!"

Schon als er sie aussprach, fand er seine Worte unangebracht, mit dem besten Willen fielen ihm aber keine bessern ein. Und in diesem Augenblick legte Michèle Hostettler ihr rechtes Bein über das linke und zeigte dem Pater – bewusst, unbewusst? –, was für rassige und braungebrannte Beine sie hatte.

"Ein guter Zufall, dass ich Trudi kennengelernt habe, so trösten wir uns gegenseitig . . ."

"Schön, für euch . . ."

Wieder konnte der Pater einen kaum von Einfühlungsvermögen zeugenden Ausdruck nicht für sich behalten. Er korrigierte ihn aber rasch. "Tragisch, das alles . . . Ich hab nie einen Mordfall erwartet, als ich mit dem Schiff zum erstenmal zu euch hinüberfuhr . . ."

Herrgott, was war mit ihm los?

Ein Mord war doch nicht tragisch, er war schrecklich, war jene Sünde, die er nie begreifen würde, die keinen Sinn hatte, absolut keinen.

Verwirrte ihn die Schönheit dieser Frau, ihre helle Stimme?

Und warum sprach sie mit ihm und nicht die viel ältere Trudi?

Ambrosius fand keine Antwort.

Nicht mal eine, die annähernd –

Und, auf einmal, hörte er nicht mehr, was Michèle Hostettler sagte. Es war, als sei Ambrosius ganz woanders als an diesem Tisch. Er betete, litt und überlegte zur gleichen Zeit, ein Übel, ein Übel, sein Denken oder Fühlen auf verschiedenen Ebenen!, wie das Verhältnis zwischen den beiden Schwestern sein mochte, von denen er bis heute, ausser am ersten Abend, nur die ältere getroffen hatte.

Und er fragte sich auch, ob Michèle für Trudi wirklich gute Gefühle empfinde.

Er bezweifelte es, bezweifelte es sehr und brachte, so sehr er darum betete, nicht die Kraft auf, das Selbstmitleid zu überwinden, weil er die zwei Frauen ohne Elisabeths Gegenwart ertragen musste.

Sollte er gehn, das Geld für den Wein hinlegen?

Die Entscheidung, den Garten des "Bootshaus" zu verlassen, wurde verschoben.

Frau Winklers Tochter näherte sich nämlich mit einem Tablett und stellte ihnen, sie alle freundlich anlächelnd, ein grösseres, mit halbierten Feigen belegtes, braun gebeiztes Brett auf den Tisch, alle von grünen Feigenblättern drapiert. "Meine Mutter offeriert sie euch, ihr müsst sie aber mit der Haut essen, die ist nämlich sehr gut und gesund . . ."

Sie sagte es und ging, vermutlich aus Schüchternheit, schnurstracks zur Grossmutter hinüber, die nach wie vor auf ihrem Schaukelstuhl hin- und herwippte und mit sich und der Welt allem Anschein nach keine Probleme hatte.

Zärtlich strich das Mädchen, das laut ihrer Mutter erst vor wenigen Monaten die Schule verlassen hatte, ihr übers Haar.

"Bitte, nehmen Sie", sagte Michèle Hostettler und schob den Teller mit den Feigen auf Ambrosius zu.

Doch dieser, der noch nie frische Feigen gegessen hatte, wollte nicht als einziger eine halbe Feige in seinen nach Tabak und Rotwein riechenden Mund schieben. "Aber nur, wenn ihr mitesst . . ."

Hatte eine der beiden Frauen Egon Schmidhauser ermordet?

Die Frage kreiste in seinem Kopf – schon seit Minuten.

Oder waren es beide zusammen gewesen?

Er verlor langsam den Verstand. Seine Vorstellung war unsinnig, gegen jede Vernunft.

Oder etwa nicht?

Aus Verlegenheit griff er nach einer der halbierten Feigen, fühlte, wie seine Hand klebrig wurde, und nahm einen Biss von der leicht matschigen Frucht.

Ist die aber süss, stellte er fest und wusste nicht, ob er nun frische Feigen mochte oder nicht.

Es war auch gleichgültig.

Der Abend stand ja bevor, der Abend mit Elisabeth.

Und weil nun auch die beiden Damen an den Feigen naschten, hatten sie wenigstens ein Gesprächsthema: eben die Feigen, ihr Aroma, ihre Klebrigkeit.

Es blieb leider nicht dabei.

"Gestern", so meinte die schöne Ostschweizerin unversehens, "hat mir eine Freundin am Telefon erklärt, dass Sie im Appenzellischen zweimal beitrugen, Morde aufzuklären . . ."

Ambrosius stöhnte innerlich, nein, nicht schon wieder, nein! – und tat, als ob Michèle Hostettlers Hinweis ihn wenig berühre.

"Ach ja, wie heisst denn Ihre Freundin?"

"Béatrice Weber, wir haben zusammen studiert . . ."

Die Antwort war für Ambrosius wie ein Schuss: ein Schuss, auf ihn gezielt.

Auch wenn er sich nichts anmerken liess . . .

Warum musste die Schöne, es war kaum zu glauben, Béatrice kennen?

Und weshalb hatten die beiden miteinander telefoniert?

Sicher war, dass Michèle Hostettler am Telefon seinen Namen erwähnt haben musste. Aus Gründen, die er nicht kannte.

"Wirklich wahr?"

"Ja, es stimmt . . . Béatrice hat über Sie ein langes Loblied gesungen, mich aber vor Ihnen gewarnt: Wer Sie kennenlerne, gehe nachher wieder zur Kirche."

"Da hat sie gehörig gelogen . . ."

Ambrosius mochte gar nicht, was Michèle Hostettler in den blauen Himmel hinaus von sich gab und fand's mit jeder Minute komischer, dass Frau Schneider ständig schwieg.

Vielleicht war sie traurig – traurig wie er.

Vor allem aber war Ambrosius froh, dass dieser Fall nicht sein Fall war, dass es ihn wenig kümmerte, wer den derart vom Sexuellen besessenen Schreiber ermordet hatte.

Nur den Leichengeruch, der nicht allein an jenem verhängnisvollen Abend Brechreize in ihm auslöste, brachte er nur mit viel Mühe aus der Nase.

Und ein ganz klein wenig, er durfte es nicht bestreiten, dachte er hin und wieder, wer das furchtbare Verbrechen begangen haben könnte.

Zu oft wurde er halt mit dieser Frage konfrontiert.

Gerade gestern hatte Elisabeth wissen wollen, wen er als Täter sehe, vielleicht doch die spiessige Frau aus dem Aargau . . .

Er sah niemanden.

Niemanden!

Dafür blieb er dabei: Keine weitere Seite des schrecklichen Buches würde er lesen, die Art, wie der Autor beispielsweise ein vierzehnjähriges Mädchen als ungelochte Teigwurst beschrieb oder bemerkte, er schneuze und spucke nur noch in getragene Damenslips, widerte Ambrosius an.

Wie hatten diese zwei Frauen sich nur einem solchen Mann hingeben können, wie?

Es blieb unverständlich.

Ihm, Ambrosius, zumindest . . .

Und obgleich es auch unter dem Schutz der Platanen heiss war und in diesen Sekunden neue Gäste vom Bootshafen hochkamen, die ihre Anwesenheit mit einfältigem Gelächter und Sprüchen dokumentierten und ihm die Gartenwirtschaft damit noch mehr verleideten, holte er wieder eine Nazionale hervor und steckte sie in Brand, ohne die Damen zu fragen, ob er dürfe.

Die rauchten ja selber, die eine Camel, die andere Muratti, und Ambrosius konnte den Eindruck nicht loswerden, dass beide süchtig waren, Lungenzüge machten und weniger des Genusses wegen rauchten, sondern eher aus Abhängigkeit.

Hoffentlich fand in den nächsten Minuten der alte Tobler den Weg zum "Bootshaus".

Hoffentlich!

Mit ihm könnte er wieder über jene Wildschweine reden, die im vergangenen Jahr in zwei oder drei grösseren Rudeln aus den verwilderten Wäldern über Quinten zur Überraschung der Weinbauern auf diesem schmalen und, wie der Pater nach dem Studium der Regionalkarte wusste, nahezu durch Felswände und Schründe abgekapselten Landstreifen aufgetaucht waren und zahlreiche Rebstöcke verwüstet hatten.

Das war interessanter als mit den zwei Frauen über einen toten Menschen zu reden, von dem er dachte, er sei froh, ihm nie begegnet zu sein – und dies, obschon ein Christ eigentlich nicht so denken sollte.

Verlockender war ein harmloses Gespräch, über Wildsauen allemal.

Das war nicht zu leugnen.

Und ausgerechnet jetzt, wie er eine solche Unterhaltung herbeiwünschte und wieder mit der schaukelnden Grossmutter ein Lächeln austauschte, ausgerechnet jetzt machte Frau Schneider ihren Mund auf, ausgerechnet jetzt!

"Haben Sie vielleicht eine Theorie, Herr Pater, wer so ge-

mein gewesen sein könnte, Egon zu ermorden? . . . Ich komm
darüber nicht hinweg, ich kann's mir nicht vorstellen . . ."

IX

Sie haben ihn nicht!

Sie haben ihn nicht!

Und diese Weiber, diese Weiber! Grossarschig, mit Brüsten, die schier die Blusen durchstossen.

Alle hat er gehabt, alle.

Gut, dass er tot ist.

Gut!

Nie werd ich so eine kriegen, nie eine wie Michèle ins Gras drücken.

Nie!

Drei solche Weiber!

Drei solche!

Das hat er nicht verdient.

Das nicht!

Mir würde eine reichen, die herzige Jugoslawin, die manchmal im "Inseli" serviert und dauernd krampfen muss, während die Wirtin mit ihren Gofen*spielt oder mit Gästen am Tisch tratscht, die aus besseren Kreisen kommen oder zur Zürcher Mafia gehören und mit ihr teuren Wein saufen.

Auch so ein Weibsbild!

Bei ihr hat's aber Egon nicht versucht.

Wohlweislich.

Ernesto hätte ihm ein Messer in den dicken Bauch gerammt, mehr als einmal, immer wieder.

---

* Kinder

144

Bei einem wie ihm wird nicht geschossen, da wird zugestochen.

Wer aber schoss Schmidhauser nieder?

Wer?

Ich werd's nie ohne Hilfe herausfinden, lieber les ich im heutigen "Schrei" und überlege, ob ich nicht doch den Mut aufbringen soll, anzurufen statt die Nackte auf der zweiten Seite zu begaffen, hei!, sieht die gut aus, hat geile Titten und Warzenhöfe oder wie die heissen, auch das Höschen darunter ist heiss, es abstreifen und mit den Fingern das Schöne suchen, ins Löchlein hineinbohren und dann und dann . . .

Ich hab's längst verlernt, wie's geht, längst!

Bin doch ein Mann, nicht nur dieser Serge, der frische Fische fischt und langsam wieder aktuell für die Weiber wird, weil der Egon im Himmel ist oder in der Hölle verbrennt, will Ambrosius fragen, wie ich zu meinem Recht komme und ob ich in Kirchen und Kapellen beten müsse, damit's mir endlich ein bisschen besser geht, würde gern drüben in der Bernhard-Kapelle eine Messe besuchen, mach's vielleicht am Sonntag, bin zwar kein Katholik und Gott ist für mich vor Jahren gestorben, einem aufgestellteren* Pfarrer als Ambrosius hab ich trotzdem nie die Hand gedrückt, selbst Tobler schwärmt und verzapft in der Runde, sobald er besoffen ist, wenn dieser Pater in Quinten bleiben würde, würden wir halbe Heilige, er lacht und schimpft, dieser komische Pfaff, und hat mir versprochen, ich dürfe ihn nächstes Jahr im Kloster besuchen und dort gratis und franko einige Tage verbringen, wer offeriert mir schon Ferien, wer?, meine einzigen Ferien sind in Walenstadt drüben und von Ferien darf da keiner reden, immer Bretter hobeln oder Mauern flicken und lustige Geschichten und Witze zum Besten geben, die ich in unserer Beiz aufgeschnappt habe, muss vielleicht ernsthaft mit der Toblerin reden und ihr klarmachen, dass ich mehr Lohn brauche, wer sich nicht wehrt, wird bestraft, hab ich vor kurzem gelesen, hab leider vergessen, wo, das kommt hinein und kriecht wieder raus, mir fehlt die Bildung, das Auswen-

---

* aufgestellt = Slang für fröhlich, lebensbejahend

diglernen, müsste mich frech für den Wirtekurs in Chur bewerben, das kostet aber – und mehr als zweitausend Fränklein hab ich nicht auf der Bank, darf nicht mal frei darüber verfügen, darf es nicht!, bin schon gespannt, wer den Egon auf dem Gewissen hat, Serge trau ich's am meisten zu, am allermeisten, hat doch jeden Tag ausgerufen, Schmidhauser sei ein Scheisskerl, der führe sich auf, als ob Quinten ihm gehöre, ich seh's genau wie Serge, genau wie er!, warum kommt so einer zu uns und macht ein Durcheinander, warum?, warum?, nie würd ich mir Ähnliches erlauben, nie!, geh vielleicht in die Kapelle am Sonntag, so predige kein Pfarrer am Walensee, hat Tobler seinem Töchterlein vorgeschwärmt, er muss es wissen, hockt Tag für Tag in der Kapelle, bringt dem Pater den Wein und das ganze Theater, ich bring ihm auch was, will Ambrosius morgen einen Korb mit reifen Feigen schenken, wer gut zu mir ist, zu dem bin ich's auch, Feigen, die holt sowieso niemand runter, das bringt zu wenig Geld, nur Arbeit und sonst nichts, ich denk da anders, ich find's schön, draussen zu arbeiten, Hecken zu stutzen, Bäume zu pflegen, hingegen Harasse zu schleppen oder Kopfsalatblätter zu waschen, ist nicht mein Bier, hab's der Toblerin auch schon gesagt und bin bös abgeblitzt, das ist nicht nett, ist gar nicht nett, ich helf ja gern, aber nicht unter Zwang, nicht unter Zwang!, ich werd's denen zeigen, ich will's denen zeigen, will fort von hier, fort, fort, fort!, es gibt keine andere Möglichkeit ...

X

War wunderbar, mit dem Egon, ganz anders als sonst. Hat mir Freude gebracht, Lust gegeben, konnte streicheln, stundenlang meinen Körper verwöhnen. Versteh darum, weshalb Trudi nicht locker gab und zwanzig Jahre lang seine Putzfrau und Köchin spielte. Ich hätte das nie getan, niemals! Ist halt eine Kuh, die sich billig verkaufte, und Lea war mehr als nur blöd, als sie dachte, sie könne mir Egon ausspannen.

Mir spannt niemand jemand aus.

Auch mein liebes Schwesterlein nicht.

Schrieb aber brillant und frech, der Kerl, auch wenn er nur ein Thema hatte: uns Frauen, unsere Mösen.

Weiss natürlich, nie wär ich mit Egon glücklich geworden. Er hat alle betrogen, konnte sich nie für eine einzige entscheiden, musste fast zwanghaft auf mehreren Klavieren spielen und alles offen lassen. Werd aber mit keinem Mann glücklich. Mit keinem. Auch Serge, ich weiss es, würde mich knuten, sobald ich seinem Drängen und Betteln nachgäbe.

Ich geb freilich nicht nach, nicht mal in Gedanken.

Da kann er mir Fische und Wasserskifahrten anbieten, soviel er will.

Und von einer gemeinsamen Zukunft faseln . . .

So gut wie mit Egon wär's sowieso nicht!

In keinerlei Hinsicht.

War aber schon frech und obergeil, mein, darf ich's so sagen?, ermordeter Spassvogel . . .

Dachte effektiv, er könne mich und Lea gleichzeitig ins Bett oder auf eine Matratze bekommen und dann zuschaun, wie wir uns lecken und fingern und ihn einbeziehn.

Männerphantasien, unreife Wünsche . . .

Nie würd ich das machen, nie.

Ich will das nicht, hab ich gesagt, bin keine Lesbe wie mein Schwesterlein, bin nur eine Frau, die gern mit guten Männern schläft.

Und doch hat er dauernd wie ein Kind gebettelt, es mit Lea zu tun, ihm die Freude zu bereiten, wenigstens ein einzigesmal, er wolle eine Geschichte über zwei Schwestern schreiben, natürlich ohne unsere Namen zu verwenden. Ich hab's jedesmal abgelehnt und frag mich, warum ich Egon so mochte und Werner Haltiner auslachte, als er mir über Monate glänzend formulierte und sehr romantische Liebesbriefe schrieb.

Kein Zweifel, ich bin ein Dummkopf, verliebe mich seit Jahren in die falschen Männer.

Das muss sein Ende haben.

Das wird sein Ende haben.

Doch über Haltiner kann ich nichts als lachen: Schrieb in einem Brief, die Begegnung mit mir sei ein Wunder, sei eine Chance für uns beide, schickte Gedichte, in denen er mich als Heilige und Göttin seiner Träume besang, und hatte nie den Mut, von mir zu hören, ob ich vielleicht auch ein wenig in ihn verliebt sei.

Da kann ich nur lachen, über seine Sätze spotten, sie als Jünglings-, nicht als Männerzeugs einstufen.

Egon hat nie einen Brief geschrieben, hat nur im "Bootshaus" gesagt, ich solle morgen abend ins "Pezold" zum Essen kommen, hat ein fünfgängiges Menü aufgetischt und mir immer wieder mit viel Charme zugelacht und mit jedem Wort geflirtet.

Dabei war er dick, kleiner als ich und alles andere als mein Traummann, und hat erst noch beinah in die Hosen gemacht, als mein Boot in den Wellen zu tanzen anfing.

Dafür flatterte er so schön und verstand's, mit Worten zu erregen wie keiner je vor ihm.

Ein Jammer, dass er tot ist.

Ein grosser Jammer.

Wir werden zur Beerdigung gehn, Trudi und ich, die alte Schachtel und, ja, das war ich schon!, Egons Traumfrau.

Ich, oh, ich weiss nicht . . .

Wer könnte ihn getötet haben?

Wer?

Einer von hier?

Oder ist jemand nachts mit einem Boot zu uns herübergefahren, der Egon hasste, weil dieser ihm vor Jahren ein Gretchen weggenommen hat?

Ich kann's nicht glauben.

Die Trudi könnte es gewesen sein, die falsche Kuh. Tut, als ob sie die harmloseste Person der Welt sei, putzt sich stundenlang mit ihrem Taschentüchlein die Tränen ab und steckt voller Neid, weil ich so viel jünger, so viel schöner und für Männer interessanter bin als sie.

Eine Heuchlerin, hat den richtigen Namen: Trudi, Trudi, das Heimchen vom Herd!

Mir eh schleierhaft, weshalb Egon mit der eine Liebschaft hatte! Die konnte doch nichts bieten, ausser Kochrezepten, gebügelten Hemden und Hosen . . .

Im Bett, bei seinen Gelüsten!, kann ich sie mir schlicht nicht vorstellen!

Sehr eigenartig, der Geschmack von Egon!

Dass er mich wollte und mein Schwesterlein dazu, versteh ich vollauf. Muss ja nur vor den Spiegel gehn, meine Brüste ansehn, den Hals, den rassigen Kopf . . . Aber warum er einem Unikum wie der Pia den Kopf verdreht und selbst über die Toblerin lüsterne Bemerkungen von sich gegeben hat, wird mir ein Rätsel bleiben.

War halt geil und scharf, der Superficker, wollte nicht einen Abend ohne Sex und Lust . . .

Da bin ich anders, will Pausen, Wochen ohne Mann, streichle lieber mich selber als mit einem ins Bett zu gehn, den ich als lächerlichen Zwerg oder als verliebten Schlappschwanz empfinde.

Schade nur, dass Ambrosius gegen die sechzig geht. Das ist ein Mann, der reden kann, der vor keiner schönen Frau in die Hosen scheisst und der so lebt, wie ich leben möchte: ruhig, selbstsicher und meistens gut gelaunt.

Er wäre mein Fall.

Er wäre es.

Mehr als Egon, um einiges mehr.

Und noch viel mehr als Serge oder der komische Fred, der

mir und Lea und der Pia ständig nachsteigt und mit mir ins "Inseli" oder nach Weesen in den Ausgang* möchte . . .

Da muss ich lachen.

Mit einem Typ ausgehn, der jeden Tag einen blauen Trainer trägt und eine verwaschene Mütze auf dem Kopf und Turnschuhe an den Füssen hat, nie im Leben, nie . . .

Es war wunderbar, von einem Mann, den man mochte, hochgetrieben zu werden.

Wunderbar.

Aber sich selber streicheln, die Beine aneinander reiben, bringt auch Genuss.

Nur, mit Egon war's anders, war's wie Musik. Minutenlang hat er mir geile Worte ins Ohr geflüstert und seinen Orgasmus gekonnt zurückgehalten und alles unternommen, damit's mir mehrmals kommt und ohne Unterbruch.

Und wenn ich auch nicht so raffiniert wie Trudi die Traurige und Zerknirschte spielen kann, vermissen werde ich Egon schon.

Die grosse Liebe, die war er trotzdem nicht.

Die hat's nie gegeben und die wird's nie geben.

Ich seh's genau, das ist mein Schicksal.

Aber ich hab mich, oh ja, ich hab mich; und wenn ich jetzt dann meine Kleider auszieh und sie dort aufs Taburett* lege und nachher im Swimmingpool ein wenig plantsche, so wie Gott mich gemacht hat, und dazu eine Zigarette rauche, vergess ich solche negativen Gedanken. Man ist nicht auf der Welt, um immer unzufrieden und traurig zu sein!

Nicht dafür!

Das hab ich von Papa gelernt, weniger leider von Mama.

Bloss, ich bin auf sie nicht böse.

Sie war sie, und ich bin ich.

Und ein neuer Egon wird schon mal kommen, wenn nicht morgen, dann übermorgen; und vielleicht, wer weiss, über-

---

* militärischer Ausdruck für Ausgehen
* niedriger Stuhl ohne Lehne

nehm ich in vier, fünf Jahren den Betrieb und modernisiere alles und entwerfe Kleider und Stoffe und sag meinem herzallerliebsten Schwesterlein, allein mach ich das, allein, ich kann dich als Teilhaberin nicht brauchen, ich zahl dich aus!

Ich gehör doch nicht zu den Dummköpfen und binde mich an ein Geschöpf, das Tag und Nacht meine Bewegungen imitiert und immer will, was ich will.

Darauf kann ich verzichten.

Darauf will ich verzichten.

Der Egon aber kommt nie wieder. Auf dem Friedhof, da ging er mir aber zu weit. Hatte im Stehen eindringen wollen und dann auf dem umgestürzten Grabstein, das reize ihn ungemein. Es kam nicht in Frage. Überall von mir aus, nur nicht in Gegenwart von Leichen. Bin keine Kranke, bin eine Frau, gesund und mit Lebensfreude. Da benahm er sich daneben, schwer daneben. Ich hatte ja schon Mühe, als Fred unten in den Büschen hantierte und Egon mich im Wasser zu reizen begann, das war nicht recht. Ich würd's nie mehr gestatten, nie mehr, Egon, nie mehr, so schön's auch war . . .

Zu deiner Abdankung fahr ich trotzdem mit meinem Porsche und steh dann ganz in Schwarz und mit Tränen im Gesicht vor deinem Grab.

Ich versprech es dir.

Das bin ich dir schuldig.

Die Stunden, die du mir gabst, werden bleiben. Dass wir alle sterben und als Tote stinken, ist furchtbar genug . . .

XI

So sehr der Tote Ambrosius nicht losliess und er Quinten, trotz anderer Verlautbarungen ihr gegenüber, am liebsten fluchtartig mit Elisabeth verlassen hätte, noch immer liebte er's, täglich auf dieser Bank zu sitzen und zu schauen und zu schauen, beispielsweise, wie gerade jetzt, zum klar erkennbaren Tälchen hinüber, das zwischen Wäldern und Felsen zu den von hier aus unsichtbaren Murgseen hochführte, zur, der alte Tobler hatte es erwähnt, "Fischerhütte", einer ausschliesslich im Sommer bewirtschafteten Bergbeiz.

Das liebte er, wie am ersten Tag.

Und jedesmal, wenn er zum See hinunter oder auf die gegenüberliegenden Hänge, Berge und Dörfer blickte, jedesmal entdeckte er Neues.

Wer in Quinten nicht mit sich und seinem Leben zufrieden war, war selber schuld.

Und doch war ein Mord geschehn, war getötet worden, aus Eifersucht, Neid, Rache oder aus einem Streit heraus.

Er konnte es nicht begreifen.

Er konnte wirklich nicht begreifen, dass Menschen andere Menschen umbrachten.

Es war ihm fremd wie nur irgendwas.

Gleichwohl erfuhr er's Tag für Tag.

Wenn er Zeitungen durchblätterte, in einem Lokal oder im Gemeinschaftsraum des Klosters zufällig am Bildschirm eine Tagesschau mitansehn musste.

Fast überall wurde getötet, für nichts und wieder nichts.

In Südafrika, im nahen Osten, im fernen Osten, in Irland, in nahezu sämtlichen südamerikanischen Staaten.

Im Namen einer Rasse, eines Volkes oder für Führer, die nur eines wollten: persönliche Macht.

Der lateinische Satz *periissem, nisi periissem**drängte sich Ambrosius ganz von selbst auf.

---

* Ich wäre zugrunde gegangen, wenn ich nicht schon zugrunde gegangen wäre.

Schlimm, schlimm!

Diese Politiker mit ihren Krawatten, sie geben Interviews, fliegen an Konferenzen, lachen konform in die Welt, wollen nichts als ihre Macht zementieren – und schicken ihre Leute ohne langes Überlegen in den Tod!

Allein schon diese Tatsache war unerträglich, war die Unsinnigkeit selbst.

Da war's fast eher nachzuvollziehn, dass jemand aus Eifersucht, aus Verlustangst einen andern Menschen erschoss, vergiftete, ertränkte oder erstach!

Naheliegender war's, einfühlsamer.

Nein, das war's nicht!

Was dachte er da!

Mord blieb in jedem Fall das schlimmste Verbrechen.

Immer.

Immer.

Und nie würde er die Augenblicke vergessen, wie er die Tür zum verstaubten Hühnerhaus aufstiess, im Dämmerlicht zuerst nichts sah, vom süssen Gestank beinah zurückgeworfen wurde und erst dann den nackten, an eine der Wände gelehnten Toten erblickte.

War das ein Schock gewesen, ein Alptraum!

Noch ärger als jener unterhalb der Meldegg, in einem Dschungel von Bäumen, Büschen und Steinen, am Ufer des vielerorts unzugänglichen Ottersbach.

Obschon er auch dies nie vergessen würde: die zwei vermeintlich Schlafenden, die nicht schliefen, sondern tot waren.

Und nun vor gut einer Woche der nahezu nackte Mann im Hühnerhaus.

Es war nicht zu glauben.

Nie mehr würde der Mann pornografische Zeilen schreiben, nie mehr seinen sexuellen Hunger in Sätze ummünzen, die auch, Elisabeth hatte es erwähnt, vor romanischen und gotischen Kirchen keinen Halt machten und Altäre und Taufbecken als Orte der Lust und des Geschlechtsverkehrs missbrauchten.

Nie mehr.

Und auch die Chance war für Egon Schmidhauser dahin, mal ein wirklich grosses Buch zu beenden, ein Buch, das alles umfasste, nicht nur die Jagd auf Frauenärsche und Titten, sondern sämtliche Lebensbereiche.

Warum schrieb er, Ambrosius, eigentlich kein Buch, sondern im besten Fall Artikel, Predigten und Vorträge mit philosophischem Inhalt?

Das war doch keine Frage!

Ihm fehlte der entsprechende Ehrgeiz. Und dann hatte er von Jahr zu Jahr mehr Mühe, Bücher zu lesen, die zur Hauptsache aus direkter Rede, aus Dialogen bestanden – fortwährend litt er bei der Lektüre von Romanen und Erzählungen unter dem Gefühl, der Autor übernehme selbstherrlich die Rolle des lieben Gottes, entscheide ganz aus seiner Warte, was seine Figuren denken, handeln, empfinden, reden.

Das war nichts für ihn.

Er war Priester.

Ein Priester unglücklicherweise, der sich über zu vieles ärgerte.

Über zu vieles.

Auch über die Tatsache, dass, er hatte es im ”Beobachter“ gelesen, weit oberhalb von Quinten, auf der Alp Gäs-Hag, die man von unten nicht sehen konnte, mutwillige Einheimische gerade in diesen Tagen mit Traktoren und Trax breite Wege in die Berglandschaft der Churfirsten schlugen bzw. schnitten, damit Bauern von Walenstadtberg in Zukunft ungehindert Klärschlamm auf die Alpweiden bringen konnten, ”äs bitzeli nu“, wie der Ambrosius bis heute unbekannte Gemeindeamann von Quinten, vermutlich der Nachfolger des alten Tobler, gegenüber der Presse betont und, das tun sie stets, die Politiker!, beschwichtigt hatte.

Ambrosius wollte nicht länger daran denken; auch nicht an die vom Quintener Gemeindeamann vorgebrachte Ausrede, heute brauche es auf Alpweiden breitere Wege, weil die Kühe im Vergleich zu jenen vor zehn, fünfzehn Jahren erheblich schwerer geworden seien . . .

154

Und auch an den toten Schriftsteller wollte er nicht denken.

In aller Ruhe hier sitzen wollte er, zum blauen, sehr tiefen und bei all seiner Schönheit auch lebensbedrohenden See hinunterblicken, die zwei, drei Segelschiffe wieder suchen, die er vorher ausgemacht hatte, dann mit Hilfe seiner vor drei Wochen gekauften Hornbrille (die alte war zu einem Ungetüm verkommen!) die wenigen Häuser von Quinten bewundern, die Reben, die Quitten-, Kastanien-, Feigen- und Nussbäume und die Ebereschen mit ihren roten Beeren gleich neben ihm.

Wunderschön war's hier.

Wunderschön.

Und da musste doch ein hässlicher, seinen Blicken entzogener Alpweg verblassen, die vom Umsatzdenken geplagte Wirtin dort vorn, ein Gemeindevorsteher, den die Belange des Umweltschutzes wenig bis gar nicht interessierten . . .

Ach, warum dachte er solche Dinge!

Es brachte doch nichts, rein gar nichts.

Er war auch kein Heiliger.

Leider nicht.

Elisabeth hatte gerade gestern spöttisch bemerkt, sie kenne aus ihrer beruflichen Tätigkeit nicht einen Priester, der so viel rauche und trinke wie er.

Und dies steckte er so leicht weg – und entdeckte dann die Splitter in den Augen der Mitmenschen, nicht aber die Balken vor den eigenen.

Das war –

Ja, morgen würde er in der Kapelle von Quinten, deren weisses Türmchen er von seiner Bank aus knapp erkennen konnte, die heilige Messe lesen und auf Wunsch des Pfarrers von Murg, eines älteren Landpfarrerleins, wie es im Buche steht, eine kurze Predigt halten.

Er freute sich fast drauf, würde nichts vorbereiten.

Wozu auch!

Seine besten Predigten, davon war er überzeugt, hatte er stets aus dem Stegreif gehalten, ohne Vorlage oder Manuskript.

Ob die beiden Blonden auch kommen würden?

Und Fred?

Und Trudi?

Elisabeth, sie hatte es angekündigt, würde im Kirchlein sein und, ein Versprechen!, den Inhalt der Predigt nachher auf der Terrasse bei Brot und Wein kritisieren oder loben.

Darauf wartete er wie ein Kind, so unreif war er, so angewiesen auf ihr Urteil ...

Sollte er aufstehn?

Sollte er bleiben?

Nein, er blieb noch ein wenig, war nicht bereit, die Stille, die Harmonie nur deshalb schon aufzugeben, weil er im "Bootshaus" den heutigen "Tages-Anzeiger" lesen und informiert werden wollte, ob der Papst tatsächlich an diesem schrecklichen, rechthaberischen Churer Weihbischof aus dem Liechtensteinischen festzuhalten gedachte, trotz vieler Proteste von Gläubigen und Priestern, die mit dem von Opus Dei verbreiteten, rückwärtsgewandten Weltbild wenig anzufangen wussten ...

Das konnte warten.

Hier fand man Gott, nicht in der Zeitung.

Und auch den Schriftsteller galt's aus seinen Gedanken wegzuschieben, der eines unnatürlichen Todes gestorben war und dessen Bücher Ambrosius, gewiss nicht aus moralischen Erwägungen, verabscheute, weil in ihnen die Menschen auf Schwänze und Mösen reduziert wurden.

Sein Tod ging ihn nichts an.

Und sein Werk noch weniger.

Genau wie diese verweinte Trudi, die zwei Sex-Schwestern, die Dorfschönheit vom Bürgli, die Tobler auch ihm und nicht nur Elisabeth gegenüber als Hexe bezeichnet hatte und an die Ambrosius sich mit zwiespältigen Gefühlen erinnerte, so faszinierend der Nachmittag vor ihrem Hause gewesen war, in Gegenwart von Ziegen, Gänsen, Katzen und Hunden und von Anton, dem stummen Knecht, der Konsalik und Simmel las.

Und auch über die geschäftstüchtige Wirtin der "Mühle" durfte und wollte er keine unnützen Gedanken verlieren.

Sie war wie sie war, mit Fehlern und Vorzügen.

Wie er.

Wie praktisch jeder.

Dankbar musste er sein.

Sehr dankbar.

In aller Ruhe auf der Bank höckeln zu dürfen und zu wissen, dass er bald im oder vor dem "Bootshaus" Zeitungen durchblättern oder mit der Wirtin, die ein wenig jener von der "Meldegg" glich, über dieses und jenes schwatzen konnte, worauf ein Bad und ein Fischgericht auf ihn wartete, das Elisabeth extra für sie beide zuzubereiten gedachte – das war doch erfreulich.

Was sollte da ein toter Schriftsteller!

Und was eine vom Umsatzdenken terrorisierte Frau!

Das war nicht seine Sache.

Höchstens beten wollte er für diese Menschen. Wie schon gestern. Wie heute während der Messe.

Er hatte genug von Ermordeten. Mehr als genug. Die Hügel sehn, die Wiesen, das zählte. Allein das. Noch zwei, drei Minuten lang, und dann würde oder musste er zum Weg hinabstapfen. Er war leider kein Eremit, der sich nie vom Fleck rührte, keine Speisen, keinen Trank brauchte, ganz ins Göttliche versenkt war und Regen wie Sonne vergass.

Er war das nicht.

Und vielleicht wollte er gar keiner werden.

Hier und jetzt zufrieden zu sein, war eine christliche Lebenshaltung.

Oder, seine obligate Frage, etwa nicht?

"Herr, hilf mir", betete er, "dass ich endlich mit meinem heutigen Leben zufrieden bin und die Liebe, die ich von dir erhalte, andern Menschen weitergebe . . ."

XII

Diese Zwetschge, dachte er, ohne zu ahnen, dass seine Verbitterung ihn beinah auffrass, diese Zwetschge glaubt, einer wie der Glarner Immobilienhengst stehe auf sie, wär ich der Alte, ich würd sie davonjagen und die andere Tochter zurückholen, Marierose wartet ja, dass er stirbt und sie den letzten Rappen erbt, dann noch vier, fünf Jahre wirten, Geld scheffeln und ab in die Karibik oder nach Mallorca, ewig schwatzt sie davon, ewig!, keiner wird aber mitkommen, keiner, höchstens einen senilen Spanier wird sie finden oder einen kleinen Gangster, der sie ausnimmt, bis sie keinen Cent mehr von ihren Millionen hat, ich kenn die Kerle, kenne sie, jede Katze saugen sie leer, was aber mit mir geschieht, das ist die Frage, vielleicht bleib ich bei ihrer Schwester oder bei einem andern Wirt oder frag Pia, ob sie wirklich nicht einen besseren Knecht als den Anton will, ich weiss es nicht, ich weiss es nicht, kann nur hoffen, Tobler lebe noch eine Weile und jage bald seine Tochter weg, begreif sowieso nicht, weshalb er am Laufmeter mit der Schneiderin und den beiden Blonden den Kopf zusammensteckt, denkt vielleicht ans Heiraten, will Trudi als Köchin zu uns locken, vielleicht, vielleicht, und dann Marierose den Meister zeigen oder wo der Bartli den Most holt, hoffe, es gelingt ihm, stecken ununterbrochen die Köpfe zusammen, will's nochmals wissen, war mal ein starker Mann, jähzornig und alle dirigierend, vor zehn oder fünfzehn Jahren, mit seinen Booten, seiner Beiz und seiner Machtstellung, das ist vorbei, die Gehirnerweichung hat auch ihn erreicht, zu mir ist er anständig, wenn auch von oben herab, an den Pater und seine Schöne kommt er sowieso nicht heran, die sind grossartig, nicht so eingebildet wie fast alle, würde eine Wette um ein paar Lappen* machen, dass es Pia war, die ist anders als ich, die lässt sich nichts gefallen, gar nichts, hat auch recht, behaupte ich, da vögelt der Schmidi sie

---

* Lappen, Slangausdruck für Hunderternote

und lässt sie dann bei ihren Geissen und dem Anton versauern, eine Hexe wie aus einem Buch, aber mit tollen Brüsten, hab ja versucht, in die Bluse zu greifen, die hat aufgeschrien und mir schier eine gelangt, beim Egon hat sie nicht geschrien oder wenn, aus andern Gründen, der eine hat, der andere geht leer aus – und Marierose wär auch fähig gewesen, Schmidhauser in den Bauch zu schiessen, aus Wut oder Neid, weil er kein Interesse zeigte, sobald ich in einer Stunde oder so neben Ambrosius im Garten sitze, will ich ihn fragen, ob er den Täter kennt, er sei doch ein guter Detektiv, würde in Quinten herumgeboten, muss sobald als möglich fort vom Walensee, sobald als möglich, hier krieg ich keine Chance und darum bring ich alle um, die nicht nett zu mir sind, braucht ja nicht viel, ein scharfes Messer und kräftige Hände, was kann ich dafür, dass meine Mutter mich in ein Heim gebracht hat, damit sie ungenierter Männer nach Hause schleppen konnte, hab keine Minute geweint, als ich vom Segesser hörte, sie sei gestorben, ein Sportwagenfahrer habe sie in Dübendorf überfahren, mit einer Lebensversicherung könne ich nicht rechnen, sie habe nämlich keine gehabt, so war's immer, nie hab ich bekommen, was ich wollte, nie!, das darf nicht so bleiben, niemals im Leben!, ich will meinen Teil, will eine vom Aussehen der Hostettlerinnen, will auch, will auch!, will nicht ein Dubel sein, hab nicht mal einen Freund, einen richtigen Kumpanen, bloss der Charly vom "Bootshaus" schwatzt und jasst gern mit mir, verrückt, dass ich in Quinten hocken geblieben bin, die Brüche mit André haben nichts gebracht, sass soviele Tage und er keinen einzigen, hat mir eine ins Gesicht geschlagen, die Pia vom Bürgli, für den Schmidhauser hingegen hat sie die Beine breit gemacht, wie hart die Toblerin ist, versteh, dass Susi ausriss, versteh das vollauf, sie hielt es nicht aus, sie war nichts als eine Serviertochter, die Angestellte der Schwester, das wär sie geblieben, todsicher, Marierose regiert nur allein und schlägt sich den Bauch voll, viele Frauen sind so, fressen Coupes und Schwarzwäldertorten und furzen dann auf der Frauenscheisse gerade unter meiner Bude, ich hör sie immer, der Pater hat da ein anderes Kaliber, grüsst mich mit einem Lachen, gibt mir die Hand, ist fast ein Freund, kann mir nicht vorstellen, dass er mit Elisabeth ins Bett geht, er ist keiner, der fickt und trotzdem die Messe liest, werde am nächsten oder übernächsten Sonntag hingehn und mir seine Predigt anhören, würde gern helfen, den Mörder zu jagen, finde aber, er hatte recht, dem Schmidhauser eine Kugel ins Gedärme zu jagen, trau's der Hexe seit ein paar Minuten weniger zu, eher schon Michèle oder ihrer neidischen Schwester, auch das Truditrudi hatte allen Grund, den Vogel kaltzumachen, ihr fehlt bloss die Kraft und die Fitness, die Leiche ins Hühnerhäuschen zu schleppen, sie kann's nicht gewesen sein, ausser einer wie ich hätte geholfen dabei, leider kam's mir nicht in den Sinn, leider!, bin zu wenig auf Morde aus, zu wenig gierig auf Blut, war schon immer so, hab André vor jedem Bruch gesagt, Blut dürfe nicht fliessen, sonst würd ich ihn anzeigen, lächerlich, dieser Polyp, der mich gestern ausgequetscht hat, wusste natürlich, was für Sünden ich früher begangen habe, er gab aber unten im Räumlein zu, in seinen Augen hätte ich mit dem Mord nichts zu tun, ich kann keinen töten, nicht mal die arrogante Theatertante mit ihrem geschniegelten Fotzenschlecker, ich hasse sie nur, hasse, wie sie mich behandelt, einen Einbruch, der was bringt, wär schon eher mein Bier, weiss ja, wo und wann Marierose ihr Geld einschliesst, das sie am Morgen mit dem Boot nach Murg hinüberbringt, aber für drei- oder viertausend Franken riskier ich nichts, muss eine andere Idee haben, eine ganz andere, vielleicht weiss Ambrosius einen Rat, hat versprochen, darüber nachzudenken, wie er mir helfen könne, nimmt mich wunder*, ob er auf der Kanzel anders als in der Gartenbeiz oder in der Wirtschaft spricht, bin gespannt darauf, sehr gespannt, würde denen mit Händen und Füssen sagen, wie verlogen sie sind, wie geil auf Geld und neue Weiber, bin aber kein Pfaffe, sondern nur der Fred, darf nicht predigen, nicht vögeln, will ihn fragen, ob er mit seiner Freundin schläft, will's tun, sobald ich ihn allein antreffe, unbedingt, unbedingt!, wenn er sie pimpert, ist er nicht mehr mein Freund, ist er wie alle, alle, alle!

---

* ich möchte wissen

XIII

In zwei Tagen also wartete auf Ambrosius wieder eine Predigt. Der Murger Pfarrer und der alte Tobler hatten darum gebeten.

Was sollte er diesmal sagen?

Was?

Wieder, wie am letzten Sonntag, den Neid anprangern, der unter Menschen so vieles zerstört?

Oder auf die Bergpredigt kommen, für ihn seit je das Zentrale der Evangelien?

Nicht doch . . .

Er blieb auf dem Wiesenbord sitzen, blickte aufs Gras, die Blumen und war sich im Klaren, dass er diesmal eine Vorlage brauchen würde, einen Text, an den er sich halten konnte.

Ich darf nicht immer predigen, was mir gerade ein- oder zufällt, dachte er, so mach ich's mir zu leicht, über den Egoismus könnte ich reden, über die Sucht so vieler Menschen, mehr und mehr zu besitzen, noch mächtiger, noch angesehener zu sein und festzuhalten, was einem geschenkt wurde, was man ererbt hat, Häuser, Land, einen Betrieb, eine Funktion in der Öffentlichkeit.

Und wer, wie Fred, nichts besass, träumte davon, zu besitzen.

Wie konnte er dem armen Kerl helfen?

Ihm eine Arbeit im Kloster zuschanzen?

Das war kaum Freds Traum.

Oder, eine Idee, Ambrosius eben zugefallen, den beiden "Cumin"-Wirtinnen sagen, er wüsste für sie jene Hilfe, die sie seit zwei oder drei Jahren vergebens suchten, um trotz Altersgebresten die kleine Dorfwirtschaft weiterführen zu können?

Vielleicht war das die Lösung.

Vielleicht.

Er würde Fred heute abend von dieser Möglichkeit berichten – vorausgesetzt, sie sassen einander einige Minuten allein gegenüber. Da waren keine Zuhörer erlaubt, abgesehn von Elisabeth, die diesen originellen Menschen mochte und ernsthaft daran dachte, auch mal die Steuern zu verweigern und dafür ins Gefängnis zu gehn, es sei unglaublich, was Staat und Politiker in die Rüstung und in die sogenannte Landesverteidigung verbutterten.

Das war unglaublich.

Egal, ob der Staat Deutschland oder Schweiz hiess.

Und auch dieser Mord war unglaublich.

Jeder Mord.

Vor allem –

Hatte nicht Fred, plötzlich überfiel Ambrosius die eher zufällig ausgesprochene Bemerkung, erwähnt, ihm bleibe es rätselhaft, dass jemand an jenem Tag oder in jener Nacht gewusst haben sollte, wo der Schlüssel fürs Hühnerhaus liege oder hinge, er selbst wisse bis heute nicht, wo der sei . . .

Nein, Ambrosius wollte sich nicht in diese Idee verbeissen.

Nur, darüber kam er nicht hinweg: Er hatte, und für Christen gab's keine Zufälle, den Toten gefunden, wusste dank Trudi, dank dessen Büchern allerhand über seine Person; und so wenig er sich Egon Schmidhauser als Freund oder auch nur als Mensch vorstellen konnte, den kennenzulernen er neugierig gewesen wäre – der bedauernswerte Tote nötigte Ambrosius, täglich für ihn zu beten.

Schwermütig blickte der Pater zur Autobahn hinüber, auf der farbige Käfer und Insekten bzw. Autos Chur oder Zürich zufuhren, wich dann auf den See aus, auf dem er, oh Schreck!, ausser drei Segelbooten wieder drei oder vier Motorboote, eigentliche Jachten, entdeckte und natürlich auch eines, das in seinem Schlepptau (oder wie das hiess) einen Wasserskifahrer mit sich zog.

Er fand's wenig erfreulich, war seit eh und je gegen Sportarten eingestellt, die mit Lärm verknüpft waren . . .

He!, musste er sich am Ohrläppchen ziehn und energisch dagegen kämpfen, Ärger aufkommen zu lassen?

Musste er das?

Anderes bedrängte seine gute Laune ebenso.

Nur schwach hörte er ja die Motoren der Boote – viel zu schwach, um die vorherige Unterhaltung mit seinem Ministranten und einstigem "Mühle"-Wirt wenigstens ansatzweise abzustreifen.

Zuerst hatte Ambrosius geglaubt, er hätte nicht richtig hingehört.

Sie hatten, eine Flasche vor sich und ganz allein vor einem Gartentisch, über die heutige Zeit gesprochen.

Besonders Tobler war dies ein Anliegen.

"Schau, Ambrosius, es gibt viel Arges heute", hatte er ohne jede Einleitung seine Tirade begonnen, die obligate Tabakspfeife in der Hand oder im Mund und oft in die Höflichkeitsform rutschend, "wenn ich nur daran denke, was moderne Schriftsteller so schreiben, etwa dieser Schmidhauser, wird mir schlecht ... Solche Bücher müsste man verbieten ... Selbst meine Tochter war richtig angeekelt, als sie ein Buch von Schmidhauser lesen wollte, nach zwei oder drei Seiten hat sie das Buch, das ihr ein Bekannter aus Zürich gebracht hat, als Heizmaterial verwendet ..."

"Hat sie das?"

Ambrosius hatte ohne seine sonstige Ironie gefragt, verwirrt eher, nicht entsetzt.

"Ja, ja, nachdem sie die Seiten gelesen hat, verbrannte sie das Buch in unserm Holzkochherd, den wir nur noch benutzen, um unsern Morgenkaffee gemeinsam mit Milch aufzuwärmen, aus Tradition halten wir's so, Kaffee aus unserer Kaffeemaschine trinken wir nur tagsüber ... Solche Bücher müsste man verbieten!"

"Ach, so?"

Ambrosius war wie von der Rolle gewesen, und er war's weiterhin: Bücherverbrennung in Quinten, 1990.

Und er hatte, trotz seiner Überraschung, mit seiner Meinung nicht zurückgehalten.

"Ich hab eines seiner Bücher auch zu lesen versucht", hatte er Tobler beinah angefaucht, "und sein Thema und sein Stil liegen mir wirklich nicht ... Aber deswegen würde ich's nie verbrennen, nie verbieten ... Der Mann, der's geschrieben hat, lebte vermutlich seine sexuellen Gelüste und Phantasien zu wenig aus, darum schrieb er über sie ... Und in sprachlicher Hinsicht und was die geschichtlichen Kenntnisse anbelangt, ist das Buch nicht schlecht, es ist sogar hervorragend ...“

Der Alte hatte Worte wie Gelüste oder Geschichte in diesem Zusammenhang kaum verstanden.

Was tat's schon!

Was!

Nichts, nichts.

Der alte Tobler konnte nicht aus seiner Haut schlüpfen.

Das konnte er nicht.

Die Art und Weise, wie aber der ”Schrei“, Tobler hatte Ambrosius nach seiner Tirade darauf aufmerksam gemacht, in der gestrigen Ausgabe auf einer ganzen Zeitungsseite, mit einem Foto von Quinten und einem des toten Schriftstellers, über den Mordfall berichtete und hervorhob, Schmidhauser sei ein grosser Frauenheld gewesen, habe jederzeit mehrere Freundinnen gehabt und deshalb müsse man in erster Linie zwei oder drei Frauen verdächtigen, die St. Galler Polizei scheine allerdings den Fall zu verschlampen, dies war gemein, mehr als gemein.

Es war ehrverletzend.

Wie, so musste sich Ambrosius fragen, hatte Frau Schneider auf den Artikel reagiert?

Und die beiden jungen Frauen, die in einer Waldlichtung oberhalb des ”Bootshaus“ ein Haus besassen, in dem sie, wie jetzt, gelegentlich lebten?

Nur Pia Fasser, Ambrosius' Annahme, dürfte den ”Schrei“ noch nicht zu Gesicht bekommen haben – eine solche, ganz und gar von *sex and crime* beherrschte Zeitung passte nicht zu ihrem Weltbild.

Schlimm, was dieses Boulevardblatt anrichtete.

Und ebenso schlimm, dass irgendwer der Redaktion Informationen zugespielt haben musste, jemand, der die Verhältnisse in Quinten bestens kannte.

Wer es gewesen sein mochte?

Wer?

Ein heutiger Judas, der für ein paar lumpige Fränklein Mitmenschen in den Dreck zog?

Arg so oder so, dass Menschen andern Menschen derart oft Leid zufügten.

So viele hassten sich, Männer und Frauen ihre Partner, Angestellte ihre Chefs, Kapläne ihre Pfarrer, Serviertöchter ihre Wirtinnen und umgekehrt.

"Sie, nein, entschuldige!, . . . du bist so schweigsam, Herr Pater . . .", hatte Tobler die plötzlich aufgekommene Stille unterbrochen, "willst du den Artikel im 'Schrei' sehn?, ich hab ihn in der Stube, für dich und andere . . ."

Ambrosius wollte nicht.

Aber um deswegen keine ungute Stimmung aufkommen zu lassen, hatte Ambrosius, das war ihm geblieben, auf den Hund der Toblers geblickt, der für einmal nicht vor der Telefonkabine im zweiten Stock, sondern neben ihnen am Tisch festgebunden war, diesen gestreichelt, das glänzende Fell von Fürst, so hiess der Hund, gelobt und hierauf sein Glas gegen jenes des alten Wirtes gestossen.

"Ich möchte mir in den nächsten Stunden einige Gedanken über die sonntägliche Predigt machen und mich durch keinen 'Schrei'-Artikel ablenken lassen, du nimmst es mir gewiss nicht übel", log er, ohne zu lügen und dachte unentwegt an die Worte, die er den Quintenern . . . und, jaja, vor allem jenen unter ihnen sagen musste oder wollte, die Schuld auf sich genommen hatten, und auch jenen, die jetzt böse Dinge über den Toten und seine Frauen verbreiteten.

Zu Ihnen gehörte auch die Tochter des Mannes, der ihm gegenübersass, genüsslich Pfeife rauchte und der mit seiner Frau einen Menschen grossgezogen hatte, der, wenn man so wollte, balzacsches Format aufwies, aber aus der Sicht von Ambrosius zudem ein kleines Monster war und seine Angestellten in Stressituationen von einem Tisch zum andern jagte.

Übertrieb er da wieder?

War ihre in Gegenwart des alten Tobler und ihm geäusserte

Bemerkung, Egon Schmidhauser sei ein Schlufi* gewesen und habe den Tod verdient, nicht etwas voreilig dahingesagt und in keiner Weise so bösartig gemeint, wie sie sich anhörte?

Ambrosius wollte es offenlassen.

Schon sich zuliebe.

Und weil er so oft ungerecht war, verurteilte statt zu lieben und zu verstehn . . .

Die sonntägliche, ihm auch von Tobler aufgehalste Predigt beschäftige ihn sehr, hatte er beteuert und natürlich mit keinem Wort angedeutet, dass Toblers Tochter, die irgendwo in einem der oberen Stockwerke der ”Alten Mühle“ den kommenden Abend vorbereitete, nicht gerade sein Fall sei, mit ihrem verquollenen Gesicht, den schwarzen, toupierten Haaren, dem weissen Rüschenschürzchen, hinter dem sie Geldbeutel und Bauch verbarg, und besonders mit ihrem stets zur Verfügung stehenden Begrüssungslachen, das sie in ruhigeren Minuten benutzte, um an der Wirtschaft vorübergehende Wanderer zu veranlassen, einzukehren und möglichst viel zu konsumieren.

Da war die ”Bootshaus“-Wirtin (wie jene von der ”Meldegg“ und die beiden alten Damen vom ”Cumin“) von anderem Kaliber, zwar streng und ebenfalls ganz Chefin, doch jenseits von dieser Beflissenheit, den Umsatz anzukurbeln, die keinen Namen hat.

Warum dachte er unentwegt an Frauen, die in ihrem Gehabe etwas von fleischfressenden Pflanzen und von gewissen, mit Saugnäpfen ausgerüsteten Wassertieren hatten?

Warum?

Und warum plagten ihn dauernd andere Personen und nicht die Empfindungen seiner eigenen, viel zu wenig von Liebe durchdrungenen Seele?

Klar, seit eh und je vertrug er herrschsüchtige Frauen schlecht, litt unter dem Gefühl, sie würden alle Gaben verschleudern, die Gott ihnen geschenkt hatte, die grossartige Möglichkeit, aus dem Vollen zu schöpfen und Licht und Freude in die Welt zu bringen.

* Gauner

Was für schreckliche Clichés brachten so manche weibliche Wesen bei jeder Gelegenheit über ihre Lippen.

"Gut, dass Frau Pölsterli sterben konnte, es war besser für sie . . ."

"Ich bin froh, dass ihr euren Hund eingeschläfert habt, so wurde er von seinem Leiden erlöst . . ."

"Ja, es war Zeit, dass Frau Meier ins Altersheim ging . . ."

Gerade, weil er eine wunderbare Mutter gehabt hatte und mit Elisabeth eine Frau liebte, die anders als diese so oft mit Gemeinplätzen operierenden Frauen war, erkannte er das Gegenteil auf einen Blick.

Doch berechtigte dies, so häufig an Toblers Tochter zu denken, an diese Frau, mit der er bis zum jetzigen Zeitpunkt nicht allzu viele Worte gewechselt hatte?

Wer weiss, vielleicht musste er Max Frisch zustimmen, wenn dieser in einem Buch, war's der "Stiller"?, schrieb, Leute, die man innerlich verdamme, seien einem besonders nah . . .

Traf dies zu?

War es so?

Ach, du lieber Himmel, warum hockte er hier auf dem Wiesenbord und vergeudete seine Zeit mit nutzlosen Gedanken?

Warum?

Er glaubte doch nicht, dass Marierose Tobler, was für ein wunderschöner Vorname!, Egon Schmidhauser ermordet hatte!

Das glaubte er doch nicht!

Wie hätte sie, bei ihrem Gewicht und mit ihren bösen Füssen, zur "Casa Pezold" hochkeuchen können?

Wie?

Und das Bähnchen, das konnte doch nur benutzen, wer einen Schlüssel hatte, und ein solcher war gewiss nicht im Besitz von Marierose Tobler.

Ambrosius wich aus.

Und wie!

Er war verrückt, ging, wenn die Formulierung erlaubt war, bewusst falschen Spuren nach.

Und trotzdem hielt es Ambrosius für möglich, dass Schmidhauser, wenn er so lüstern war, wie er sich in seinen Büchern darstellte, durchaus von einer übergewichtigen, derart nach Einnahmen strebenden Frau angetan sein konnte, um gewissermassen das Verschlingende zu erkunden und wenigstens in der Phantasie in den Uterus, in den Leib der eigenen Mutter zurückkriechen zu können, was ihm zwar in einem gewissen Sinne bereits sein Trudi angeboten hatte, aber niemals in diesem Mass.

Sah er das richtig?

Oder übertrieb er wieder?

Ambrosius war wie gefesselt von seiner Idee, stellte sich Schmidhausers Mutter als vampirartiges, mit Fangarmen ausgestattetes weibliches Wesen vor – und litt darunter.

Hoffentlich vergab ihm Gott. So wundersam blau war doch der Himmel über und der See unter ihm . . .

Und er, er hatte diesen Zorn in seinen Eingeweiden, weil irgendeine Frau, eben die Wirtin der "Mühle", aus seiner Sicht die Umkehr möglicherweise verpasst hatte!

Das war nicht seine Angelegenheit.

Sich musste er ändern, nicht andere.

Sich!

Ambrosius begann noch mehr zu schwitzen, nicht wegen der Wärme, aus Ekel, auch aus Ekel gegenüber seiner Person.

Da kam er nach Quinten, durfte Elisabeth treffen, seine Elisabeth, und jetzt kritisierte er bereits Menschen, die anders als er oder anders als Elisabeth waren, nahm Einteilungen vor, wurde liebloser als lieblos.

Was war mit ihm geschehn?

Auch Trudi Schneider widerte ihn an und die Selbstgerechtigkeit des alten Tobler.

Dabei war er, Ambrosius, selbstgerecht, war unfähig, während der Messe das Unreine abzustreifen, das aus seiner Seele sozusagen in sein Gehirn floss und dort in die Zellen drang, sie veränderte, bös machte.

Nochmals musste er's sich vergegenwärtigen: Über ihm waren wilde Berge und unter ihm ein geheimnisvoller See – und er, er wurde in seinem Herzen durch ein Unbehagen bedrängt, das Menschen ohne ihr Wissen in ihm bewirkten, Menschen, die er kaum kannte und von denen er absurderweise dachte, er sei besser als sie oder näher jener von Christus geforderten Lebensweise!

Das war er nicht.

Ganz und gar nicht.

Was war nur aus ihm geworden?

Plötzlich fröstelte er, obschon er zugleich schwitzte und das Hemd an seiner Haut klebte.

Er roch förmlich nach Schweiss und, was war's?, nach Angst.

Er wusste es nicht genau.

Er wich noch immer aus.

Und er spürte, dass nicht allein Ekel ihn beherrschte, ebenso, und dafür empfand er Dank, auch ein Mitleiden.

Mit wem aber?

Mit wem?

Alles vermischte sich.

Geriet er in einen Zustand wie in der Kapelle von Büriswilen?

Er wollte es nicht, wehrte ab, hatte keine Lust, in Dinge verwickelt zu werden, die ihn nichts angingen.

Oder, er fand aus den Fragen nicht heraus, gingen sie ihn etwas an?

Und war's Feigheit, sich zu entziehn?

Unwillkürlich betete Ambrosius, das Gegenteil möge der Fall sein.

Hilf, heiliger Bernhard, flehte er, dass dieser entsetzliche Mord nicht zu meiner Sache wird, ich möchte friedlich mein Leben leben und Gott für jede Stunde danken, die er mir schenkt und die ich beispielsweise mit Elisabeth verbringen darf.

Das war doch kein unvernünftiges, kein nur ichbezogenes Bittgebet, oder?

Ambrosius schaute wieder zum Himmel hoch, entdeckte eine Wespe, die über seinem Kopf surrte.

Und auf einmal schämte er sich.

Wenn Gott wollte, dass er Böses in der Welt aufscheuchte und sündige Seelen von ihrer Schuld befreite, so musste er dies annehmen und nicht dagegen aufbegehren.

Gewiss, er mochte den Mann nicht besonders, der, Frau Schneider hatte es Ambrosius gestern gesagt, vor zwei Tagen in Aarau verbrannt und dann in einer Urne und begleitet von einer grösseren Trauergemeinde, darunter Trudi Schneider und Michèle, auf dem Friedhof Brügglifeld beigesetzt worden war. Oder besser: Er mochte nicht, was Egon Schmidhauser geschrieben hatte, Texte, die nur um eines kreisten: Um Frauen, die man von hinten, von vorne nahm, denen man, so zu lesen auf vielen Seiten, seinen Schwanz in den Mund schob und, Ambrosius taten die Worte weh, dann den Rachen, den Gaumen vollspritzte.

Er verabscheute solche Phantasien.

Und er hatte, als Priester, als Mensch, ein anderes Bild der Frau.

Und trotzdem: Es war Sünde, eine furchtbare Sünde, Egon Schmidhauser zu töten und ihm so die Chance zu rauben, ein anderer zu werden.

Auch wenn Ambrosius in einem gewissen Grade sich jetzt Motive ausdenken konnte, die wenigstens eine Spur begreiflich waren.

Waren sie das?

Irgendwie schon.

Irgendwie.

Es gab doch nicht –

Darüber wollte er keinen weiteren Gedanken verschwenden.

Es gab eben Menschen, die zu viel gelitten hatten. Und wenn eine Grenze überschritten war, kam's zur Explosion. Darüber könnte er predigen, übermorgen, könnte sagen, lasst es nie so weit kommen, dass ein Mensch aus Verzweiflung zum Verbrecher wird, keinen andern Ausweg mehr sieht.

Würde er den Mut dazu aufbringen?

Er stellte die Frage, lang, lang, drehte sich dann zum See hin und akzeptierte nur mühsam die Tatsache, dass selbst eine solche Landschaft Böses zuliess und den hier lebenden Menschen nicht wie von selbst beibrachte, wie leicht es war, loszulassen, aus verkachelten* Beziehungen auszusteigen, gute Seeluft einzuatmen und zu gehn oder zu bleiben, ohne Abhängigkeiten und Verstrickungen.

Vom Dörfchen her hörte er ein Huhn gackern. Es hatte sein Ei gelegt, war unter Umständen bereits aus der Legekiste auf den Boden geflattert, um möglichst bald wieder Körner zu pikken und Würmer zu suchen.

Und er?

Ach, er!

Er stand hier und dachte an ein Huhn. Das war komisch, ein kleiner Witz. Und, ohne es verhindern zu können, musste er wie auf Kommando laut auflachen, so laut, dass er darüber fast erschrak. Das Kursschiff, dort auf dem See, es war nicht sein Problem.

XIV

Ich hab's, ich hab's, ich frag morgen die ältere Hostettlerin, ob ich sie zu einer Spritztour nach Betlis einladen darf, ich könne das Boot des Alten nehmen, auf der Strahlegg gebe es doch ein Fest mit Tanz, bestimmt habe sie davon gehört, ich fänd's schön, wenn sie komme, schon lang sei ich nicht mehr mit einer Frau im Ausgang gewesen, natürlich besitze sie das schnellere Boot, aber meines sei früher immerhin als Schifftaxi benutzt worden – und wenn sie absagt und meint, sie habe keine Zeit,

---

* auswegslosen

und sie wird's meinen, wird sich zu gut sein für einen Vogel wie mich!, dann sag ich, hör, du blonde Supergöre, wenn du nicht kommst, verrat ich allen, dass du mit dem toten Schwein gefickt hast, im "Schrei" bist du bereits erwähnt, noch ohne Namen, ich aber, ich hab dich gesehn, als ich bei den Pezolds die Pinien schnitt, wie wild seid ihr übereinander hergefallen und sie habe den Hund angefleht, stoss mich, stoss mich!, ich bin so geil!, ich hätte es deutlich gehört, der Lärm sei nicht zu überhören gewesen, entweder kommst du also mit, werd ich verlangen, andernfalls verrat ich dem "Schrei" und dem Pater, was für eine scharfe Tante du bist, Ambrosius wird schön staunen und dich anzeigen, und tut er's nicht, so tu ich's, ja, du musst aufs Boot kommen, und dann werden wir nackt in einer kleinen Bucht schwimmen, die nur ich kenne, und ich werde dein Fützchen streicheln und lieb zu dir sein, wenn du auch lieb zu mir bist, schon seit Jahren begehr ich deine Zunge, deine Brüste, du bist viel zu schön für die Welt und machst wie deine Schwester alle verrückt, das darf nicht sein, das darf nicht sein!, so Frauen wie du sind für alle da, nicht bloss für einen und schon gar nicht für den Schmidhauser, das will ich ihr sagen, das muss ich ihr sagen!, sie gehe doch zur Kirche, knie auf einer Bank, wenn Ambrosius die Messe liest, deshalb müsste sie wissen, dass alle ihre Liebe verdienten, alle, alle!, auch einer wie ich, von dem jeder glaubt, er sei ein Trottel, das sei ich nicht, wer finde denn im Herbst Pilze in den Wäldern über Quinten und verkaufe sie den drei Restaurants und Privatleuten?, ich, ich, ich und kein anderer!, es sei ein Hohn, dass ich für Marierose soviel arbeite und dafür lausige tausend Fränklein erhalte und ein mieses Zimmer, ich hätte mal den einen oder andern Bruch gemacht, sie wisse es, doch jetzt sei ich sauber, ich hätte aus meinen Fehlern gelernt, vorbei sei vorbei für alle Zeit, falls sie wolle, könnten wir zu zweit abhauen und auf den Segesser pfeifen, der mir in allem dreinrede und glaube, als Vormund dürfe er mich knechten, das dürfe er nicht und dazu noch ausrufen, bei den Toblers hätt ich's gut, ich hätt's gar nicht gut, bei den Toblers, gar nicht!, am liebsten würd ich Marierose erwürgen, Gewalt liege aber bei mir nicht drin, mir sei's trotzdem unerklärlich, weshalb der Schmidhauser spitz auf die Toblerin sein konnte, ich müsse annehmen, dass er sehen wollte, wie sie ihre siebzehn Unterröcke und Unterhosen auszieht und ihm den vermoosten Bauch zeigt, lieber sterben, als mit so einer ins Bett gehn, hundertmal lieber!, Schmidhauser habe sie, Michèle, nach Strich und Faden betrogen, er, Fred, werde ihr treu sein, jede Stunde an sie denken, sie könnten ein Restaurant auftun oder etwas in dieser Richtung, Marierose drangsaliere jeden Angestellten und glaube, sie sei beliebt, dabei habe sie keine Ahnung, was die Leute über sie reden, selbst Trudi, die bei ihnen wohne, hätte gesagt, ein solches Weib habe sie noch nie getroffen, dabei sei Trudi Schneider ein schreckliches Weib, war jahrelang in deinen Schmidhauser verliebt, liess sich alles gefallen von ihm, ich, Fred, bin treuer als dieser Schlappschwanz, muss nicht jeden Tag eine andere haben, mir reicht eine, die mich mag, sie dürfe es glauben, wenn sie mir Liebe entgegenbringe, sei ich zufrieden, wir könnten zum Beispiel in ihrem Haus leben und ich würde weiter für andere Leute als Gärtner arbeiten und in den Wäldern Pilze suchen und holzen, auch hätten wir die Möglichkeit, uns selber zu versorgen, sie besitze doch Land und einen verfallenen Stall, den würde ich umbauen und Kühe oder Ziegen kaufen, dies biete ihr kein Schmidi, abgesehn davon, dass Schmidi nicht mehr lebe, ich verspreche, ein guter Ehemann zu sein, und falls sie ablehne, müsse sie mit allerhand rechnen, ich sei sicher, sie habe Schmidi um die Ecke gebracht, sogar im "Schrei" habe man von zwei begüterten Töchtern geschrieben, die in den Fall verwickelt wären, ganz Quinten rede davon, sie hätte ein Motiv gehabt und vermutlich gewusst, wo der Schlüssel fürs Hühnerhaus hange oder liege, sie sei eine sportliche Katze, habe den blutenden und vielleicht bereits toten Hund mit der Karrette* ins Hühnerhaus hinübergefahren, das trau ich ihr zu, wie nichts ...

Das muss ich Michèle sagen und vorher oder jetzt mit Ambrosius reden, ich hätte genug, immer der Quintener Kauz zu sein,

---

* Schubkarren

ich benötigte seine Hilfe, und wenn der gute Mann ausweicht, mich mit Worten abspeist, kommt meine Blonde dran, das garantier ich, ich bin kein Hund, kein Pornoschriftsteller, hab das Recht, zu bekommen, was andere bekommen, der Pater muss es bestätigen, er muss!, sonst bring ich die Blonde oder sonst eine um, und wenn sie nicht mitkommt und in der Bucht das Höschen auszieht, will ich mich rächen und zum letztenmal den netten Fred spielen, der alles macht und sich alles gefallen lässt, zum letztenmal, zum allerallerletztenmal!, lang genug hab ich mich zurückgehalten, war so blöd, nicht mal den "Schrei" anzurufen, ein anderer hat's dafür getan, hat abkassiert, der Serge vielleicht oder Tobler persönlich oder ein Feriengast, wüsste es selber gern, selber, selber!, bin effektiv ein Trottel gewesen, ein fertiger Kindskopf, immer zu lieb, immer zu nett ...

XV

Die sind übergeschnappt, diese Frauen, dachte sie, übergeschnappt, da kommt die Pia mit den beiden Hostettlerinnen und der Schneiderin für eine geschlagene Stunde zu uns und sie trinken, um Geld zu sparen, dort am Tisch Mineralwasser und Eistee und schimpfen, dass der Reporter des "Schrei" lüge, sie müssten ihn oder die Zeitung einklagen, einen Anwalt nehmen, alle gemeinsam ...

Übergeschnappt, übergeschnappt!

Hat zwar sicher gelogen, die Zeitung, keine von denen hat den Schmutzfink auf dem Gewissen, keine!, da leg ich meine Hand ins Feuer, die brauchen Stoff, um die Zeitung zu füllen, René hat diesbezüglich mehr als recht, auch find ich's übertrieben, Schmidhauser als Schweizer Pornodichter Nummer eins zu bezeichnen, muss meine Mutter aus dem Zimmer holen, ein armes Wesen, ich kann's nicht mitansehn, gut, dass von Murg zweimal am Tag Schwester Berti rüberkommt und sie wäscht und anzieht und aufs WC setzt, ich könnt's nicht, brächt's nicht übers Herz, die Beiz gibt sowieso viel zu tun, viel zu viel, grausam bleibt's aber, mitzuerleben, wie die eigene Mutter das Bett und die Kleider verscheisst, als Kinder bekamen wir Prügel, wenn wir die Höschen vollmachten, so ändert sich alles und kaum zum Besten, die vier Frauen hingegen, ich versteh sie nicht, finde verrückt, wie sie drauflosschimpften, schlampig ist's aber sicher, wie die St. Galler Polizei bis jetzt gearbeitet hat, da trau ich Ambrosius mehr zu, ist ein toller, grossartiger Mensch, auch Elisabeth von Grafental kann sich sehen lassen, auch sie, er trinkt nur ein bisschen viel und dann das Kraut, das er raucht, wie die am Tisch über die Journalisten vom "Schrei" hergezogen sind, würden gescheiter in der Kapelle beten, jetzt, wo wir noch einen Pater im Dorf haben, das brächte mehr als lamentieren, bring kein Verständnis auf, dass Pia sich mit dem Schmutzfinken überall getroffen und bei uns wie ein kleines Mädchen mit ihm gealbert hat, ist halt eine ältere Jungfer geworden, die es endlich wissen will, ich hab sie immer gemocht und dem Pater vor ein paar Tagen gesagt, das seien böse Leute, die aus ihr eine Hexe machen, das sei sie nicht, bloss sehr allein und ein Original, ich wüsste schon, wer so über Pia rede, wir vom "Bootshaus" hätten sie gern, würden manchmal Blumen von ihr kaufen, und wenn sie am Abend mit ihrem Bötlein zu uns auf Besuch komme, sei sie am Stammtisch willkommen, auch mein Mann bewundere sie, so allein im Bürgli zu leben, brauche Mut, beim Gesindel, das heute durch die Weltgeschichte laufe, sowieso . . .

Marianne Winkler war's recht, dass im Moment niemand etwas von ihr wollte und kein Gast in der Gartenwirtschaft sass und René in der Küche für den Abend Fische filetierte und ihre Hilfe nicht brauchte.

Eine kleine Pause tat gut.

Morgen würde zum Glück Marga, die ältere Tochter, zusammen mit ihrem Freund und Helen und Charly die "Beiz" hüten und so René und ihr die Möglichkeit geben, mit dem Boot nach Weesen zu fahren und im "Schiff" wieder einmal ähnlich gediegen zu essen wie die Gäste bei ihnen, nur Fisch würden sie ganz gewiss nicht wählen, solche gab's im eigenen Restaurant zur Genüge ...

Wunderbar, dass man zwei so hilfsbereite Töchter hatte, und auch Werner machte seinen Weg, würde bald ein Fahrradgeschäft in Walenstadt eröffnen.

Doch diese Frauen, sie waren die dümmsten Hühner weitherum!

Warum flogen sie auf einen Mann, der nichts, aber rein nichts zu bieten hatte, ausser, das hatte sie blitzschnell gemerkt, Menschenkenntnis bekam man in ihrem Beruf!, ein gutes Mundwerk?

Wo hatte Pia den Kopf gehabt?

Wo?

Sie war sonst so selbständig, brauchte keinen Mann im Bett, keinen, der ihr befahl, was sie zu tun hatte ...

Nur einmal hatte sie gesagt, es gebe Momente, da leide sie ein wenig, mitanzusehn, dass sie, Marianne, seit über zwanzig Jahren mit René zusammenlebe und -arbeite, während ihr der richtige Mann nie über den Weg gelaufen sei, so gern würde sie mit einem andern Menschen gemeinsam Bücher lesen und Meinungen austauschen.

Das war eben Pia, eine Leseratte und nie von der Sorge gequält, jedes Jahr mehr Geld verdienen und die Altersvorsorge sichern zu müssen.

Kein Zweifel, eine Schwärmerin, die liebe Pia, dachte sie weiter, vieles sieht sie rosarot, was eher grau, wenn nicht schwarz ist, und wenn sie glaubt, im "Bootshaus" lebten zwei glückliche Menschen, dann trifft's gelegentlich zu, jedoch nicht immer ...

Gerade gestern hatten sie und René heftig diskutiert, ob man die Wirtschaft nicht bereits um zehn Uhr abends, auch für Übernachtungsgäste!, schliessen solle, damit man entweder früher ins Bett oder vor den Fernseher gehen könne, René hatte das gewollt, sie aber nicht; und in einer Woche oder so würde er mit dem Vorschlag wieder kommen, mit der verständlichen Begründung, dass sie beide nicht jünger werden und schon genügend Zeit ihres Lebens für Gäste geopfert hätten.

Ich bin anderer Ansicht, dachte sie, wer eine Wirtschaft hat, muss eine Wirtschaft führen, schliessen wir um zehn, kommen immer weniger mit Booten, um bei uns zu essen, seit vier Jahren haben wir im Winter drei Monate zu, das reicht, mehr dürfen wir nicht abbauen, auf keinen Fall, ich will eine Beiz, die man ernst nimmt, diese Frauen, da bin ich mir sicher, wird keiner mehr ernst nehmen, wer im "Schrei" so hingestellt wird, ist erledigt, Schmerzensgeld muss die Zeitung vielleicht zahlen, doch wo Rauch ist, gibt's ein Feuer, werden die Leute tuscheln, ich kann nicht glauben, dass eine den Schreiberling umgebracht hat, nur Pia hätte den Mut gehabt, aber sie wollte ja ein Buch mit dem Filou schreiben, und falls das stimmt, bringt sie doch ihre Gans nicht um, komisch, wie Pia sich für Bücher interessiert, komisch, hat deswegen keinen Mann gefunden, wer will schon eine Frau, die gescheiter als man selber ist?, nur Fred dachte, er bekäme sie, war aufs Haus und aufs Land scharf, sie hat's bald realisiert, sprach mit mir darüber, will ihn trotzdem fragen, ob er uns im Herbst wieder Pilze bringt, verlangt fast nichts dafür und weiss, wo in unsern Wäldern und Schluchten Steinpilze, Tintlinge und Champignons wachsen, hätten wir nicht Charly, schnurstracks würd ich Fred engagieren, er kann fast alles und klagt nie, wenn er eine Arbeit übernimmt, schade, dass er für die Toblers arbeitet, bei uns hätt er's besser, viel besser, Marierose nutzt den armen Hund aus, sie kommt auch nie zu uns, der Alte ist anders, hockt praktisch jeden Tag mit irgendwelchen Frauen in unserm Garten, er geniesst halt das Leben, will im Mittelpunkt stehn, wir hingegen, wir gehn regelmässig in die "Mühle", aus Anstand und so, schön hat's jeder, der bei uns arbeitet, schon öfters hat Charly betont, er lobe den Tag, an dem er zu uns gekommen sei, er gehört zur Familie, ich möchte, Charly wär mein Vater gewesen, wie Papa wirklich war, werd ich nie wissen, Pech, dass er von den Deutschen ins Militär geholt wurde, als er in München für "Sulser" eine Kunsteisbahn gebaut hat, wie sein Charakter gewesen sein mag?, kann Mutter nie mehr fragen, und als sie noch reden konnte, hat sie zu mir und Verena über unsern Vater nicht ein einziges Wort gesagt, grossartig war sie und tapfer, hat uns beide durchgebracht, auch wir haben unsre drei zu gescheiten Menschen erzogen, darf eigentlich mit René zufrieden sein, er trinkt fast nichts und hat kein Laster, ist nur ein wenig menschenscheu, was ich von mir weniger sagen kann, doch Gegensätze ziehn sich an, wird oft geschrieben, muss Mutter herunterholen, hoffe, die Windeln drücken nicht durch, ich verfüg nicht über die Geschicklichkeit, diese zu wechseln, zudem graust's mich, bei der eigenen Mutter, dass Pia mit den verwöhnten St. Galler Hühnern gemeinsame Sache macht, will nicht in meinen Kopf, auch René versteht sie nicht mehr und unsere Töchter spotten bereits über sie, ist sonst so nett, auch wenn sie dauernd Vorträge hält, wie wir Menschen leben sollten, vermute, dass ein Mann Schmidhauser erschossen hat, ein Jugo oder so, der Geld brauchte, oder dann war's ein eifersüchtiger Verehrer der schönen Michèle, führt sich ja auf, als sei sie eine Luxushure und vielleicht ist sie's auch, komisch bloss, dass sie die Messe besucht und am letzten Sonntag kommuniziert hat, wollte bei Ambrosius vielleicht Eindruck schinden, ich brauch das nicht, möchte nur, dass Gott mit mir zufrieden ist, hab den Pater schön verteidigt, als Serge am Stammtisch damit wichtig tat, Ambrosius schlafe hundertprozentig mit Elisabeth, kein Mann könne mit einer so schönen und gescheiten Frau zusammenwohnen und sie nicht pimpern, ein Schweinchen, unser Serge, nur neidisch, weil er überall abgewiesen wurde, wo Schmidhauser Erfolg hatte, auf Ambrosius lass ich nichts kommen, einen Geistlichen wie ihn hab ich nie gekannt, er ist auch lieb zu meiner Mutter und zu Charly und geizt mit Trinkgeldern nicht, und als ich letzthin sagte, als Mönch verdiene er gewiss nicht viel, er müsse mir kein Trinkgeld geben, lachte er und meinte, es stehe in der Bibel, man müsse dem Kaiser geben, was dem Kaiser gehöre, und für ihn sei ich ein Kaiser, ich hätte Wein im Keller, er nicht, ein Donnerskerl, nie um eine Antwort verlegen, ach!, in zwanzig Minuten kommt wieder das Boot, manchmal hab ich's satt, alte Tanten zu bedienen, die bringen ja nichts, trinken Mineralwasser, Café crème* oder Tee und verdrücken dazu eine Sacher- oder eine Rüblitorte, wer nicht Wein bestellt, sagt René bei jeder Gelegenheit, den dürfen wir vergessen, er hat recht, für einen Tee so zu springen, ist ein Witz, lieber aber Tag und Nacht springen als im "Schrei" als Mörderin verdächtigt zu werden, will dieses Revolverblatt nicht mehr in unserer Wirtschaft sehn, obwohl René es wegen der Sportnachrichten liest, auf allen Seiten nur nackte Frauen und Sex und Sex, als ob's im Leben nichts Wichtigeres gebe, ich muss, ich will mit Pia reden, sie wegen der Geschichte beruhigen, sie hat am Tisch dort geweint, sie, die sonst so stark ist, wenn ich den erwische, der dem "Schrei" die verlogenen Informationen zugespielt hat, wird er was erleben, auch René hat gedroht, er schmeisse ihn in den See, ich würde meinen Mann unterstützen, noch so gern, es ist eine Schweinerei, ein Verbrechen, Menschen in aller Öffentlichkeit so hinzustellen, kann schlicht nicht glauben, dass einer von uns die Redaktion informierte, es muss ein Feriengast gewesen sein, vielleicht einer, der hier gewohnt hat, vielleicht der halb verrückte Basler oder der junge Typ, der immer mit seinem Hund im "Pezold" hockt und vor einem Monat bei uns einige Tage verbracht hat, bestens informiert, dass wir keine Gäste mit Hunden möchten, will ein Buch über Quinten schreiben, das wird mir ein Ding werden, so schlimm wie der Artikel im "Schrei" oder schlimmer, muss Pia warnen, weiter in solchen Kreisen zu verkehren, das passt nicht zu uns, bringt nur Unfrieden und Schwierigkeiten, und die hat sie jetzt, ganz enorme, alle werden mit Fingern auf sie zeigen, sogar Charly hat über Pia den Kopf geschüttelt, nachdem er den Artikel gelesen hat, und er ist doch sonst die Güte in Person, um die Hostettlerinnen sorg ich mich nicht, die haben Geld und jede wird einen Industriellen oder Bankdirektoren heiraten, sie sind so verwöhnt und umworben, Pia war's nie, von allem Anfang hat sie's hart gehabt, hart wie ich, werde

---

* Kaffee mit Sahne

Ambrosius fragen, ob er vom Artikel gehört habe und was er von diesem halte, er dürfte zwar kaum den ”Schrei“ lesen, blättert bei uns im ”Tages-Anzeiger“ und in den ”Sarganser Nachrichten“ und schreibt sich Gedanken in ein Notizbuch, werden Predigten sein oder Vorträge für seine Schüler, ein solcher Lehrer wäre mein Traum gewesen, ach!, ich muss aufstehn und meine Mutter holen und Doris wecken, damit sie die Gartentische mit einem nassen Lappen abwischt, eine grosse Hilfe ist sie leider nicht, mit Angestellten hat man alleweil Probleme, wirklich ein Geschenk Gottes, dass ich zwei so gute und fleissige Töchter habe, Löhne, wie Marierose sie zahlt, liegen bei uns schlicht nicht drin, dazu braucht es einen Umsatz weissgotterbarm, jetzt geh ich aber hinauf, fahr schnell mit dem Kamm durch die Haare und hol die Mutter im Rollstuhl, der ”Schrei“-Artikel wird heute und morgen und übermorgen zusätzlich Leute bringen, ich seh's kommen, hab Angst davor ... und jetzt muss ich aufstehn, mich aus meiner Müdigkeit aufraffen, vor elf gibt's keinen Feierabend, die Messe übermorgen lass ich mir aber nicht entgehn, die letzte Predigt ist sehr, sehr eindrücklich gewesen, wie wird die zweite sein?

XVI

Er stand da, in seinem grünen Messgewand, das neben vier anderen in der Garderobe der winzigen Sakristei gehangen hatte, und kam sich lächerlich oder besser: wie ein schlechter Schauspieler vor.

Und am ganzen Körper nahm er wahr, dass alle aufs erste Wort von ihm warteten, auf den Beginn der Predigt.

Tobler, der in der rechten Bank neben dem Hauptaltar sass, die alten, schweren, schwieligen Hände zusammengefaltet ...

Und unter und vor ihm, dem Priester, all die übrigen, die praktisch die Kapelle bis auf den letzten Platz besetzten: Elisabeth, aber auch Trudi Schneider, die "Mühle"-, die "Bootshaus"-Wirtin und ihre älteste Tochter, die zwei blonden Schönheiten, der friedliche Charly, die Theaterdirektorin mit ihrem lover, Fred im blauen Trainer wie immer, aber auch die närrische Frau vom Bürgli, Serge Manser, der Fischer, und Leute, die er in den letzten Tagen vielleicht nicht persönlich kennengelernt, dafür auf seinen Spaziergängen oder in den beiden Gartenwirtschaften gesehen hatte ...

Schon beim Verlesen des Evangeliums hatte er fast jeden erkannt, so sehr's nicht seine Absicht war.

Was sollte er sagen, was?

Wie beginnen?

Ambrosius wischte sich mit seinem rotblauen Taschentuch die pflotschnasse* Stirn, hörte, wie mehrere Anwesende sich räusperten, ungeduldig wurden.

Er durfte nicht länger zuwarten.

Er musste mit seiner Predigt anfangen.

Hilf mir, Herr, betete er und sah wieder zur Decke hinauf, zu den sehr eigensinnig dargestellten Engeln, zum Heiligen über dem Dörfchen und dem See und begann dann, stotternd und sehr, sehr langsam und das Blatt mit seinen Notizen nicht beachtend, das vor ihm auf dem Sims der kleinen Kanzel lag.

"Ich seh eure Gesichter", sagte er, "und ich weiss, ihr alle erwartet, der da vorn werde euch sagen, was Gott will und was er nicht will, dafür kriegt der Mann von der Kirche schliesslich seinen Lohn ... Nun, ich krieg keinen Lohn ... Und ich werd euch nicht sagen, was ihr erhofft ... Vielleicht, es kann sein, werd ich euch mit einzelnen Sätzen erschrecken, die ihr in den nächsten Minuten von mir zu hören bekommt, von einem Priester, der nicht mal euer gewählter Priester ist ... Vielleicht ... Aber ich kann nicht anders, ich muss sagen, was ich denke ... Und noch etwas, damit's ein für allemal klar ist: Ohne euch, ohne euer Mitmachen gelingt mir nichts, predige ich ins Leere,

---

* völlig durchnässte

öffnet daher bitte eure Ohren, eure Herzen, seid bereit, Vergangenes in Frage zu stellen, bisheriges Denken, Fühlen, alles, alles ... Item, um zum Thema zu kommen: Wie die meisten von euch hab ich in den letzten Tagen, und nicht zum erstenmal in meinem Leben, erkennen müssen, wie wenig für manchen ein Menschenleben zählt ..."

Er kam nicht weiter, suchte nach Worten und flehte gleichzeitig, von Gott nicht allein gelassen zu werden.

Der nächste Satz, er würde ihm soviel abverlangen.

Irgendwie fand er ein paar Worte, fatalerweise nicht die, um die er Gott gebeten hatte.

"Ich bin kein Heiliger, leider", sagte er, die rechte Hand auf den hölzernen Sims gestützt, "ich rauche und ich trinke, wie einige von euch wissen, gern ein Glas ... Aber eines, das wusste ich schon als junger Mann: Nicht das sechste Gebot, das die meisten so sehr beschäftigt, ist das wichtigste Gebot, sondern jenes, das uns verbietet, einen andern Menschen zu töten ... Schrecklicheres als ein Leben auszulöschen, gibt es nicht ... Darum ist die Todesstrafe auch mit aller Konsequenz zu verurteilen, und zwar nicht deshalb, weil sie Unschuldige treffen kann ..."

Wieder brach Ambrosius ab, schrie still nach jener Erleuchtung, die niemals oder ganz, ganz selten kommt.

"Auch Schuldige, nach menschlichem Ermessen Schuldige, dürfen wir nicht töten, mit welcher Methode auch immer ... Wir dürfen das nicht ... Andernfalls, und ich möchte dies nur einmal festhalten, rauben wir ihnen die Chance, anders zu werden, ihr Leben umzukrempeln und zu versuchen, die Bergpredigt, die christlichen Forderungen in der eigenen Existenz zu verwirklichen, alles Sündhafte abzuwerfen, alles Schlimme, was man getan hat ... Ich weiss, das hört sich rhetorisch an, letztlich unverbindlich ... Aber ich meine es ernst: Wenn wir unsere Ansicht, dass härteste Strafe sein müsse, nicht ändern, können wir abdanken, uns von einem Arzt die letzte Spritze verabreichen lassen, heute, gleich nach dem Gottesdienst ..."

Er hielt inne, wusste, dass dem Papst seine vor Sekunden geäusserte Überzeugung missfallen würde und, er musste es annehmen, ebenso seinem Abt.

Was tat's!

Unbeirrt blickte er zur heiligen Barbara hinüber, dann kurz in Richtung Elisabeth. Doch weil er seine Hornbrille auf einmal in der Hand hielt, konnte er seine "Bekannte", was für ein Tölpel war er doch!, nur schemenhaft ausmachen.

Dann fuhr er fort, die Brille weiterhin in der rechten Hand: "... keiner von uns hat das Recht, das Leben eines andern auszulöschen ..., keiner! ... Und ich sprech hier nicht von Geburtenkontrolle oder von Ärzten, die aus ethischen Grundsätzen nicht gewillt sind, das Leben eines Sterbenden künstlich zu verlängern ... Dies muss jeder mit seinem Gewissen ausmachen, auch wenn der heutige Papst diese Meinung nicht teilt ... Ich weiss, damit stosse ich vielleicht bei einigen von euch an, aber ich glaube, jeder Priester und jeder Christ, der eine andere Welt als die derzeitige erträumt, eine Welt ohne Gier und ohne vermeidbare Not, dürfte ähnliche Überlegungen anstellen ..."

Warum wich er aus, kam nicht aufs Wesentliche?

War er so feige?

Er musste das durchstehn.

Jetzt, jetzt!

"Nein, ich meine nicht Abtreibung oder Sterbehilfe ..." stotterte er, gar nicht der Pater und Mensch, als den man ihn kannte. "... Ich meine es ganz konkret: Keiner von uns darf einen Menschen töten, keiner, keiner ... Und doch geschieht's immer wieder, wird immer wieder getötet: im Krieg, auf der Strasse, im eigenen Haus, aus Wut, aus Zorn, aus Verzweiflung, Eifersucht oder Berechnung ..."

Wieder stoppte er, rang nach Ausdrücken, nach Sätzen.

"Auch hier, in eurer von der Natur so bevorzugten Gemeinde, in Quinten ist's zu einem Mord gekommen, hat jemand, oder waren es mehrere?, einen Menschen getötet und ihm – ich wiederhole mich nun doch, merke es selbst – so die Möglichkeit genommen, sein Leben zu verändern, sich zu entwickeln, hin zu jenem Menschen, den Christus vorgelebt hat ..."

Er schwieg wieder.

Hatte nicht einer gerufen?

Ambrosius klammerte sich mit beiden Händen an der Brüstung fest, fühlte, wie ihm schwindlig wurde und die Konturen der Kapelle im Undeutlichen verschwanden.

Er schwitzte, wusste nicht mehr, was er auf dieser lächerlichen, kleinen Kanzel zu suchen hatte.

Doch er musste reden.

Er musste!

"Ich weiss, euch alle beschäftigt die Frage, wer's getan hat", schrie er fast aus sich heraus, "... auch mich lässt die Frage nicht los, ... aber nicht aus Neugier, nein, ich darf es sagen, aus andern Gründen ... Wer einen Menschen tötet, begeht ein Verbrechen, das schlimmer nicht sein könnte ... Darum fleh ich euch an, achtet die Seele, das Leben eines jeden, lernt endlich, dass kein Mensch dem andern gehört, dass Eifersucht läppisch ist und nur von Unreife zeugt, die zu überwinden, wir auf der Welt sind ... Was macht's schon aus, dass unsere Frau, unser Mann einen Freund, eine Freundin hat, dass sie oder er mit einem andern Menschen Lust und Freude erlebt, was macht's aus ...? ... Gewiss, ich weiss, wie ihr alle, es gibt Krankheiten heute, die tödlich sein können, aber Eifersucht, nein, sie ist *die* tödliche Krankheit ..."

Hörte er nicht wieder eine Stimme?

Wollte jemand, dass er schwieg?

Und weshalb hatte er ausgerechnet von Eifersucht gesprochen?

War's Intuition oder Dummheit?

So oder anders, aus purer Verlegenheit schob er seine Hornbrille wieder auf die Nase, drückte sie fest gegen das Fleisch und spürte, wie's weh tat.

"Ja, es bereitet mir unglaublich Mühe, zu wissen, dass einer von uns, einer, der jetzt, während diesen Minuten in eurer unglaublichen Frieden schenkenden Kapelle des heiligen Bernhard sitzt, getötet hat ... Wie konnte sie oder er dies tun, muss ich fragen, wenn ich eure Landschaft ansehe, wie nur!? ... Und doch lebt unter euch, wie überall, wo Menschen zusammen wohnen, Neid, Eifersucht, Wut, dehnt sich der Schmutz aus, wuchert das Böse, sind die christlichen Gebote selten in Wirklichkeit umgesetzt ... Auch hab ich in den wenigen Tagen, die ich in Quinten verbringen durfte, erkannt, dass einige von euch Fremde, Touristen nicht besonders mögen, Fremde, die zwar, sicherlich nicht jedem, Geld bringen, dafür aber lärmen, Abfälle wegwerfen, Trauben stehlen, Feuer anzünden oder betrunken und grölend durch die herrliche Gegend torkeln ..."

Er brach wieder ab.

Diesmal bewusst.

Eine Kunstpause ist nötig, dachte er, wie's die Pausen in Bruckners Sinfonien sind.

Und bereits im nächsten Moment schämte er sich wegen seines Gedankens. Er war doch kein Musiker, kein Komponist, er war ein simpler Priester.

"Ich versteh das irgendwie", fuhr er trotzdem fort, Wort für Wort aus sich herauspressend, "ich möchte auch nicht, gehörte ich zu den Einheimischen, sei's im Tessin, in Spanien, Italien, Portugal, wo immer, ... ich möchte auch nicht miterleben, wie ich gerade noch knapp geduldet werde, während Ausländer oder Auswärtige Haus um Haus aufkaufen oder ehemalige Ziegenställe zu Ferienhäusern umfunktionieren ... und ihre Sitten und Unsitten in mein Dorf oder in mein Land bringen ... Das wäre arg für mich, eine Provokation ... Und ärger noch: Vielleicht in meiner Heimat alt zu werden und zu merken, dass Fremde sozusagen auf meinen Tod warten, um nachher für möglichst wenig Geld mein Haus, meinen Hof kaufen zu können ..."

Hörten die Leute ihm zu?

Oder langweilte er sie, sprach er, was er anfänglich so befürchtet hatte, ins Leere hinaus?

Was tat's schon!

Er musste tun, was er tun musste – wie die Helden des Wilden Westens.

Beinah hätte er über den Vergleich aufgelacht.

Beinah.

Im allerletzten Moment gelang es Ambrosius, sich zu beherrschen.

"... aber das alles gibt kein Recht, zu töten, Leben auszulöschen ... Ich glaube, nein, ich weiss, die Menschen, die sich entschieden haben, an einem bestimmten Tag, einem bestimmten Abend, diesem Schriftsteller für immer die Chance zu rauben, sich zu entwickeln, grösser, gottähnlicher zu werden, ... ich weiss, diese Menschen sind hier in der Kapelle, sie sind unter uns ... Und ..."

Er hielt wieder inne, schnappte förmlich nach Luft und fand's überaus töricht, den Mord an Egon Schmidhauser mit den Auswirkungen des Tourismus zu vermengen.

Dazu bestand kein Anlass.

Er war ein Einfaltspinsel!

Aufgeregt wie er war, brachte er alles durcheinander.

Alles, alles.

Doch dann fand er auf einmal, er wusste nicht, wie, die Kraft und den Mut, auszusprechen, worunter er litt: "Und, das sei jetzt in eure Köpfe gehämmert, ich will nicht, dass ihr fortan eure Nachbarn belauert und euch die Frage stellt, ist's vielleicht er, ist's sie ... Ich will das nicht ... Es wär eine neuerliche Sünde: eine Sünde gegen die Liebe ... Keine fünf Schritte vom Tabernakel entfernt sag ich das euch und bitte inständig, überwindet eure Neugier, hört nicht auf sie ..."

Ambrosius machte erneut eine Pause, brauchte Zeit, um den entscheidenden Satz zu sagen.

"Tut das nicht, sucht eure Fehler, nicht jene der andern ... Aber ich möchte, als Priester, der die Aufgabe hat, jede Seele zu befrein, die eigene wie die aller, denen er begegnet: Ich möchte, dass diese Menschen, die vor gut drei Wochen im landschaftlich von mir so bewunderten Quinten einen Mitmenschen getötet haben, mich anrufen oder besuchen und ihre unglabliche Sünde gestehn ... Die Schuld werden sie damit nicht los, aber sie wird, vielleicht, vielleicht, eine winzige Spur leichter zu tragen sein ..."

Er geriet aus dem Konzept, kam sich wie jemand vor, der von seiner vermeintlichen Wichtigkeit durchdrungen ist.

Er war's nicht.

Nein, nein, er war und blieb Priester, musste damit leben.

"Ich sag diese Worte nicht gern", begann er von neuem,

"ich kenn die Eitelkeit mancher Geistlicher, leide unter ihr, weil sie auch in mir schlummert ... Aber es war Christus, der gesagt hat, dass die Kirche in seinem Namen lösen und binden kann ... Ich möchte lösen, möchte, dass nicht noch mehr Unheil geschieht ..."

War er zu weit gegangen?

Er hoffte es nicht.

Gleichzeitig war ihm aber klar, hier auf der für Zwerge erbauten Kanzel, dass kaum je ein heutiger Priester so konkret predigen würde wie er's jetzt eben tat. Die Zeiten des heiligen Pfarrers von Ars, der es sich erlauben konnte, auf der Kanzel Namen von Anwesenden zu nennen, diese Zeiten waren doch vorbei ...

Was der Abt sagen würde, wenn er ihn hören könnte?

Was?

Die Frage war müssig.

Pater Gregor hörte ihn nicht.

Ambrosius war allein, ganz allein.

Allein, in dieser Kapelle, die er vor wenigen Tagen noch gar nicht gekannt hatte und in der drei Heilige verehrt wurden, Heilige, die ihm heute gewiss beistanden.

Er sah zu den Kirchenbesuchern, zu den Gesichtern hinunter, erkannte zuerst, wegen des blau leuchtenden Trainingsanzuges, jenes von Fred, einmal nicht von der obligaten BP-Mütze bedeckt, dann aber nahm er erneut die Wirtin vom "Bootshaus" wahr, Pia Fasser und neben ihr Elisabeth, die zwei, wie er sie bezeichnete, blonden Textilschwestern, Trudi, Charly, die komische Theaterdirektorin, ihren Gigolo, junge Mädchen, alte Frauen, Menschen, die er auf seinen Wanderungen schon gesehn oder eben nicht gesehn hatte, Menschen, die zu ihm heraufstarrten, irgend etwas zu erwarten schienen, was er, obgleich er's wollte, nicht geben konnte, ein Wunder vielleicht, eine Geste, die sie für immer aus dem Mief herausriss ...

"... nochmals, es gibt nichts Schlimmeres als einen Mord, im Krieg wie im sogenannten Frieden ... Aber ich flehe euch an, betet für jene, die schwere Schuld auf sich genommen haben, betet für sie ... Jedes Verurteilen wäre falsch, wäre selber

Sünde ... Und betet, dass Gott uns allen hilft, anders aus der Kapelle wegzugehn als wir in sie hineingegegangen sind, ihr, ich, jeder von uns ..."

Ambrosius stockte erneut, wusste nicht, weshalb er wieder von mehr als einem Schuldigen gesprochen hatte.

Einen kannte er doch, einen.

Oder glaubte, ihn zu kennen ...

Nein, es gab einen zweiten, gab ihn!

Vernagelt war er gewesen, blind, unfähig, eins und eins zusammenzuzählen.

Er war –

Doch dann, woher der Umschwung?, hagelten seine Sätze auf die Anwesenden ein.

"Ich bin zu euch gekommen", rief er beinah, ohne je innezuhalten, "um hier Ferien zu machen, mich in eurem schönen Quinten, und schön ist euer Dörfchen, unglaublich schön!, vom Unterrichten zu erholen, und was geschieht: Nah beim Haus, in dem ich wohnen darf, find ich einen toten, einen ermordeten Menschen, nur mit einem Slip bekleidet und, eine weitere Verhöhnung des Opfers, gegen die schmutzige Wand eines ehemaligen Hühnerhäuschens gelehnt ... Ich weiss, ich bin nicht von gestern, Hass, Wut, Rachsucht finden sich allenthalben, in Zürich, London, Quinten, auch im Kloster, in dem ich lebe, doch so etwas hab ich nicht erwartet ... Noch jetzt dreht's mir den Magen um, denk ich an den Augenblick, als ich die sterblichen Überreste von Egon Schmidhauser vor mir sah, und dies nicht wegen des Geruches, den der tote Mensch ausströmte, oh nein, nicht deswegen. Wir alle werden einmal so riechen, es sei, man verbrenne uns ... Nein, übel wird mir, weil ich die Menschen mit Namen nennen könnte, die Egon Schmidhauser getötet haben ... Sicher, ich weiss, der eine oder andere wird jetzt sagen, solche Verbrechen geschehn Tag für Tag, das Fernsehen liefert sie uns direkt ins Haus ... Das stimmt, sie werden uns geliefert, Tag für Tag, aber das ändert nichts daran: Ich kann's und will's nicht verstehn, dass jemand neun, zehn, zwölf Jahre lang die Schule besucht, fast jeden Sonntag zur Kommunion geht, also das Fleisch von Christus zu sich nimmt ... und dann gleichwohl einen Menschen tötet ... Ich will's nicht verstehn, ich will das nicht, weigere mich, damit zurechtzukommen ..."

Verstand er's nicht?

Oder übertrieb er, liess er sich von seinen Sätzen hinreissen?

Ambrosius wurde leiser, redete wie einer, der nicht unter dem zwanghaften Gedanken litt, er könne sich wiederholen und in seinen Sätzen scheine Widersprüchliches auf.

Das war unwichtig.

Eitelkeit war nicht gefragt.

Aussagen waren vielmehr nötig, seine Aussagen.

"Keine Frage, das Böse ist in jedem angelegt, Gott gab allen Menschen die Freiheit, zu sündigen oder nicht zu sündigen, Gutes oder Schlimmes zu tun, und auch die Möglichkeit lebt in unserer Seele, wie ein beleidigtes Kind zu reagieren, wenn ein anderer uns seine Liebe entzieht oder sie neuen Menschen zuwendet oder unsere Zuneigung raffiniert für seine Zwecke missbraucht ... Statt erwachsen im wahren Sinn zu werden, emanzipiert, also aus dem Eigenen heraus zu leben, versucht mancher, sich zu rächen, weil er etwas nicht erhalten hat, von dem er glaubte, es stehe ihm zu ... Ich hab dafür ein gewisses Verständnis; denn auch ich war früher nicht davor gefeit, auf einen Verrat, und Verratenwerden gehört zum Menschsein, nicht mit Wut und Rachegedanken zu antworten ... Erst später, sehr viel später, erkannte ich, dass nur eine Liebe zählt, die von Gott ..."

Er wurde wieder lauter.

"Kein Mensch, glaubt es mir", sagte er, jetzt ganz Prediger, "kein Mensch kann uns irdisches Glück bringen, keiner ... Nur durch uns selber und mit Gottes Hilfe ist Glück überhaupt möglich, und sicher nicht ständig, sondern einzig in Momenten der Gnade, die zuvor erlitten und im wahrsten Sinn des Wortes erbetet werden müssen, freilich nicht mit ichbezogenen Bittgebeten, sondern mit Gebeten des Dankes ... Oder anders gesagt: Wir können erst richtig beten, wenn wir erwachsen werden, unsere Windeln wegwerfen und das Verlangen aufgeben, ein

Leben lang an Brüsten Milch saugen zu dürfen, gefüttert, gewaschen und eben geliebt zu werden ... Gott, und jetzt rede ich von ihm, Gott will uns zwar wie Kinder, aber so seltsam das klingt: als erwachsene Kinder ... Christus selber, als er seine Berufung mit allen Konsequenzen bejahte und, wie wir glauben, den Tod auf sich nahm, um uns wieder ins Licht, ins Helle zu führen, er hat alles ab- und weggestossen, was ihn daran hinderte, ganz Mensch zu sein und fern sogenannter Bedürfnisbefriedigungen seinen Weg zu gehn ... Sogar auf die Tränen und Bitten der eigenen Mutter und seiner Jünger hat er nicht geachtet ... Sie bettelten vergebens, er möge einen andern, den bequemeren Weg wählen ... Und dass Christus den Versuchungen Satans nicht nachgab, das Leiden zu überlisten, wissen wir alle ... Er wollte nicht dessen schreckliches Glück, nicht Mutterwärme, nicht die Geborgenheit im Kreise von Menschen, die ihn liebten ... Glaubt mir, ich bitt euch drum: Ich hab nicht gern diese Worte benutzt, ich bin keiner, der für immerwährendes Leiden plädiert und der die Welt vor allem als Jammertal sieht, viel lieber würde ich nur eines sagen, und, verzeiht mir, ich sag's jetzt auch, ohne dass mich die möglicherweise kitschig wirkenden Worte stören: Seid gut miteinander, macht euch das Leben nicht zur Qual und freut euch über jede Sekunde, die ihr leben dürft ...“

Er brach, obschon er dagegen kämpfte, wieder ab und drückte die Brille so heftig gegen sein Gesicht, dass es schmerzte.

Was sollte er noch sagen?

Was?

Und was hätte der heilige Bernhard in einer ähnlichen Situation getan?

Oder eine der heiligen Frauen?

Er durfte nicht ausweichen, nach einer Autorität suchen, hinter der er sich verbergen konnte oder die ihn bestätigte.

Das wollte er nicht, das durfte er nicht. Bald würde er kommunizieren, und wenn dies nicht half, was dann?

Darum überwand er mit vor Erregung zitternder Stimme sein Schweigen und überlegte keine Sekunde, was die Leute über einen Prediger dachten, der dauernd den Faden verlor und ab und zu regelrecht stotterte.

"Nochmals, ich weiss, unter euch sitzen Menschen, die mit dem Tode von Egon Schmidhauser zu tun haben ... Warum ich's weiss, steht hier nicht zur Diskussion ... Ich fordere diese Menschen mit aller mir möglichen Demut auf, mich anzurufen oder zu mir zu kommen ... Ich bin aber der letzte, und das sag ich ungeniert in aller Öffentlichkeit, der sie anzeigen würde ... Ich meine nur, wer eine so arge Sünde begeht, muss Busse tun, seine Schuld abbauen ... Das mag altmodisch klingen, aber die Beichte ist nicht zufällig von Christus eingesetzt und der Kirche als Auftrag übergeben worden, sie ist vielleicht das wichtigste Sakrament ... Vertraut darum, und jetzt sprech ich direkt zu den Sündern, eure verhängnisvolle Tat mir oder, wenn ihr's vorzieht, einem andern Priester an, ich dräng mich nicht auf, möchte nur, dass ihr hinkniet und beichtet und nicht versucht, mit der entsetzlichen Schuld wie bis anhin weiterzuleben, ohne zu sühnen und euer Leben umzustülpen ... Trotzdem, ich wiederhole: Keiner von uns, der heute hier in der Kapelle des heiligen Bernhard ist, hat den geringsten Anlass, auf einen andern Steine zu werfen ... Rätselt darum nicht in der billigen Manier des 'Schrei', wer es gewesen sein könnte ... Auch das wäre Sünde, die Sünde der Selbstgerechtigkeit, für mich eine widerliche Sünde, eine Sünde, die auf der Seele wie Gallerte klebt ... Nein, macht das nicht, seid euch lieber im Klaren, dass im Klima, zu dem ihr euren Teil beigetragen habt, dieser Mord geschehn ist, in eurem Umfeld, wie heutige Soziologen nicht ganz zu unrecht zu sagen pflegen ...,"

Wieder brach Ambrosius ab, krampfhaft bestrebt, einen Schluss für die ihm plötzlich sehr seltsam vorkommende Predigt zu finden.

Nicht mal das Licht, das durch ein Glasfenster gebrochen auf sein Gesicht strahlte, erwies sich als hilfreich.

Noch selten war er so allein gewesen.

Vielleicht noch nie während seiner Tätigkeit als Seelsorger.

Er begann wieder, so, als ob er den allerersten Satz seiner heutigen Predigt sagen müsste. "Ich bitte euch", befahl er geradezu, gequält vom Gewicht der Sünden in diesem Raum, "ich bitte euch, betet heute und in den nächsten Tagen, so oft's euch möglich ist, für den oder die Menschen, die Böses getan haben, betet aber gleichzeitig für das Opfer, was immer ihr vom lebendigen Egon Schmidhauser gehalten habt, es braucht jetzt eure Gedanken, eure Gebete, damit es aus dem Dunklen ans Licht treten kann . . . Und vergesst eines nicht, weder heute, an diesem Sonntagvormittag, noch morgen oder sonstwann, dass es allerhöchste Zeit ist, anders zu werden, ganz anders, ohne Neid, ohne Hass, ohne Verachtung . . . Wer andere beneidet, glaubt, sie hätten es besser, sticht ins eigene Fleisch, wer andere auslacht und meint, er sei gescheiter, besser, schöner, jünger, was weiss ich als sie, der vergeudet sein Menschsein, sein Leben . . . Darum wollen wir jetzt aufstehn und gemeinsam das Vaterunser beten und Schuld bekennen und Schuld vergeben, damit wir anders werden, ganz anders, ihr und ich, jeder von uns . . . "

Er war fertig, schlug automatisch das Kreuzzeichen, sah Elisabeth, Fred, die zwei blonden Frauen, sah Tobler neben ihm auf der Ministrantenbank, Pia, die sonntäglich angezogene Frau Winkler und das bleiche Gesicht von Trudi Schneider – und sprach, mit beiden Händen die Anwesenden zum Aufstehn nötigend, die ersten Worte des Gebetes: "Vater unser, der du bist im Himmel . . . "

Alle beteten mit.

Alle?

Ambrosius schien, als ob einige die Worte nicht über ihre Zungen brachten, aus Hemmung vielleicht . . .

Oder?

Er aber wusste, dass er als Prediger versagt und doch nicht versagt hatte, dass er gegeben hatte, was er geben konnte, und schon jetzt freute er sich, in Bälde aus dem Kelch das Blut des Herrn trinken und von seinem Leib essen zu dürfen. Kein Kommentar, keine böse Bemerkung konnte ihn erreichen, ihm wehtun, nichts. Er war unverletzbar.

3

I

Ambrosius sass mit Elisabeth am grösseren der beiden Veranda-
tische – so, als ob nichts geschehen wäre und als ob er nicht
vor einer Stunde in der Kapelle von Quinten gesagt hätte, er
wisse, wer Egon Schmidhauser getötet habe.

Wusste er das, wirklich?

Oder hatte er übertrieben?

Leider wusste er's.

Oder glaubte nach wie vor, es zu wissen . . .

Und dass in der Kapelle etwas geschehn war, konnte er
nicht leugnen. Er hatte gepredigt wie noch nie, war noch nie
derart konkret gewesen.

Sollte er darauf stolz sein?

Oder das Gegenteil?

Ambrosius suchte schon gar nicht nach einer Antwort, füllte
sein bereits wieder leeres Glas mit weissem Malanser und hernach das noch halb gefüllte von Elisabeth.

Ihr wollte er sich zuwenden, nur ihr.

Es kam aber einmal mehr anders, als er wollte.

"Du warst heute grosse Klasse, hast ganz Quinten durchein-
andergewirbelt", unterbrach sie die seit Minuten andauernde
Stille, "hast uns allen gesagt, was für erbärmliche Sünder wir
sind."

"Hab ich das?"

Er blickte fast belustigt zu ihr hinüber, schob sein Glas an
das ihre und litt doch, dass sie nur noch zwei oder im besten Fall
zweieinhalb Tage zusammensein würden.

"Ja, hast du. . . Mir kam's vor, als hörte ich den Pfarrer von Ars
predigen, einen modernen, wenn du willst, einen von heute . . .
Wir alle waren fassungslos, ich eingeschlossen, keiner konnte
glauben, dass ein Geistlicher so von der Kanzel herunterspricht
. . . Wir sind's eben nicht mehr gewohnt, dass ein Priester oder
Pfarrer den Leuten offen ins Gesicht hineinsagt, wie sie sind . . ."

"Sagte ich's . . .? Ich kann's nicht glauben!"

Ambrosius, so sehr der See von allem Hässlichen ablenkte, war auf einmal wie verzweifelt; auch hatte er das wenig erhebende Gefühl, Elisabeth belächle ihn heimlich.

Ja, kein Zweifel, er hatte versagt, war wie ein Clown aufgetreten, und erst noch wie ein schlechter Clown.

Er behielt seine Einschätzung nicht für sich.

"Du siehst es richtig, es war dumm von mir, so zu predigen ... Wenn mein Abt von dieser Predigt hört, wird er mich suspendieren."

Doch jetzt war's an Elisabeth, ihn zu überraschen.

"Du spinnst", fuhr sie ihn an, "erzählst völligen Unsinn, noch nie erlebe ich, dass Gläubige von einer Predigt ehrlich betroffen waren ... Heute war's der Fall, jeder merkte, dass er sein Leben ändern muss, jeder, auch ein Fred, auch ich ... Von Dummheit zu reden, ist reiner Quatsch, und wie ...!"

Ambrosius konnte es nicht glauben.

Er hatte, anders als er in der Kapelle dachte, versagt, war seiner Aufgabe nicht gewachsen gewesen oder hatte sich zu viel vorgenommen, als er vor Beginn der Messe in der Sakristei Gott auf den Knien bat, ihm heute beizustehn.

Zu vermessen war er gewesen, zu verblendet, hatte gedacht, er sei der Mann, der die verschlafene Gemeinde aus ihrer Selbstgerechtigkeit wecken könne.

Vermessen war das, eine Form der Eitelkeit.

Und jetzt musste er dafür büssen.

Zurecht, zurecht!

Und Elisabeth wollte ihn trösten, ihn nicht allein lassen, seine unverhofft düster gewordene Stimmung auflockern ...

Sie wollte ihn nicht trösten.

Sie wollte ihn unterstützen.

"Ich wusste anfänglich echt nicht, was ich von deiner Predigt halten sollte", gab sie zu, "jetzt weiss ich, dass du nicht aus moralischen Überlegungen heraus so gepredigt hast, wie du es tatest, ein Drang war in dir, etwas wie ein Ruf, auf den du hören oder den du ablehnen konntest ... Und dass du nicht davongerannt bist, gefällt mir ... Oh ja, Ambrosius, das gefällt mir ...!

Und auch, dass du glaubst, du hättest eine Dummheit begangen ... Das ehrt dich, gibt deiner Predigt zusätzlich Gewicht ...“

Träumte er?

Nein, er träumte nicht.

Wenigstens ein Mensch, Elisabeth, war überzeugt, er habe das Richtige getan. Es war nicht zu glauben. Und doch durfte er's glauben.

”Danke, Elisabeth, eine solche Äusserung hab ich zuletzt erwartet.“

”Nicht? Du hast allen Grund, deiner sicher zu sein.“

Elisabeth schaute ihm voller Freude ins Gesicht. ”Wir alle warten doch darauf, dass uns einer endlich, endlich die Wahrheit sagt, und wenn's nur seine eigene ist, zuviel wird in der Welt gelogen oder verschönert, viel zu viel ...“

”Ich kann's nicht bestreiten, was das Lügen und Verschönern betrifft, sonst aber ...“

Sie schwieg ... und verzichtete auf jene Frage, vor der Ambrosius sich seit der Rückkehr fürchtete.

Darum ging er selber in die Offensive.

”Elisabeth, ich weiss tatsächlich, wer's getan hat, und diesmal nicht wegen eines Traumes oder einer Eingebung ... Nein, mir fielen einige Dinge auf, über die ich mit dir, verzeih's mir bitte, nicht reden will und nicht reden darf.“

”Ich will auch nichts wissen ...“

Sie griff nach seinem rechten Arm, der auf dem Tisch lag, und strich sanft über die Haut ihres Freundes. ”Natürlich hab ich meine Ideen, denke, der oder die könnte es gewesen sein, aber letztlich ist's mir nicht viele Gedanken wert ... Hauptsache bleibt, dass der Mörder oder die Mörderin für sein oder für ihr Verbrechen büsst. Oder beide, falls tatsächlich zwei beteiligt waren ... Du hast so oder so recht: Wer einen Menschen tötet, begeht das Allerschlimmste, was unserer Gattung an Scheusslichem möglich ist. Und ich sag dies, obwohl ich die Bücher von Schmidhauser als widerlich empfinde und froh bin, ihm nie begegnet zu sein ... Ich hätte ihm meine Meinung ins Gesicht hinein gesagt, nicht als Feministin, sondern als Frau und Mensch ...“

Sie schwieg, blickte nachdenklich auf den Tisch und sah wie

Ambrosius die Ameise, die sich im Zickzack über das rote Blech bewegte, vielleicht auf der Suche nach einem Ort, der sie von allen Mühen des Daseins erlösen würde.

Ambrosius lächelte.

"Wenn die nicht aufgibt, warum sollten wir verzweifeln?"

"Du hast recht, wie fast immer . . . Aber möchtest du jetzt nicht eine Tasse Kaffee und dazu ein Käsebrot, nur immer Alkohol, das bekommt dem Körper nicht . . ."

Elisabeth, deren Realismus wieder Oberhand gewann, war schon auf dem Sprung in die Küche.

Doch Ambrosius wehrte ab. "Mach dir einen Kaffee und ein Brot, bitte, ich hab keinen Appetit, brächte nichts herunter, lieber lad ich dich zu einem späten Mittag- oder frühen Abendessen ein, Frau Winkler hat von Kartoffelstock und Schmorbraten gesprochen, das wär doch was, oder?"

"Ja, das lass ich mir gefallen . . ."

Sie nickte zustimmend, merkte aber zugleich, dass ihr einstiger Geliebter, und vor tausend Jahren war er's gewesen!, allein sein wollte – entweder, um zu beten oder um nachzudenken. "Ich geh jetzt in die Küche und brau mir einen Kaffee . . . Wenn du später trotzdem einen willst, ruf ruhig oder hol ihn dir selbst . . . Ich möchte das Buch über Pascal, das du mir gegeben hast, zu Ende lesen, auf dem Liegestuhl neben dem Bassin . . ."

"Ja, tu's, Elisabeth . . . Ich bleib noch ein wenig hier, der Blick auf den See und die Wiesen und Berge auf der andere Seite wird mich beruhigen, ich wünschte, hier leben zu dürfen, dank dir hab ich eine Landschaft kennengelernt, die ich nie mehr vergessen werde."

"Das freut mich . . ."

Elisabeth, eindeutig mit ihrer sonstigen Umwelt zufriedener als Ambrosius, strich mit der rechten Hand ihr langes, schönes und schwarzes Haar über die eleganten Ohren zurück, erhob sich, ergriff ihr noch halbvolles Glas und ging ohne weiteres Zögern über die Veranda zur weit offenen Fenstertür, die ins so vorzüglich ausgebaute Wohnzimmer führte, in diesen Raum, der für jeden, der Bücher schrieb oder solche schreiben wollte, ein Traum sein musste.

"In zwei Stunden oder so gehn wir dann, willst du?"

Er rief es ihr nach, wissend, dass Elisabeth zustimmen würde.

"Gut, in zwei Stunden, vielleicht werf ich mich vorher noch ins Wasser, Lust hätte ich dazu ..."

"Ich weniger, ein leidenschaftlicher Schwimmer werd ich nie ..."

Ambrosius fand's nicht bedenklich, dass sie einander solche Banalitäten zuriefen.

Das machte nichts, war nicht konventionell.

Wenn zwischen zwei Menschen die Chemie übereinstimmte, durften auch alltägliche Dinge zu Themen werden.

Und bei ihnen stimmte die Chemie überein, stimmte alles.

Es war wie eine Gnade, ein Wunder ...

Ambrosius war wieder allein.

Und wie so oft während der letzten Tage liess er seine Augen von einem schönen Fleck zum nächsten wandern und musste unwillkürlich an Gottfried Kellers berühmtes "Trink, oh Auge, was die Wimper hält" denken. Schlimm und unvorstellbar, dass selbst ein so in jeglicher Hinsicht harmonischer und wunderbarer Mensch wie Elisabeth eines Tages sterben musste und auf den Tod hinlebte, solche Männer und Frauen, die ganz bei sich angekommen waren, brauchte doch die Welt, sie brachten Licht und Leben, nicht diese Egoisten und Lärmer, auf die man allenthalben stiess.

Ambrosius bewegte den Kopf zum See hin und verzichtete bewusst darauf, die erste heutige Nazionale aus der Packung zu holen.

Er wollte rein sein, unbelastet von Rauchschwaden und einer stinkenden Zunge.

Was war nur in ihn gefahren, als er in der Kapelle unmissverständlich kundtat, er wüsste, wer den Autor der "Silbernen Schönen" getötet habe?

War er einen Moment lang wie umnachtet gewesen, nicht, wie's ganz richtig heisst, bei Sinnen?

Er wollte sich damit nicht quälen.

Aber in einer Sache musste er Klarheit gewinnen: Zwar glaubte er, er kenne die Menschen, die hier, vielleicht auf der Veranda, getötet hatten, aber war er hundertprozentig davon überzeugt und litt er nicht sinn- und zwecklos wie ein verängstigtes Tier, wenn er diesen Menschen ins Gesicht sah oder auch nur an sie dachte?

Nicht mal in Gedanken, sagte er sich, darf ich ihre Namen nennen, ich könnte mich irren, könnte unrecht tun oder mir einbilden, es sei meine Aufgabe, gegen meinen Willen, gegen meinen Wunsch, die Täter aus ihrer furchtbaren Not zu befrein.

Das konnte auch Hochmut sein, nicht Demut, nicht das Ja zu einer Berufung, die er letztlich verwünschte und am liebsten wie einen Stein zum See hinuntergeschmissen hätte, aufs Risiko hin, die Distanz nicht zu schaffen und vielleicht einen Touristen oder Wanderer zu treffen.

Du lieber Himmel, was dachte er da?

Eine Berufung schmiss man doch nicht wie einen Stein weg, man konnte sie annehmen oder ablehnen, dagegen protestieren oder unentwegt beten, ihr gerecht zu werden.

Er wurde ihr nicht gerecht.

Dabei blieb's.

Aber weil er A gesagt hatte, musste er jetzt, nach seinen bescheidenen Kräften und weiteres Versagen in Kauf nehmend, B sagen. Eine Flucht kam nicht in Frage. Dazu war er –

Was war er?

Zu stolz?

Ambrosius hoffte es nicht.

Und jetzt, er konnte es nicht leugnen, hatte er genug vom Nachdenken, Zweifeln, Überlegen, jetzt wollte er wieder zum andern Ufer hinübersehn, die beiden Schlangen auf der Autobahn beobachten, Schlangen, von denen eine sich kilometerweise nach rechts, die andere ebenso nach links streckte und die Ausdruck einer Mobilität waren, die der Welt Lärm, schlechte Luft, Gestank und vielleicht gar, gemeinsam mit andern Auswirkungen heutiger Technik, den Untergang brachte.

Es war nicht von Gutem gewesen, dachte Ambrosius, dass Gewerkschaften und linke Parteien über Jahrzehnte hin nahezu ausschliesslich um mehr Lohn, mehr Ferien, mehr Verteilung des Kapitals gekämpft hatten. Das hatte fatale Folgen gebracht. Zwar besass jetzt recht mancher sein Einfamilien- oder Ferienhaus, buchte Ferien am Meer, besass sein Auto, sein Boot, seine Surfausrüstung, sein Sportflugzeug, aber dafür war die Umwelt kaputt, das Meer verschmutzt, die Strände bis zur Unkenntlichkeit verbaut, die Strassen verstopft, der Smog unerträglich.

Klar, er, Ambrosius, war in keiner Weise der Ansicht, dass nur eine kleine elitäre Gruppe, wie früher die Adeligen und später die Kaste der Fabrikbesitzer, sich Ferien, Häuser, Autos, Swimmingpools, was immer leisten konnten, aber was die Masse zerstört hatte, in ihrer schwammartigen Gier, auch teilzuhaben, zu bekommen und nochmals zu bekommen, das ging auf keine Kuhhaut. Unkultur machte sich breit, die Kultur jener, denen eine Polstergruppe oder eine Wohnwand oder ein Cheminée im Garten wichtiger war als das eigene Seelenheil, als der Friede mit sich selbst.

Er durfte nicht weiter darüber zürnen.

Sonst konnte er ebensogut seine Kutte wegwerfen, sein Gelübde brechen.

Gott, dies war Teil des christlichen Glaubens, liess die Welt nicht allein, wusste, warum er den Menschen soviel Zerstörungswut zugestand, Kriege, Umweltsünden, Verbrechen im kleinen und im grossen Stil; es gab auch Mittel und Wege dagegen, den Aufstand der Vernunft, den Verzicht auf pausenlosen Konsum, die Ruhe des Herzens.

Daran wollte er glauben.

Daran musste er glauben.

Hier und jetzt.

Und auch morgen.

Ambrosius, müde vom langen Sitzen, ging zur Brüstung, stützte sich aber nicht ab, sondern reckte die Arme in die Luft und fühlte auf einmal, wie Freude seinen Körper durchpulste.

Ich bin wirklich ein Spinner, dachte er, ein kleinmütiger Geist; es wird Zeit, dass ich anders werde, nicht die Menschen, denen ich heute einen Vortrag hielt, mir hat meine Predigt gegolten, mir ...

So war es.

Genau so.

Und gerade als er sich vornahm, nun doch in der Küche eine Tasse Kaffee zu trinken und so seine aufkommende Müdigkeit zu übertölpeln, hörte er im Wohnzimmer das Telefon läuten, ein-, zwei-, dreimal, sehr laut und aggressiv.

Das war für ihn.

Er wusste es, zögerte kurz und rannte dann über die Veranda auf die Glastüre zu. Es durfte nicht geschehn, dass der Anrufer aufhängte, das durfte nicht geschehn, egal, ob er nun deutlich oder keuchend in die Sprechmuschel hineinsagte: "Hier, Pater Ambrosius, wer ist da ...?"

II

Du lieber Gott, wie hat der gepredigt, ich kann's nicht glauben, ich kann's nicht glauben, der hat's uns gesagt, hat's allen gesagt, auch dem Tobler, der Marierose!, hab nichts dagegen, Kartoffeln zu schälen, die Sauce fertig zu machen, Alberto wär zwar zuständig heut, aber mein Kartoffelsalat sei besser, gibt sogar Marierose zu, er ist's auch, ist besser, viel, viel besser, muss nur schön aufpassen, mir nicht in die Finger zu schneiden, kein Mensch isst einen blutigen Kartoffelsalat, ganz schön frech, dass Ambrosius auf der Kanzel bekannt gab, er kenne den Mörder, dabei hat er mich angeschaut, der Hund, als ob ich der Killer sei, schön frech, schön frech!, ich bin's nicht, ich bin's

nicht, leider, leider!, nur im Traum hab ich dem Schmidhauser
den Hals umgedreht, nur im Traum!, oder war ich's doch, bin
ich geschlafwandelt, hab mit meinem Trick das Bähnchen zum
Fahren gebracht?, ich glaub es nicht, ich glaub es nicht!, ich
kann doch kein Blut sehn, nicht mal mein eigenes, muss aufpassen drum, beim Schälen, schwer aufpassen!, wär lieber am See
unten, da hinten beim Felsen, ein wenig schwimmen, ein wenig
auf den Steinen liegen und im "Sonntagsschrei" oder im neuen
Western lesen, will am Nachmittag abhauen, ausruhn, steh
nicht zur Verfügung, hab meinen Teil getan, bin nur halbtags
angestellt, so sehr Marierose anderer Ansicht ist und ich,
dumm wie ich bin, manchmal acht, zehn, zwölf Stunden für die
"Mühle" krampfe* und meine Kunden deswegen vernachläs-
sige, war gewaltig, wie der gepredigt hat, ehrlich gesagt, traute
ich's Ambrosius gar nicht zu, alle haben nach vorn gestarrt und
gedacht, jetzt ruft er, der Serge ist's gewesen oder die Marierose oder die Pia, war fast wie in einem Krimi, spannend, spannend!, muss lang, lang darüber nachdenken, ob ich Ambrosius'
Angebot annehmen soll, müssen zwei gute alte Tanten sein,
nicht so Zwetschgen wie Marierose oder die Theaterkuh, es
könnte die Lösung der Lösung werden, der blöde Segesser wird
schon sein Einverständnis geben, und wenn er's nicht tut und
mir befiehlt, in Quinten zu bleiben, bitt ich Ambrosius, mit
dem Vormund zu reden, er wird ihn überzeugen, wird mein
Leben ändern, schade nur, dass man hier aus dem Fenster ewig
das gleiche Wiesenbord sieht mit Brennesseln, Farnen und
Placken, daran ist der Tobler schuld, der Tobler!, will keine
Geissen mehr, keine Schafe, denkt wie jeder vom Dorf, wozu
Landwirtschaft, wenn's finanziell nichts bringt, nur Pia ist anders, sehr sogar, überall vergammelt das Land, wird zur Un-
krautwüste, zum Wald, auch Pia wurde von Ambrosius mit einem Blick bedacht, ich hab's gesehn und geh jede Wette ein,
dass sie's gewesen ist, sie mit ihrem Knecht und dem bissigen
Hund, alle haben nach der Messe zur Pia hinübergeguckt, alle!,
wie sie freilich zum Schlüssel gekommen ist, muss die Polizei

---

* hart arbeiten

herausfinden, ich würd's ihr gönnen, dass niemand sie erwischt, au, jetzt hat's aber mich erwischt!, bin ein Trottel, kann nicht mal ein Küchenmesser anständig halten, hei!, hat Ambrosius uns allen eingeheizt, mir und dem Tobler und der lieben Pia, muss den Finger hochhalten jetzt, hochhalten!, dann hört die Bluterei auf, dann tropft's nicht auf den Anrichtetisch, hab schon viele geschälte Kartoffeln in der Schüssel, noch zwanzig etwa, und endlich sind's genug, dann kann ich sie schneiden, das Blut vom Tisch abwaschen, der Finger bleibt noch kurze Zeit oben, ich blick einfach aufs Wiesenbord, find's irrsinnig, dass das Land nicht genutzt wird, würde die "Mühle" mir gehören, gäb's nur Getränke und meinen Kartoffelsalat mit Wienerli und nichts sonst, nichts sonst!, soviel Zeit wie möglich würd ich dem Land und den Tieren widmen und die Reben vermutlich verpachten, zwecklos leider, mir solche Sachen auszumalen, die "Mühle" gehört Marierose, sie gehört nicht mir, wir dürfen aber nie neidisch sein, hat Ambrosius auf der Kanzel verlangt, bin frech wie Serge zur Kommunionsbank marschiert, hab wie alle meine Hand hingestreckt, Ambrosius hat überrascht getan und mir trotzdem eine dieser faden Oblaten gegeben, worauf ich das Ding ins Maul schob, kann sie wieder herunternehmen, die Hand, schnell die Blutflecken wegwischen, die letzten Geschwellten* schälen, auch unser Hund ist ein armer Hund, muss immer auf seiner Decke neben dem Telefonhäuschen liegen, will ihn mitnehmen, heute nachmittag, winselt jedesmal vor Freude, wenn ich ihn hole, würde Fürst anders halten, dürfte jederzeit seine Damen besuchen, er beisst ja niemanden, sieht wie ein halber Schakal aus und wird falsch erzogen, muss das ein Frust sein, wenn er merkt, Hunde von Gästen dürfen in die Gartenwirtschaft oder ins Stübli, er aber nicht, aus psychologischer Sicht ist das grausam falsch, aufpassen, dass ich kein zweitesmal blute, aufpassen!, ich bin nicht für eine solche Arbeit gemacht, wenn ich denke, was für Dummköpfe über Mittag meinen Kartoffelsalat fressen, wird's mir schlecht, fast alles Wichtigtuer oder alte Papeli, Tobler ist in

---

* gekochte Kartoffeln

204

körperlicher Hinsicht besser dran, er wandert mit seinem Stock bis Betlis oder nach Walenstadt hinauf, mag ihn trotzdem nicht, zeigt mir bei jeder Gelegenheit, dass er der Tobler ist und ich der Fred, schade, dass er kein Motiv gehabt hat, Schmidi umzulegen, ihm würd ich einen Lebensabend im Knast von Herzen gönnen, nein, wir sollen nicht so denken, hat Ambrosius gepredigt, ist mir egal, schnurzpiepegal, wie oft hat Tobler mir das Leben schwer gemacht, wie oft!, glaubt, er sei allen hochüberlegen und dürfe den Gästen am Laufmeter seine langweiligen Geschichten verkaufen, während ich meine interessanteren für mich behalten muss, so, noch etwa zwölf Kartoffeln und dann Scheiben schneiden und die Sauce zubereiten und die Zwiebeln hinein, das gibt wieder einen Superkartoffelsalat, wie er weder Marierose und schon gar nicht Alberto gelingt, auch ein Hund wie ich, aber besser bezahlt, muss wegen des Lohns reklamieren, bevor Ambrosius in sein Kloster verschwindet, kann mir vorstellen, in Disentis zu leben und die zwei alten Frauen zu unterstützen, soll eine wunderbare Beiz sein, nur nicht so schön gelegen wie die "Mühle", sie steht an der Hauptstrasse zum Oberalppass und zum Lukmanier hinauf, ich könnte freilich in den Wäldern rund um Disentis weiterhin Pilzen suchen und vielleicht den Spunten später erben, muss es mir überlegen, war zu feige, die blonde Hure anzuhauen, hockte in der Kapelle genau vor mir, sah ihren Arsch und die braunen Beine und hab mich gefragt, trägt sie einen Slip, trägt sie keinen?, ist vor mir zur Kommunion gegangen und hat ein Oblätchen bekommen oder wie die Scheibe heisst, ist gewiss nicht frömmer als ich, ging wegen Ambrosius, nur wegen ihm, muss schon sagen, der hat eine tolle Freundin, wäre mir wurst, dass sie über vierzig ist, besitzt auch ein strammes Ärschchen und zwei Titten, in denen ein Mann sich vergraben kann, weniger gefällt mir, dass sie so gescheit ist und zu viel Klasse hat, eine solche Frau kriegt einer wie ich nie, er darf ihr höchstens Pilze oder Feigen schenken, will's auch tun, bevor sie abreist, will ihr Feigen bringen samt einem Blumenstrauss, bin neidisch auf den Pater und bin's doch nicht, hat der drauflos gedonnert und dazwischen richtiggehend geschwitzt, ist eine schöne Kapelle, die die Quintener besitzen, frag mich nur, ob sie's wissen, die Furzidee, eine Strasse nach Walenstadt zu bauen, konnten auf jeden Fall bloss Dummköpfe haben, Millionen für Tunnels verlochen, nur damit ein paar Lehrlinge rechtzeitig ihre Arbeit beginnen und reiche Herren mit ihren Supergirls zu uns oder besser gesagt zum "Seeblick" zum Fressen kommen können, das war das Letzte, ist abgeblitzt in der Gemeindeversammlung, vor allem wegen mir und Tobler, hei!, hat der gewettert und gezittert vor Wut, zurecht, zurecht!, ich geb's offen zu, nur weil's bei uns keine Autos hat, fahren so viele mit dem Schiff nach Quinten, nur deshalb, deshalb!, au!, wieder dieser Finger, wieder!, gut, dass das Kartoffelnschälen bald zuende ist, sehr gut, bin dagegen, dass Schelfern* weggeschmissen werden, hätten wir Schweine oder Hühner, mit Vergnügen würden sie's fressen, früher ist's in Quinten ganz anders gewesen, betont der Alte jeden Tag, alles wurde genutzt, jedes Flecklein Wiese, jede Beere im Wald, jede Kastanie, die runterfiel, jede Nuss, jede Feige, die aufplatzte, jetzt braucht's keiner, jetzt lässt man die Früchte am Baum oder auf dem Boden verfaulen und frisst, was der Coop drüben verkauft, auch Ambrosius hat gesagt, das sei eine verkehrte Welt, es ist eine verkehrte Welt und darum bezahl ich keine Steuern, kommt nicht in Frage, einen Staat zu unterstützen, der für Millionen und Milliarden Autobahnen baut und unheimlich Geld fürs Militär ausgibt, deswegen bin ich noch lang kein Grüner, ich bin ich, bin Fred Anliker!, und jetzt schäl ich die letzte Kartoffel, schliff, schliff, schliff!, muss nachher die Hände waschen, das klebende Zeugs loswerden, sie könnten mir Handschuhe geben, die Toblers, sind zu geizig dazu, zu geizig!, hab nichts gemerkt, als ich die Hostie runterschluckte, Gott war nicht drin, ist überhaupt nirgends drin, gepredigt hat der Pater trotzdem wie ein Superstar, hoffe, er bietet mir zum Abschluss das Du an, ich selber brächte nicht den Mut auf, es vorzuschlagen, bin kein Held, so, jetzt, die Hände unter den Hahnen, den Knopf aufgedreht, schon geschehn, schon passiert!, war kühn und mutig, zu behaupten, er wisse, wer's gewe-

---

* Schalen von Früchten oder Kartoffeln

206

sen sei und wir müssten für den Mörder oder die Mörderin das
Vaterunser beten, ich hab nicht mitgebetet, hab nur gemurmelt, kann doch die Worte nicht, bei uns Protestanten heisst's
sowieso anders, ob Michèle an Gott glaubt und zur Beichte
geht?, Pia tut's bestimmt, ich sah sie neben Marianne sitzen,
bin mir jetzt im Klaren, dass es Pia nicht gewesen ist, wie ich
kann sie kein Blut sehn, nicht mal das Blut von Tieren, alle
denken aber, sie habe den Schmidhauser aus dem Leben bug-
siert, weil er nicht mehr mit ihr vögeln wollte und es lieber mit
Michèle trieb, sie war's nicht, sie war's nicht!, eher noch bin
ich's gewesen oder Serge oder das hochnäsige, so wahnsinnig
hässliche Trudi, eher, viel eher!, ich glaub, bevor ich geh, ruf
ich Pia an und tröste sie, einer muss zu ihr stehn, wenigstens
einer!, erstaunlich, wie bumsvoll die Kapelle war, das hab ich
nicht erwartet, so, den Hahn wieder zu, die Hände abgetrock-
net und nochmals die Kartoffeln in die Hände genommen und
schneiden und schneiden!, nicht mal diese Arbeit kann Alberto
einigermassen, lacht ständig übers Gesicht, wenn ich versuche,
ihm was Neues beizubringen, der letzte Italiener, Enrico, war
intelligenter, ist aber weggelaufen, als Marierose seinen Lohn
nicht erhöhte, werd ihn mal in Buchs besuchen, verdient dort
besser und soll eine Freundin haben, ich will auch eine, subito,
subito!, aber keine, die mir befiehlt, wie ich leben muss, hab
Serge in Verdacht, dachte an ihn, als ich beim Vaterunser mit-
murmelte, diese Scheisskartoffeln, wieso bietet Marierose
nicht nur Reis zu den Fischen an?, immer will sie zwei, wenn
nicht drei Beilagen, ausbaden müssen wir's, wir, nicht sie!, natürlich, der Pater hat recht, wir sollten nicht neidisch sein, dass
aber Schmidi die beiden Blonden gehabt hat und Pia dazu, will
nicht aus meinem Kopf, wie gut wär's, heute nachmittag mit
Michèle zu schwimmen und zu vögeln, hab's erst einmal draussen mit einer Frau gemacht, mit der dicken Ungarin, heut
graust's mir schier, bin doch kein Mutterficker, sie hat gefurzt,
als ich in der Möse drin war, lang und lauter als die Wellen des
Pfäffikersees, wollte mich heiraten und mit mir ein Geschäft
eröffnen, bin davongerannt, zur rechten Zeit, ich will eine Frau
wie Michèle oder keine, auch darum hatte ich ein Motiv,

Schmidhauser zu erschiessen, oh, diese Kartoffeln, diese Kartoffeln!, hört das niemals auf, werden es immer mehr?, das ist keine Arbeit für einen Mann, keine, keine!, Marierose wird jetzt im Garten fressen und die beiden Kellner instrumieren oder wie man's sagt, also, sie wird beide instrumieren, wer im Eins und wer im Zwei bedient, nur einmal bin ich eingesprungen, hab aber allen klar gemacht, dass ich nicht servieren will, Trinkgeld hin oder her, war im Rechnen nie eine Grösse, nur im Klauen, und auch auf diesem Gebiet hab ich's nicht weit gebracht, wie auch, wie auch!, bin zu lieb, zu weich, lass mir soviel gefallen!, einen Freund müsst ich haben, einen wie Ambrosius, nur jünger und nicht in einer Pfaffenkluft, besuch vielleicht wieder mal Pia, jetzt, nachdem sie mich in der Kapelle gesehn und beim Hinausgehn gegrüsst hat, denkt möglicherweise, ich sei doch nicht der Übelste, sie könnte es mit mir probieren, muss halt Bücher lesen, um bei ihr Eindruck zu schinden, nicht Western, nein, nein, Dichterbücher, den "Tell" vom Schiller oder ein Buch von diesem Schweinigel, den sie so bewundert hat, muss mir alles gründlich überlegen, heute nachmittag in meiner Bucht, zusammen mit dem armen Köter wird mir schon was einfallen, in den nächsten Tagen kann ich's Schwimmen und's Faulenzen vergessen, Regenschauer sind angesagt, Temperaturstürze, will deshalb heute abend einige Feigen von den Bäumen runterholen und sie morgen dem Pater und seiner Freundin bringen, die werden Freude haben und sehr erstaunt sein, erstaunt hat mich aber diese Predigt, dass der Kerl so auf uns einreden wird, hab ich ihm nie zugetraut, sonst ist er die Gemütlichkeit in Person und scheint ein Typ zu sein, der keiner Fliege etwas antun kann, ich hingegen kann's, ich kann einen Schmidhauser verprügeln, bis er um Hilfe schreit, das kann ich, das kann ich!, dass diese Scheisskartoffeln so frech sind, mich anzugrinsen, sehn alle wie Marierose aus, dick und schlampig und voller Wasser, ich schäle und schäle und schneide und schneide und kann vor lauter Kartoffelhass keine mehr vertilgen, will nachher auch keinen Egli, keine Forelle auf dem Teller, Fische hängen mir zum Hals raus, will nur ein Salamibrot und ein Bier, dann hau ich mit dem Bötchen ab, leg mich auf den Stein, sag zum Fürst, sitz, geniess wie ich die Sonne!, nie werd ich einem Menschen diesen Ort zeigen, ausser Pia vielleicht oder der blonden Oberkatze, nicht mal vom Schiff aus sieht einer, dass ich nackt auf dem Felsen liege, wär ein Wunderplatz zum Schmusen und Bumsen, in Disentis, falls ich aufs Angebot eingehe, wird mir der See sehr fehlen, dafür gibt's dort mehr Beizen als bei uns, auch Skifahren liegt wieder drin und Pilze dürften in den Bergen ebenfalls wachsen, hab nie gedacht, dass Ambrosius eine Stelle für mich sucht, hat mich geschockt damit, aus dem Gleichgewicht gebracht, nun aber weg mit dem Messer, die Hände zum zweitenmal gewaschen!, bin kein Dreckfink, wie viele meinen, wasch jedesmal die Hände, wenn sie dreckig sind, jedesmal!, möcht sehn, ob's Marierose auch so macht, nach einem WC-Hock oder wenn sie einem Grüsel* die Hand gedrückt hat, ich bin in dieser Hinsicht sehr pedantisch, erlaub mir keine Nachlässigkeit, so, unters Wasser und schön gerieben!, dann die Sauce, die lauwarme Bouillon vom Gasherd drüben, Öl und Eigelb* sind bereits gemischt, nur noch Gewürze und Peterli* und ein bisschen Basilikum, auch ich könnte Wirt sein, versteh mehr vom Kochen als Marierose, vom Tobler zu schweigen, kann mir vorstellen, bei den zwei Bündnerinnen in der Küche zu amtieren, Bündner Spezialitäten lern ich bald, Capuns und Maluns oder wie das heisst, ah ja, Alberto hat den Peterli geschnitten, hab's ihm nicht zugetraut, muss ihn loben, sobald er von der Küche raufkommt, hat's der Alte dem Trottel befohlen, war's Marierose?, sie hat in der Kapelle gestaunt, als sie mich reinkommen sah, ich war ja zum erstenmal drin, wusste gar nicht, dass es drinnen so hell ist, und musste fast lachen, als ich Ambrosius in seinem grünen Ding erblickte, sah komisch aus, sehr komisch, doch jetzt hinein mit den Kartoffeln und der Mayonnaise und noch etwas Salz und etwas Pfeffer und Basilikum und langsam rühren, rühren, rühren, drei Schüsseln voll!, wie ein Opernsänger hat er ausge-

---

* dreckiger Kerl
* ergibt bekanntlich Mayonnaise
* Petersilie

sehn, hat aber anders geredet als Othello oder Doktor Faust, ich glaub, auch Marierose war verwundert, auf dem Heimweg verriet sie mir, dass sie noch nie eine so eigenartige Predigt gehört habe, Ambrosius sei ein Schlingel, ein Heimlifeiss*, ein Donnerskerl, wenn sie wüsste, dass er eine Arbeitsstelle für mich gefunden hat, würde sie auf solche Komplimente verzichten, ich kenn sie, kenn sie haargenau!, sie will mich behalten, auf ewig behalten, schon wegen des Kartoffelsalats, ich bleib aber nicht, zu lang hatte sie die Chance, mir einen anständigen Lohn zu zahlen, und hat's doch nie getan, jetzt trotzdem die Bouillon und nochmals rühren, rühren, rühren!, dann alles bereitstellen und in die Wirtsstube abtauchen, heute sitzt keiner dort, heute sind alle vor der Hütte, nur Fürst muss im Schatten bleiben, im dunklen Haus, was, da kommt jemand die Treppe rauf?, es wird Alberto sein, der meinen Kartoffelsalat bewundern will, was, nicht er!, was!, es ist der Alte, schaut mich an und fragt, ob ich . . ., ich glaub's nicht, ich glaub's nicht!, . . . mit ihm einen Weissen trinke, das kann nicht sein, das kann nicht sein!, was soll ich nur sagen, was?, jaja, natürlich, ja!, sofort, jetzt: Natürlich gern, Herr Tobler, gern!, Sie sind so freundlich, so freundlich wie noch nie, ist die Predigt daran schuld?

Nicht so!

Nicht so!

Antworten muss ich statt nach Worten suchen, jetzt, jetzt, jetzt!

"Ja, ich komm, Herr Tobler, muss noch die Gewürze versorgen, den Kartoffelsalat zum Eisschrank bringen, danke für die Einladung, danke . . ."

Ich komm auch.

Ich komm.

Das lass ich mir nicht entgehn.

Erst zum zweiten- oder drittenmal lädt er mich ein . . .

Muss heute seinen guten Tag haben.

Seinen guten Tag.

Kaufen wird mich aber keiner, auch du nicht, Tobler, auch

---

* jemand, der sein Können verheimlicht, ein Tausendsassa

210

du nicht! – und unsre Pia, ich ruf sie gleich nachher an, sie ist's nicht gewesen, nie im Leben!, ein anderer oder eine andere war's, der Serge, die Toblerin, meine blonde Superkatze, das Truditrudi, irgend jemand, den ich kenne ...

III

Ambrosius wollte nicht an den Anrufer denken. Die zwei Tage, die er mit Elisabeth noch zusammen sein durfte, sollten durch nichts gestört werden.

Durch gar nichts?

Hier, vor dem "Bootshaus", will ich zumindest nicht über den Anruf nachdenken, nahm er sich vor, wandte sein Gesicht ganz seiner Freundin zu und war auf eine lausbübische Art glücklich, dass neben der von Sonnenstrahlen erwärmten Steinmauer ein kleiner Tisch unbesetzt gewesen war. Höchstens eine Person hatte so die Möglichkeit, an ihrem Tischchen Platz zu nehmen. Und falls dies jemand versuchte, würde Ambrosius ihn oder sie kurzerhand abwimmeln, trotz der vielen Gästen, die die Gartenwirtschaft des "Bootshaus" in ein Bienenhaus verwandelt hatten ...

Das werd ich tun, wiederholte er in Gedanken und fuhr zusammen, als Elisabeth mit ihrer leicht heiseren, ihn wie damals in München beeindruckenden Stimme fragte: "Am Telefon war aber nicht der Mörder?"

Und er, Dummkopf, hatte gemeint, sie habe das Klingeln aus dem Wohnzimmer drüben beim Bassin nicht gehört!

Was war er für ein Naivling!

"Darüber will ich kein Wort verlieren, Elisabeth", gab er unwillig zurück, "es könnte unsere Stimmung verderben ..."

Und dann, bewusst die Wahrheit verdrehend: "Nein, der

Mörder war's nicht, nur einer, der glaubte, er hätte mir nach meiner Predigt eine Mitteilung zu machen."

Warum log er?

Warum?

"Reden wir lieber von andern Dingen, zum Beispiel, wann und wo wir uns wiedersehen und ob wir vor allem ein Wiedersehn möchten."

Ambrosius lenkte geschickt ab: Auf ein Thema immerhin, das ihm am Herzen lag und über das er heute, spätestens morgen unter allen Umständen hatte reden wollen.

"Was meinst denn du?"

"Mich interessiert zuerst, was du meinst . . ."

Ambrosius brachte seinen Satz beinah vorwurfsvoll vor, musste dann aber wie Elisabeth laut auflachen.

"Wir sind Dummköpfe, beide . . ."

"So ist es!"

"Ja, du hast recht, Elisabeth . . ."

Er kam mit seinem Gemeinplatz nicht weiter.

In diesem Augenblick fiel eine frühe Kastanie samt ihrer stachligen Hülle auf das gelb bemalte Blechtischchen; und es war Zufall oder Glück, dass das grüne Ding nicht den Pater getroffen hatte. Nur zwei, drei Zentimeter hatten gefehlt. Oder noch weniger . . .

"Die Kastanie sagt's für uns", meinte er lachend, zuckte jedoch zurück, als er die Kastanie mit der blossen Hand Elisabeth zuzuschieben versuchte und einige Stacheln seine Haut ritzten. "Du lieber Himmel, tut das weh!"

"Armer Ambrosius!"

Elisabeth nahm die Hand des Paters und blies auf diese. "Das hilft, ich weiss es, man greift nie nach einer Kastanie, die in ihrer Hülle steckt . . ."

"Ja, ja, auch jetzt hast du recht, wie immer . . .", gab er zurück, hatte aber nichts dagegen, seine Hand der ihren anzuvertraun, "es tut schon weniger weh . . ."

"Klar, auch wenn ich nicht immer recht habe."

"So . . .? Heute vormittag hast du mir doch diese Eigenschaft unterstellt."

Sie liess seine Hand los; und Ambrosius erkannte, dass Elisabeth ebensowenig wie er darunter litt, weil sie nicht allzu tiefschürfend miteinander sprachen.

Das zählte nicht.

Das Innere zählte.

"Natürlich wollen und müssen wir uns wiedersehn", gab er zu, "wenn jemand, so sind wir fähig, ohne Verstrickungen einander zu begegnen und ohne von Wünschen geplagt zu werden, die zwischen uns allerhand zerstörten, gäben wir ihnen nach."

Nicht aus Verlegenheit, sondern, weil er Durst hatte, goss er sein beinah leeres Glas wieder voll. "Ich weiss, ich trinke ein wenig zu viel in den letzten Tagen, doch Feste muss man feiern, wenn sie fallen."

"Ja, ich teile deine Ansicht . . ."

Es blieb nicht bei der Rhetorik. Elisabeth hob ihr Glas wieder einmal und stiess mit ihrem Freund an. "Das will was heissen", sagte sie, "Deutsche stossen selten an, dieser schöne Brauch wird leider nur bei euch so häufig praktiziert . . ."

"Bei euch? In der Schweiz müsstest du sagen."

Ambrosius sagte es nicht in einem belehrenden Ton, sondern, weil er sich weder als Schweizer noch als Tscheche empfand, eine Tatsache, die ihm gottseidank nie Schmerzen oder Identitätsprobleme bereitet hatte.

Unangenehmer war, dass hier vor dem "Bootshaus" alle paar Augenblicke Gäste neugierig zu ihnen herüberschauten, auch der mit zwei Bekannten und Charly am Personaltisch sitzende, diesmal keine Sonnenbrille tragende Wirt, der zwar heute, es sei, Ambrosius habe ihn übersehen, nicht in der Kapelle gewesen war, aber von seiner Frau oder von Charly über den Inhalt der Predigt gehört haben dürfte.

"Es hat teilweise sein Gutes, dass wir nicht mehr lange in Quinten bleiben", unterbrach Elisabeth die aufkommende Stille und bewies damit einmal mehr jene Intuition, die Ambrosius an dieser Frau so gefiel, "du wirst langsam zum Objekt der Sensation, stillst quasi die Langeweile der Leute."

"So, merkst du's auch?"

"Ja, leider . . ."

Ambrosius lachte nicht, sah in die Landschaft des geliebten Gesichtes und dann, es war ein Reflex, Elisabeth nicht zu fixieren, zu jener am andern Ufer des Sees hinüber. "Ich möchte aber nicht, dass die Leute uns anstarren ... Ich hab's doch in der Predigt gesagt, soviel ich weiss, wir alle sollen auf Neugierde oder Sensationsgier verzichten, gerade jetzt ..."

Diesmal log er nicht mit seinem "Soviel ich weiss".

Die Predigt war abgesunken, hatte irgendwie nie stattgefunden und war in seinem Kopf nicht mehr abrufbar.

Doch das Erfreuliche war: Er musste es Elisabeth nicht sagen.

Sie wusste es.

In einer Stunde oder so würden sie das Essen, das mehr und mehr zum Abendessen wurde, bestellen.

Auf Mahlzeiten könnte er heute ohnehin leichten Herzens verzichten.

Die Menschen assen viel zu viel.

Im westlichen Europa auf alle Fälle.

Und er konnte es nicht verdrängen: Die klösterliche Ordnung, der normierte Ablauf der Tage, die Zeiten des Fastens, sie fehlten Ambrosius mit jedem Tag mehr.

Trotz Elisabeth.

Trotzdem.

Schön, dass sie wie er schweigen konnte und nicht wie andere Menschen kein Verständnis aufbrachte, wenn er die Ruhe genoss.

Sie genoss sie auch, kein Zweifel.

Diese Ruhe, die in ihnen war, nicht um sie herum.

Da wurde geschwatzt und geschwatzt, gelacht nach Noten. Und die Gabeln und Messer klapperten, obwohl die warme Küche seines Wissens bis drei oder vier Uhr geschlossen war.

Es sollte ihn nicht kümmern.

Eher fragte er sich, warum die Mutter von Frau Winkler nicht im Schaukelstuhl hin- und herpendelte und die Sonne auf ihrem Körper geniessen durfte. Vielleicht war an einem Sonntagnachmittag einfach zu viel Betrieb; und darum holte man das arme Geschöpf nicht aus seinem Zimmer. Schon so, sein

Eindruck, waren Frau Winkler, ihre Tochter und das Personal überfordert. Die Schlange vor dem Selbstbedienungskiosk wurde von Minute zu Minute länger, und wegen den bestellten Kalten Platten und Tellern rannten die Tochter der Wirtin und eine der Serviertöchter gehetzt von der Küche zu den entsprechenden Tischen und zurück.

Nein, mit dem Bestellen des Essens würde er zuwarten.

Das hatte Zeit.

Sie waren nicht pressiert, konnten es in einer ruhigeren Phase tun.

Doch, auf einmal war die Frage da, durfte er die Greisin als armes Geschöpf bezeichnen?

Was wusste er schon, was in der Frau vorging?

Was?

Nichts, rein gar nichts.

"Ich bin froh, dass wir diese Zeit zusammen verbringen konnten", sagte er daher, wie um sich abzulenken, "Furchtbares hat sich zwar ereignet, aber nicht nur . . . Wir haben feststellen dürfen, dass wir uns weiterhin nah sind . . . Und dank des Aufenthaltes in Quinten begegnete ich Menschen, die mir gefallen oder die mich beeindrucken, Pia etwa oder den seltsamen, von der blauen Farbe faszinierten Fred, von dem ich hoffe, er gehe auf mein Angebot ein . . . Dass die Wirtinnen des 'Cumin' ihn auf meine Empfehlung hin beschäftigen würden, scheint mir gewiss, du musst sie übrigens mal kennenlernen, die zwei Frauen, es lohnt sich . . ."

"Ich glaube, Fred wird dein Angebot nicht nur überlegen, er wird's annehmen, so sehr er an Quinten hängt . . ."

"Meinst du?"

Ambrosius sah Elisabeth an, freute sich über die Lachfältchen in ihrem Gesicht, über das Graugrün der Iris, den vollen, sehr weiblichen Mund, die schwarze Haarsträhne, die ihr, so oft Elisabeth diese auch zurückwarf, immer von neuem in ihr attraktives und klassisches Gesicht fiel.

War das eine Frau, die Frau seines Lebens!

Und da sollte einer kommen und behaupten, nur Sexualität, gute Sexualität, verbinde Frau und Mann!

Es gab auch anderes.

Geistige, seelische, religiöse Nähe, Dinge, die wichtiger waren und sich nicht von einem Tag zum andern in Nichts auflösten.

Selbst das intensivste Lustgefühl entschwand doch mit der Zeit, als wäre es nie gewesen.

Elisabeth ahnte wieder, was Ambrosius dachte.

"Echt unheimlich, wie nah wir uns sind", meinte sie mit ihrer in seinem Innern wie vor über zwanzig Jahren ein Kribbeln bewirkenden Stimme, "darum, ich seh es klar, konnte und wollte ich nie länger mit einem andern Mann zusammen leben, keiner hat eine solche Nähe vermittelt, keiner ... Es ist, verzeih mir, Ambrosius, die kindliche Haltung!, es ist ein wenig so, wie ich mir den Himmel, das Paradies vorstelle: ein Art Einssein mit allem, ein Getragensein, ein sehr ruhiger Friede ..."

"Schön, wie du das sagst ..."

Ambrosius wollte weiter reden, sie bitten, ihre Vorstellung nicht als kindliche Träume abzutun.

Er kam nicht dazu.

Pia Fasser, die verrückte, grossartige, wie beim letztenmal ungekämmte Pia, stand vor dem Tischchen, lachte ihnen zu, mit einer Freude im Gesicht, die Ambrosius an die Überschwenglichkeit seiner verstorbenen Gabi erinnerte, ohne – ja, er hatte es stets missbilligt – deren exaltiertes, schöngeistiges Getue.

Sie musste den mit weissem Kies bestreuten Fussweg vom Hafen hochgekommen sein; ihr Nussschalenbötchen war vermutlich an der langen Betonmauer, einer Art Mole, festgebunden.

Und mit dem tapferen Stolz eines Menschen, der vor keinem andern Angst hat, auch nicht vor sogenannten Respektpersonen, fragte sie in gebrochenem Hochdeutsch: "Darf ich mich zu den Herrschaften setzen?, an allen übrigen Tischen hat's kaum noch Platz."

Ein Nein war unmöglich.

Schon wegen der Gastfreundschaft, die sie vor knapp zwei Wochen bei Pia geniessen durften.

216

Aber nicht nur deshalb. Zum Beispiel auch, weil Ambrosius diese Frau irgendwie schätzte und achtete, was er vor einer Minute gar erwähnt hatte.

Elisabeth nahm ihm die Antwort ab.

"Natürlich, Frau Fasser, setzen Sie sich zu uns", forderte Elisabeth sie auf, ihr herzlich die Hand hinstreckend, "wir können am Selbstbedienungskiosk für Sie ein drittes Glas und für uns alle eine neue Flasche holen ..."

"Wenn schon, dann hol ich's ... Trinkt ihr unsern Wein oder einen andern ...?"

Frau Fasser wollte kurzentschlossen auf den Selbstbedienungsstand zusteuern und sich dort in die Kolonne der Wartenden einreihen.

Ambrosius war dagegen.

"Oh, nein, ich gehe", wies er sie fast zurecht, "wir hatten sowieso vor, eine neue Flasche zu holen, nicht wahr, Elisabeth?"

Für seine Schwere erhob er sich blitzschnell. "Sie trinken doch Jeninser? Heute haben wir's nicht mit eurem Wein, sondern mit der Bündner Herrschaft ..."

"Gern, wenn ich darf."

Elisabeth, eigenartig berührt von der blonden, heute wie sie einen Jeansanzug tragenden Frau, deutete nochmals auf den freien Gartenstuhl. "Nehmen Sie Platz, bitte, Ambrosius kommt bald zurück."

Er kam auch bald.

Dank Frau Winkler.

Kaum hatte die Wirtin nämlich vom Kiosk aus den Pater in der Kolonne entdeckt, eilte sie mit einer neuen, bereits geöffneten Flasche auf ihn zu und bat um Nachsicht, weil sie im heutigen G'stürm* nicht wie gewohnt am Tisch bediene, am Sonntag sei meist die Hölle los, selbst das Haus und die Gästezimmer müssten sie abschliessen, bei diesem unaufhörlichen Kommen und Gehen von Leuten hätten sie keine Übersicht mehr, öfters

---

* Hektik, Betrieb

sei früher an Sonntagen eingebrochen und Übernachtungsgästen Geld entwendet worden.

Doch bevor Ambrosius eine Antwort geben und nach einem dritten Glas fragen konnte, war sie wieder im Gasthaus verschwunden.

Er nahm's ihr nicht übel.

Wozu auch!

Er ging einfach zur von Frau Winkler als Kiosk bezeichneten Selbstbedienungstheke und holte mit der freien Hand, die Wartenden höflich um Entschuldigung bittend, ein Glas aus dem mit hunderten von Wein- und Biergläsern bestückten Gestell.

Dann kehrte er, in der einen Hand das Glas, in der andern den Jeninser, zu den beiden Frauen zurück, froh, dass ein derartiges Gedränge herrschte; dadurch rückten Elisabeth, er und wahrscheinlich auch Pia aus dem Blickpunkt des Interesses, wurden anonymer – und Ambrosius war nicht länger jener obskure Priester, der heute morgen in Quinten eine, und als solche musste er sie halt einstufen, mehr als komische Predigt gehalten hatte und von dem mancher gern gehört hätte, wer denn nun Egon Schmidhausers Mörder gewesen sei.

Dies meinte er wenigstens, für ein paar Sekunden.

Als er aber das Glas vor Pia Fasser aufs Tischchen stellte und zuerst dieses, dann jenes von Elisabeth und schliesslich seines mit dem hellroten Wein vollschenkte, bedrückte ihn plötzlich die Gewissheit, dass Elisabeth in ihrem Innern gegen die Frage kämpfte, ob vielleicht ihre neue Tischgenossin nicht eine Mörderin sei.

Es kam noch besser.

Nach dem üblichen Anstossen und "Prosit"-Wünschen kannte Pia Fasser keine Hemmungen mehr. "Herr Pater, halten Sie mich für die Mörderin von Egon? Nach Ihrer Predigt wurde ich von etlichen Leuten kritisch gemustert, ich kam mir wie eine Verbrecherin vor . . ."

"Das wollte ich nicht . . ."

"Ich würde das auch nie sagen . . ."

Frau Fasser schien's, dies der Eindruck des Paters, nicht

allzu tragisch zu nehmen. "Wissen Sie, ich hab Egon sehr gemocht, auch wenn seine Art Literatur nicht die meine ist ... Aber jemanden töten, weil er mir das Blaue vom Himmel herunter verspricht und es nicht einhält, nein, das könnte ich nie ... Ich hab schon Mühe, wenn Anton ein Gitzi oder eine Sau von uns schlachten muss, nicht mal einem Huhn könnte ich den Hals umdrehn."

Sie nahm einen erstaunlich grossen Schluck aus dem Glas und hob dabei die rechte Hand wie eine Lehrerin, die ihre Schüler belehrt. "Als ihr vor zwei Wochen bei mir gewesen seid, hab ich keine Ahnung gehabt, dass Egon nicht mehr lebt, ich hörte es erst von Marianne Tobler, für mich war's ein unglaublicher Schock ..."

"Ich glaub's Ihnen."

Ambrosius, dem's ein Rätsel war, warum Pia Fasser mit den Verdächtigungen einiger Einheimischer, sie könnte Egon Schmidhauser getötet haben, relativ leicht zurecht kam, musste nicht lang darüber nachstudieren. "Sehen Sie, ich leb so zurückgezogen, dass mich die Meinung anderer Menschen über meine Person wenig bis nicht interessiert, trotzdem hat's mich gefreut, als, kurz bevor ich mit meinem Bötchen hierherfuhr, Fred von der 'Alten Mühle' anrief und mir sagte, er schäme sich, dass einige Leute nach dem Gottesdienst in meine Richtung gestarrt hätten, er wisse, ich hätte mit der Sache nichts zu tun."

"Donnerwetter, das hat Fred getan?, das hab ich ihm nicht zugetraut ..."

Der Pater war echt verdutzt.

Und ebenso Elisabeth.

"So lernt man nie aus: Jene, denen man's nicht zutraut, sind solidarisch, während vermeintliche Freunde ... Das ist erfreulich, Frau Fasser, oder nicht?"

"Ja, sicher ..."

Sie hob wieder ihr Glas. "Könnten wir uns nicht du sagen? Ich bin's nicht gewohnt, Menschen, die zu mir freundlich sind, zu siezen."

"Gern, gell, Ambrosius?"

Elisabeth sprach auch für ihren Freund, der plötzlich mit seinen Gedanken woanders war: Bei einem Thema, das er doch ausser acht lassen wollte.

"Ja, ja, sagen Sie ruhig Ambrosius zu mir, nein, du, entschuldige bitte", erwiderte er zerstreut, machte aber seine Nachlässigkeit gleich wieder wett. "Es freut mich, dir Pia sagen zu dürfen, schon bei dir zu Hause lag's mir auf der Zunge, aber irgendwie hab ich's versäumt."

"Um so schöner ist's jetzt . . ."

Pia, in einem Hochdeutsch redend, das sich mit ihrem Dialekt auf originelle Art mischte, stiess nochmals mit beiden an, aber aus ihrem vermeintlich fröhlichen Lachen hörte Ambrosius eine Traurigkeit heraus, die ihm weh tat.

Elisabeth erging's offensichtlich kaum viel anders.

"Du brauchst nicht traurig zu sein", meinte sie als erste nach dem neuerlichen Anstossen, "die Leute sind dumm, fast immer . . . Wenn sie glauben, sie haben ein Opfer, über das sie stundenlang reden können, sind sie nicht zu bremsen, doch bereits am nächsten Tag werden sie wieder scheissfreundlich, ich hab dies, auf anderm Gebiet, als Lehrerin, schon mehrfach erlebt . . ."

"Und es gibt ja auch Menschen, die zu dir halten, wir zum Beispiel oder Fred."

Ambrosius versuchte, sie aufzumuntern, ihre Traurigkeit zu durchbrechen.

Und er musste sich keine Gewissensbisse machen, weil er Fred falsch eingeschätzt hatte.

Der tat halt wichtig vor Leuten mit seinen Geschichten und Heldentaten, mit seinem seit einem Unfall von Schrauben und Eisenplatten zusammengehaltenen rechten Bein ("nie lass ich die Schrauben herausnehmen", hatte er Ambrosius sicher schon dreimal verkündet, "sie bleiben drin, bis sie rosten"); er brauchte das, um die permanente Zurücksetzung durch Marierose Tobler und andere auszugleichen, verwendete auch vulgäre Worte, wenn er über Frauen zu schwatzen begann, aber sobald's drauf ankam, sobald jemand Freds Hilfe brauchte, war er da – und das zählte, allein das!

220

Dieser Mann wird einmal nicht auf der falschen Seite stehn, dachte der Pater, viele andere hingegen schon, vielleicht auch ich ...

War es so?

Er durfte nicht von seiner Schwere erdrückt werden, musste sich Pia zuwenden, neben deren Glas, plötzlich fiel dies ihm auf, die in ihrer stachligen Hülle eingebetete Kastanie lag, die beinah seinen Kopf getroffen hätte. "Ich wollte mit meiner Predigt nicht in ein Wespennest stechen, schon gar nicht eine Hetzjagd auf Personen beginnen", entschuldigte er sich unbeholfen, "und ich bin überzeugt, es wird bald Ruhe geben, als Seelsorger ist's für mich von Bedeutung, dass jemand, der grosse Schuld trägt, für sie büsst, auf welche Weise immer ..."

Die vorherige Gelöstheit war wie weggefallen. Bald, sehr bald musste alles klarer werden; es durfte nicht sein, dass Pia über Tage hin als Mörderin verdächtigt wurde.

Und sie wurde es.

Andere Gäste, die verstohlen oder offen ihre Gesichter ihnen zuwandten, waren Beweis genug.

Ambrosius schaute in die Gesichter beider Frauen, versuchte für sie zu beten und wusste nicht, was er Pia noch sagen könnte.

Sie ergriff selber die Initiative.

"Ich sehe, wie einige vom Dorf uns fixieren", meinte sie, "sie vermuten, ich wolle bei dir beichten, Ambrosius, aber mich lässt's kalt ... Viel eher möcht ich wissen, was ihr darüber denkt, weil ich mit Egon geschlafen habe, noch nie war Sexualität für mich so schön, noch nie hab ich Sex so genossen, ich komm mir deswegen fast als Sünderin vor ..."

Es war Elisabeth, die Ambrosius, der über so viel Offenheit geradezu baff war, wieder mal die Antwort abnahm.

"Deswegen bist du keine, glaub's mir ... Wir sind nicht nur auf der Welt, um zu leiden, das ist eine christliche Mystik von früher, unser geliebter Papst mag so denken, nicht aber Theologen, die im Leben stehn, wie unser Ambrosius ..."

"So denkst du, ich steh im Leben?"

Ambrosius sagte es nicht beleidigt, freute sich im Gegenteil, dass einiges wieder leichter wurde, nicht zuletzt durch Pias sehr direkte Frage. "Ja, ich seh's ähnlich wie Elisabeth; und falls du gesündigt haben solltest, was ich nicht glaube, es gibt ärgere Sünden, viel ärgere, Selbstgerechtigkeit etwa, der ewige Tanz ums eigene Ich."

Er brach ab, wie heute morgen mehrfach in der Kapelle.

Was war los mit ihm?

Warum wurde bald jeder Satz, den er sagte oder sagen wollte, zu einem fragwürdigen Satz?

Und etwas begriff er noch weniger: Vor zwei Wochen war ihnen beiden Pia nicht nur wie ein Relikt vergangener Zeiten, sondern auch wie ein Mensch vorgekommen, der nahezu ausschliesslich in und mit Büchern lebte – und jetzt sass eine Frau vor ihnen, die ihren Geliebten verloren hatte und litt, weil sie, war's nur eine weitere Mutmassung von ihm?, nie mehr solche Lust und eine solche Befriedigung wie mit diesem von sexuellen Phantasien umgetriebenen Schriftsteller erleben würde.

Er wurde halt älter und begriff nichts von dem, was in den Menschen vorging.

Er selber war ein Relikt, nicht Pia Fasser, ein Relikt aus intakten katholischen Jahrhunderten, was immer man sich darunter vorstellen mochte.

"Du brauchst keine Angst zu haben", sagte er nochmals, "mancher Frömmler muss neidisch werden, wenn er hört, was du erlebt hast, die Lust, die zwei Menschen sich geben, ist etwas Einmaliges, immer wieder."

Pia konnte es nicht glauben, dass ein Pater so redete. "Du hast aber einen grossartigen Freund", meinte sie zu Elisabeth, "nie hab ich einen katholischen Priester so reden gehört, ich muss fast befürchten, der Papst könnte ihn exkommunizieren ..."

"Das vielleicht nicht, aber suspendieren, bis ein neuer Papst die Suspension rückgängig macht, ein Papst, der nicht dauernd in der Weltgeschichte herumreist, Flughafenpisten küsst und aller Welt beibringen will, wie sie sich sexuell und sonst zu verhalten habe ..."

Elisabeth redete sich fast in eine Wut hinein, realisierte aber rechtzeitig, dass jetzt nicht der Zeitpunkt war, ihr Leiden an der heutigen Kirche auszudrücken. Das war ein Thema für sie und für Ambrosius, nicht dritten gegenüber, und schon gar nicht, wenn dies ein Mensch mit seinen eigenen Nöten und Traurigkeiten war. Darum meinte sie, übers ganze Gesicht lachend: "Ambrosius wird natürlich nicht suspendiert, es sei, du schreibst dem Churer Weihbischof einen Brief und sagst ihm, was für ketzerische Dinge ein Disentiser Mönch in Quinten von sich gibt, schon die heutige Predigt war doch für dessen Ohren so ziemlich an der Grenze."

"So, jetzt mach einen Punkt!"

Ambrosius, langsam wieder der Alte, tat, als ob er beleidigt sei, musste aber mit seiner Schauspielerei aufhören, weil Pia sie offenbar ernst nahm. "Ich schreib dem Bischof sicher nicht", warf sie erschrocken ein, "ich find's grossartig, dass ein Priester so spricht, wie ich selber denke ..."

"Ich hab doch keine Sekunde gedacht, du könntest einen solchen Brief schreiben, und wenn schon – ich muss damit leben: Einer wie ich figuriert in den Zettelkästen der Kurie als Querkopf!"

Er musste lachen, ganz laut.

Und weil Ambrosius sich nun entspannt fühlte, klaubte er eine Nazionale hervor.

"Ich darf doch, oder?"

"Aber gewiss, früher hab ich selber Pfeife geraucht, gab's aber auf, als ich wegen der Raucherei Halsschmerzen bekam ..."

Der Pater zuckte mit einem bedauernden "Oh, schade, aufs Rauchen würd ich nicht gern verzichten!" die rechte Schulter, schob dann die Nazionale in den Mund und brachte sie mit seinem schwarzen Feuerzeug weit schneller als sonst in Brand.

Genussvoll sog er den Tabakgeruch ein, nur wenig bedrückt vom Gedanken, was zu tun sei, damit das Gespräch nicht abflache. Vielleicht könnte er Pia fragen, wie die Bücher von Egon Schmidhauser auf sie wirkten, er und Elisabeth, sie habe es ihm unmissverständlich zu verstehn gegeben, seien von dieser Spezies Literatur, so sehr sie vielleicht ihre Berechtigung habe, nicht gerade entzückt, hätten "Die silberne Schöne" bereits nach wenigen Seiten weggelegt.

Sollte er das?

Und damit dazu beitragen, dass nicht nur an andern Tischen lebhaft diskutiert wurde, sondern auch an ihrem?

Ein Glück, dass Elisabeth gelegentlich ihrer Nachbarin, wie jetzt, Worte zuflüsterte, die er wegen des Betriebes ringsum nicht ganz oder gar nicht verstehen konnte.

Ein Glück?

Ja, ein Glück!

Wieder sog er den Rauch in sich hinein und griff, fast gegen seine Absicht, nach dem Glas.

Seine leise Angst, eine unberechtigte wohl, wurde von einer Sekunde zur andern wie weggeschwemmt.

Trudi Schneider, ein Glas und ein Fläschchen mit Weisswein in den Händen, stand in ihrem grünrot gemusterten, Ambrosius spiessig anmutenden Faltenrock wie eine Drohung vor ihnen und fragte wie zuvor Pia, ob sie zu ihnen sitzen dürfe, sie nehme gern auf dem Mäuerchen Platz, falls es gestattet sei.

Sie schien ihre Frage vor allem an Ambrosius zu richten.

Was sollte er sagen?

Was?

Er nickte daher nur mit dem Kopf, flehte zu einem unbekannten Heiligen (welcher war auf diesem Gebiet zuständig?), dass ihm ein weiteres, diesmal ungewolltes "Duzi" erspart bleibe, und war unheimlich froh, als Elisabeth die peinliche Stille in dem um sie herrschenden Gesummse überwand. "Nein, nein, ich hol Ihnen einen Stuhl beim Kiosk, es stehn dort einige, ich seh sie von hier . . ."

Und dann, Ambrosius wusste nicht, was ihm geschah, hörte er Pia schrein: "Du hast Egon getötet, du, ich weiss es, ich spür es seit Tagen . . .!"

Es war, als ob Pia auf die vor ihr stehende Haushaltslehrerin einschlagen wolle.

Ambrosius war hilflos.

Er hatte keine Ahnung, was in dieser zwar eigenartigen, aber, wie er geglaubt hatte, besonnenen Frau vorging.

Für Trudi Schneider musste Pias Ausbruch wie ein Überfall sein.

Und Pia, mit Tränen in den Augen, überfiel auch ihre einstige Rivalin.

Sie schnellte hoch aus ihrem Plastikstuhl, und ehe Ambrosius oder Elisabeth eingreifen konnte, schlug sie Trudi mit der rechten Hand heftig ins Gesicht. "Du, elendes Luder, vor lauter Eifersucht hast du Egon umgebracht, er . . ."

Die übrigen Worte gingen in ein unverständliches Kreischen über. Wie Pia aber zum zweitenmal auf ihre Gegnerin einschlagen wollte, riss Elisabeth die von ihrer Verzweiflung überwältigte Frau zurück. "Nein, Pia, nicht so, das bringt nichts . . ."

"Ist mir gleich, ist mir gleich!"

Sie schrie es in ihrem Dialekt, wollte nichts als zuschlagen, zuschlagen.

Ambrosius musste endlich aktiv werden.

"Bitte, beruhig dich, Pia, das bringt wirklich nichts . . ."

Er erhob sich, ging auf Elisabeth und Pia zu und schubste die Frau, die geschlagen worden war, fast unhöflich zur Seite. "Wer auch deinen Egon getötet hat, er wird seiner Strafe nicht entgehn . . ."

Und dann sah er, dass Tränen der Not über Pias Wangen kollerten und dass Elisabeth das von jeder Hoffnung verlassene Geschöpf, und Pia war jetzt nur noch Geschöpf, nur noch Kreatur!, in ihre Arme genommen hatte. Er musste nichts tun, gar nichts. Elisabeth war Pias Wut und Verlassenheit besser gewachsen als er.

"Gehn Sie zu einem andern Tisch", riet er Trudi Schneider in einem Ton, der wenig Widerspruch zuliess, "wir werden Pia mit ihrem Boot nach Hause begleiten, wollen keinen Aufruhr veranstalten . . . Wenn Sie mögen, können wir heute abend oder morgen über alles reden, ich glaube, Ihr früherer Freund muss Pia aus einer Einsamkeit gerissen haben, die keinen Namen hat, und jetzt ist Pia wieder in sie hineingerutscht, sie hat von ihr Besitz genommen . . . Sie müssen es verstehn, bitte . . ."

War das zu geschwollen?

Erfasste Frau Schneider, was er sagte?

Es war unwichtig.

In seiner Erschütterung hätte er am liebsten geweint und seine Tränen mit jenen von Pia vermischt.

Er würde es nicht tun.

Er würde sie jetzt nach Hause begleiten, vielleicht sogar das Bötlein steuern.

Jemand musste es tun.

Jemand.

Also er oder Elisabeth.

Einer von beiden.

Pia selber war wie ausser sich, war nicht mehr jene Frau, der sie vor ungefähr zwei Wochen trotz Widerstand ihrerseits die Hand hatten hinstrecken müssen, damit sie aus den Handlinien angeblich die Zukunft lesen konnte, und die hernach das zerbrechliche Boot, immerzu schwatzend und doch gut aufgelegt, so souverän gesteuert hatte, Quinten zu.

Da war eine Veränderung eingetreten, innerhalb von Tagen, was wusste er schon.

Sie mussten handeln, gehn, bevor Frau Winkler oder sonstwer sich einmischte und alles noch schwieriger machte.

Jetzt, jetzt, augenblicklich!

"Komm, Pia", sagte Ambrosius daher, "gehn wir zu deinem Boot hinunter . . ."

IV

Seit über zwei Stunden goss es in Strömen.

So hatte Ambrosius Quinten, den Walensee in den letzten drei Wochen nie erlebt. Haushohe Wellen, wenigstens aus der Perspektive von hier oben waren sie haushoh, schlugen ans

Ufer, dann wieder zurück, um mitten im See auf andere Wellen zu prallen.

Man musste automatisch an alte Seeräubergeschichten denken, an den Tag, als es Robinson an die Küste einer gottverlassenen Insel spülte.

Und auch der Bach, der jetzt nicht länger plätscherte, sondern, wie's Elisabeth genannt hatte, zum See geradezu hinunterdonnerte, beschwor Urzeiten herauf und mit diesen die Ängste früherer Bewohner von Quinten, die bei einem solchen Wetter weit mehr als die heutigen von der übrigen Umwelt abgeschnitten gewesen waren.

Auch heute würden kaum Boote und daher weder Ärzte noch Polizeibeamte den Weg nach Quinten finden, wenn ein Unfall, eine Überschwemmung –

Ambrosius dachte nicht weiter.

Er verliess kurz das Pult, an dem gewöhnlich Elisabeth arbeitete, ging zum Lichtschalter und brachte mit einer einzigen Bewegung gedämpftes Licht in den von Minute zu Minute dunkler gewordenen Raum.

Ob der Erwartete bei diesem Hudelwetter*, wie vereinbart, kommen würde?

Elisabeth hatte bezweifelt, dass, wer immer der oder die Unbekannte sei, das Treffen mit Ambrosius eingehalten würde, es stürme viel zu heftig.

Dennoch war sie widerstandslos bereit gewesen, die nächsten zwei Stunden in einem der untern Zimmer zu verbringen, damit ihr Freund ungestört mit seinem Besucher oder seiner Besucherin reden könne. Falls aber Ambrosius mit einer Waffe bedroht würde, müsse er, hatte sie halb ernst, halb ironisch verlangt, sie rufen oder mit den Füssen auf den Boden stampfen, dann werde sie unverzüglich vom Zimmertelefon aus die Polizei benachrichtigen und hernach wie eine Furie heraufstürmen, um ihn zu befreien, sie sei körperlich in Form und habe vor niemandem Angst.

_____

* sehr schlechtes Wetter

Ambrosius, wieder vor dem Pult, musste unwillkürlich lächeln. Das wäre eine Szene: Elisabeth, die die Treppe hochrast, die Tür aufstösst und ruft: "Leg die Waffe weg, leg die Waffe weg, ich hab die Polizei informiert!"

Er hatte keine Angst.

Nicht die geringste.

Und seltsamerweise kam auch keine Unruhe, keine Nervosität auf. Die Gebete in der Kapelle trugen ihn; niemand und nichts würde ihn verunsichern.

Er griff daher erneut nach dem Buch, in dem er vorhin gelesen hatte.

Es war Cesare Paveses auf deutsch übersetzter Roman "La luna e i falò", der Ambrosius trotz seiner Härte ansprach; denn auch in diesem Buch wurde eine Landschaft gegenwärtig, gewissermassen ins Wort geholt, die Langhe, Teil des Piemonts.

Ein armer Dichter ist dieser Pavese gewesen, dachte er, er hat zu viel von den Frauen erhofft statt von Gott, und daher haben seine Enttäuschungen zwangsläufig seinen Lebensmut vermindert . . .

Nur: Wegen einer oder mehreren Frauen Suizid zu begehn, dies konnte Ambrosius nicht nachvollziehn. Wenn man als Autor von Jahr zu Jahr bekannter wird, dachte er etwas überheblich und wusste es, wird man gewiss mit der Zeit einer Elisabeth begegnen, einer Frau, die keinen Mann verspottet, weil er bei der körperlichen Liebe vor lauter Erregung zu rasch kommt*.

Ambrosius konnte und wollte keinen Selbstmord bejahen – und schon gar nicht wegen einer Liebe, die einem entzogen wird.

Das war unangebracht, war im Grunde genommen die Tat eines frustrierten Kindes.

---

* Cesare Pavese beging am 27. August 1950 Selbstmord. Eine seiner letzten Eintragungen im Tagebuch: "Man tötet sich nicht aus Liebe für eine Frau. Man tötet sich, weil eine Liebe, irgend eine Liebe, uns in unserer Nacktheit enthüllt, in unserm Elend, unserer Wehrlosigkeit, unserm Nichts." Pater Ambrosius kennt offenbar das Tagebuch, ebenso, dass Pavese in diesem geschrieben hat, "wenn ein Mann zu rasch ejakuliert, wäre es besser, er wäre nie geboren. Es ist ein Gebrechen, um dessentwillen sich umzubringen der Mühe wert ist".

Aber was sollte er darüber nachdenken.

Pavese war seit vielen Jahren tot.

Und seine Bücher waren geblieben.

Verrà la morte e avrà i tuoi occhi*: Dies hatte Pavese in einem seiner letzten Gedichte geschrieben.

Er, Ambrosius, würde, wäre er Dichter, anderes schreiben, zum Beispiel: Verrà la vita e avrà i tuoi occhi.

Aber er war kein Dichter und hatte zudem nie gelitten, weil eine Frau ihn verlassen hatte.

Nie.

Er hatte gelitten, weil er damals in München beschloss, nicht mit Elisabeth zusammenzuleben, sondern, wie's in einer abgesunkenen Sprache hiess, im Weinberg des Herrn zu arbeiten.

Schon als er dies dachte, kam Ärger in Ambrosius auf.

So skeptisch gegenüber Redewendungen der Schrift und der Evangelisten durfte ein Priester nicht sein.

Damals war damals, und heute heute.

Und die Sprache hatte sich längst verändert, auch jene der Übersetzer.

Ob zu ihrem Vorteil oder nicht, es sei dahingestellt.

Aber heute wollte er keine Selbstkritik und keine Reflexionen über Veränderungen des Sprachbewusstseins aufkommen lassen.

Heute nicht.

Es war nicht die Zeit dazu.

Und es reichte, dass der angekündigte Besucher so lange ausblieb.

Der Sturm, der pausenlose Regen wird damit zu tun haben, sagte er sich und legte, ohne eine Zeile von Seite 43 gelesen zu haben, das Buch aufs weisslackierte Pult zurück.

Lieber sah er dem Treiben auf dem See zu oder wie die Palmen, Ebereschen, Tannen, Birken und auch die Akazien im Wind hin- und herschwankten. Wehe, wenn jetzt der schlanke

---

* Der Tod wird kommen und deine Augen haben.

Stamm einer der beiden gegen zwanzig Meter hohen Akazien nach einem der unzähligen Windstösse zerbrach! Dann könnte es mehr als ungemütlich werden ...

Aber damit war nicht zu rechnen.

Die zwei hatten schon etliche Stürme überlebt, viele sogar.

Und falls einer der Bäume dem Wind nicht standhielt, er würde eher Richtung Schlucht als aufs Haus stürzen.

Ach was, dumm und überflüssig, diese Gedanken!

Dumm und nichts als ein gescheiterter Versuch, den Mord zu vergessen und jene, die ihn verübt hatten ...

Was wohl Elisabeth im Moment tat?

Spätestens in dreissig Minuten würde er hinuntergehn und ihr sagen, alles sei ein von ihm ausgelöster Fehlalarm gewesen, er bitte sie um Entschuldigung, bei einem solchen Wetter würde niemand ins "Pezold" kommen, um seine Sünden zu beichten; wie vereinbart werde er morgen Vormittag abreisen und dem Toten seine Ruhe lassen, und zwar im Sinne, dass die Toten die Toten begraben sollen, Christus habe dies doch verlangt.

Er hatte es in einem andern Sinne verlangt.

Und Ambrosius wusste es.

Aber genauso wusste er: Wenn er die Sache, aus welchem Grund auch, nicht zu Ende brachte, würden in Quinten Gerüchte zu Geschwüren auswuchern und die ganze Umgebung vergiften; einer Pia bliebe nichts übrig, als wegzuziehn, sie, die so gern in ihrem abgelegenen Bürgli lebte.

Und schuld an allem wäre er!

Mit seiner Predigt, seinen unvorsichtigen Worten!

Und doch, der unaufhörliche Regen, der wütende Sturm über dem See und am Ufer waren ein Hindernis, ihn anzurufen und mit dem Bähnchen hochzukommen.

Er selber hätte jedenfalls nicht den Mut, das Bähnchen zu besteigen und darauf zu warten, dass oben im Haus jemand mit einem Knopfdruck ihn heraufhole – ein starker Windstoss, und dann adieu, Pater Ambrosius, adieu, liebe Erde!

Also doch lesen, die Untat vergessen, die ihn so aufrührte?

Er blickte erneut durch die vom Regen mehr und mehr beschlagenen Fensterscheiben, auf die sich hin- und herbeugenden Pflanzen und Bäume und dachte, hoffentlich halten die Churfirsten über uns stand, stürzen keine Felsbrocken in die Tiefe.

Heute kam wirklich nur nach Quinten, wer musste – und vielleicht nicht mal der!

Keine Touristen würden auftauchen, keine Tanten mit riesigen Sommerhüten, um im "Seeblick" oder in der "Alten Mühle" Kuchen in gierige Münder zu stopfen oder Glacekugeln in diese hineinzulöffeln.

Keine würden kommen.

Und unter Umständen blieben wegen der Sturmwarnung gar die üblichen Kursschiffe aus.

Wie musste das früher gewesen sein!

Die Kinder hinter dem Kachelofen und die Eltern voller Angst, das von den Churfirsten unablässig herunterfliessende Wasser schwemme ihr Haus oder den Stall oder beides in den toll gewordenen See.

Und wie er sich diese Bilder und Szenen vorstellen wollte, hörte Ambrosius den schrillen Ton der Klingel.

Er zuckte auf, schlug automatisch mit der rechten Hand gegen seinen Kopf.

Jemand stand hinter dem Haus, hatte auf den Klingelknopf gedrückt.

Jemand war da, wollte zu ihm.

Es musste –

Trotz Sturm und Regen . . .

Ambrosius erhob sich, langsam, langsam, gelähmt von einer Schwermut, die er nicht begriff. Beinah schleppend durchquerte er den schönen, im Moment nur von einer der vier Deckenlampen beleuchteten und praktisch bilderlosen Raum und ging dann, noch langsamer, hinaus auf den von Steinplatten belegten Flur, der auf ihn wie ein weiteres grosses Zimmer wirkte.

Hinter der Glastür stand jemand, schüttelte von seinem Schirm das Wasser ab.

Er sah's undeutlich, schemenhaft.

Mit zwei Schritten war er bei der Tür.

Ambrosius schloss auf – und wurde von einem heftigen Windstoss schier zurückgeworfen.

Erst dann sah er, wie sein Besucher unter dem glasigen Vordach, auf das der Regen preschte, nach Atem rang.

Es war, wie erwartet, Tobler.

Sein brauner Anzug schien, abgesehen von den Hosenbeinen, weitgehend trocken zu sein, dafür war der ebenfalls braune Hut durchnässt und auf dem Bart entdeckte Ambrosius etliche Regentropfen.

"Tut mir leid, die Verspätung", sagte der Alte, "ein Gespräch hielt mich auf, und dann dieser furchtbare Wind, ich bin fast nicht zu euch heraufgekommen ..."

"Komm herein, bevor uns der Sturm wegfegt!"

Sie mussten sich anschrein, damit sie einander hören konnten.

Ambrosius wies auf den Schirmständer und schloss die Tür – nicht ganz, weil er's so wollte – mit einem lauten Knall. Auch eine Sturmböe half da mit ...

"Komm, Jakob", forderte er den zögernden Mann nochmals auf, "wir gehn ins Wohnzimmer, am besten zum Cheminée, ich werde ein Feuer machen, sofern's mir gelingt."

Tobler, noch immer schwer atmend, betrat vor Ambrosius den Wohnraum und setzte sich, nun ohne aufgefordert zu werden und ohne seinen Kittel auszuziehn, in einen der tiefen, grünen Stoffsessel neben das nicht gerade grosse, aber gut ausgebaute Cheminée.

"Die haben Auswärtige bei uns eingeführt", sagte er, "wir hatten bei uns nie solche Dinger, so schön es ist, vor einem Feuer zu sitzen ... Cheminées gehören ins Tessin, hierher gehören Kachelöfen ..."

"Ja, ja, ich weiss, heute ist alles überall, auch aus meiner Sicht keine positive Entwicklung."

Ambrosius, der Verständnis für Toblers Empörung hatte, kniete trotzdem nieder, schichtete die von Elisabeth bereit gestellten Holzscheiter übereinander und entzündete mit seinem

Feuerzeug das zuvor unter die Scheiter gelegte Reisig. Hoffentlich würde es richtig brennen, hoffentlich . . .

Dann gab er die knieende, nicht besonders bequeme Haltung auf, zog einen der beiden freien Sessel zu sich heran, nahm gegenüber von Tobler Platz und schob mit dem rechten Fuss das niedrige Glastischchen vom Cheminée gegen seinen "Gast" zu.

"So, jetzt haben wir ein Feuer", sagte er, "die Heizung wollten wir nicht schon im Sommer in Betrieb setzen, wegen eines einzigen Regentages . . ."

Aber was redete er da?

Was?

Jakob Tobler, der Kälte doch gewohnt war, war nicht ins "Pezold" gekommen, um über Cheminées und Heizungen zu diskutieren.

Trotzdem freute es Ambrosius, dass das Feuer leise zu knistern begann.

"Möchtest du einen Cognac oder ein Glas Wein? Beides steht drüben auf dem Buffet . . ."

"Einen Cognac, ja, vielleicht, der gibt warm . . ."

"Ja, das gibt er!"

Ambrosius quälte sich aus seinem Sessel hoch, holte die grünbauchige Rémy Martin-Flasche und zwei Cognac-Gläser vom Buffet, das eher, und Ambrosius war's noch so recht, wie ein modernes Bücherregal als wie ein konventionelles Buffet aussah, kehrte zum Cheminée zurück und schenkte beiden ein.

Er gab acht, keinen Tropfen daneben zu giessen.

Und es schmerzte ihn nicht, dass er so tat, als ob sie nichts Ernsthaftes zu bereden hätten.

Es war an Tobler, aufs Thema zu kommen.

Schliesslich, so dachte Ambrosius, während er sich wieder setzte, hatte Jakob Tobler Schlimmes begangen und normalerweise war's auch der ehemalige Wirt, der an jedem Tisch, vor dem er abhockte, bald die Szene beherrschte.

"Auf dein Wohl!" sagte er und nahm, ohne mit Tobler anzustossen, einen Schluck.

"Auch auf deines . . ."

Tobler führte sein Glas ebenfalls an den Mund, nippte aber, nach Ambrosius' Gefühl, nur an seinem Glas.

"Er schmeckt gut", urteilte der ehemalige Wirt, "wir haben in der 'Mühle' den gleichen . . ."

Doch Jakob Tobler, und Ambrosius war froh darüber, kniff nicht.

"Ich hab keine Ahnung", begann dieser zögernd und streckte die Beine, vermutlich eine ihm nicht bewusste Bewegung, gegen das stärker werdende Feuer hin, "ich hab keine Ahnung, wie du die Sache mit Egon Schmidhauser herausbekommen hast, und vielleicht ist's mir sogar gleichgültig . . . Es stimmt aber, wie du's am Telefon angetönt hast, dass ich seit jenem Abend sehr schlecht oder nicht mehr schlafe . . . Er war trotzdem ein Hund, der Schmidi, schrieb Schreckliches und wollte erst noch das Haus hier kaufen . . ."

"Aber deswegen bringt man doch keinen Menschen um!"

Ambrosius verlor seine Ruhe, schrie, verletzt von dessen Aussagen, den alten Mann regelrecht an. "Das ist doch kein Grund, Tobler, hast du deinen Verstand verloren . . .?"

"Kein Grund?"

Jakob Tobler nahm wieder einen Schluck, diesmal einen grössern. "Das ist ein Grund", rechtfertigte er sich, mit dumpfer Wut und abwechselnd aufs Feuer und auf den Pater starrend, "so Typen wie dieser Mann machen Quinten kaputt, ich mag sie nicht . . . Und ich will nicht, dass Leute bei uns wohnen, die die Existenz Gottes leugnen und mit jeder Frau schlafen, die sie verführen können . . . Sogar Pia vom Bürgli hat der Schweinekerl rumgekriegt, eine Frau, die bisher sehr bescheiden gelebt hat und eine echte Quintnerin war . . . Mir genügt's, dass wir in unserer Wirtschaft selbst jene bedienen müssen, die sich daneben benehmen, wie Schweine grunzen und herumpöbeln und uns anschnauzen, wenn das Bestellte nicht in der nächsten Minute gebracht wird . . ."

"Und deshalb tötest du?"

Ambrosius war entsetzt.

Da half kein Schluck.

Gar nichts.

Die vage geäusserte Absicht, ein Haus zu kaufen, das gar nicht verkäuflich war, hatte zu dieser sinnlosen Tat beigetragen.

Herr, haderte er, was lässt du alles zu, wieviel Unsinn, wieviel Quatsch ...!

Und dann hörte er wie von weit weg: "Nicht nur deshalb, Ambrosius ... Es gab Ärgeres, viel Ärgeres ... Einmal bin ich am Abend zu unserm Friedhof gegangen, wollte zum Grab von meiner Frau, und da sah ich, von draussen, als ich übers Mäuerchen blickte, wie Schmidhauser ..., ich hab's nicht geglaubt, Ambrosius, nicht geglaubt!, ... wie er ... wie er Michèle Hostettler an seinen Körper drückte und ihr laut und frech lachend den Vorschlag machte, sich die Hose auszuziehn, sofort, sofort!, er hätte nie mit einer Frau auf einem Friedhof geschlafen, auf dem Grabstein dort wär's doch ideal ... Und obwohl ich hörte, dass Michèle nicht wollte, bin ich davongerannt ... So etwas Widerliches ist mir nie begegnet, nie! ... Es war für mich alten Mann ein unerträglicher Schock ... Und ich hab auch miterlebt, wie Trudi Schneider wegen diesem Kerl gelitten hat, während sie bei uns wohnte ... Nicht mal ins Haus hat er seine Freundin aufgenommen, er wollte es hier im 'Pezold' mit andern treiben, mit Pia, mit Michèle, mit Lea, mit allen ... Stundenlang haben Trudi und ich darüber geredet, jeden Tag ..."

"Und irgendeinmal habt ihr beschlossen, ihn zu töten?"

Der Pater blickte nun ebenfalls wie gelähmt ins Feuer, wollte die Antwort gar nicht hören – und wusste tief drinnen, dass die unglaubliche Szene auf dem Friedhof letztlich die Katastrophe nicht nur beschleunigt, nein, sie ausgelöst hatte.

"Nicht wir, Ambrosius, ich, ich allein!"

Tobler sagte es sehr nachdrücklich, jeden möglichen Widerspruch damit abblockend. "Es war für mich unerträglich, als ich hier im Haus von Schmidhauser hörte, er wolle immer bei uns bleiben, da musste ich handeln ... Ich kann doch nicht mitansehn, wie unsere Gemeinde mit jedem Tag mehr vor die Hunde geht und einer unsern Friedhof schänden will ..."

Ambrosius durfte nicht länger schweigen.

So erschüttert der Pater war, er musste seinem Besucher

den Tarif durchgeben*, ihm klarmachen, dass dieser in seiner Verblendung ein unverzeihliches Verbrechen begangen hatte und zu jenen Verbrechern gehörte, vor der jede menschliche Gemeinschaft sich schützen muss.

"Auch wenn Herr Schmidhauser auf eurem Friedhof sich so widerlich aufgeführt hat, wie du's mir schilderst, und zudem in Quinten Wohnsitz genommen hätte", sagte er, "niemand und schon gar nicht Gott gab dir das Recht, ihn zu töten, niemand ... Du hast einem Menschen die Möglichkeit geraubt, seine bisherige Lebensführung aufzugeben ... Nur du kannst dies jetzt an seiner Stelle versuchen, indem du für deine entsetzliche Sünde Busse tust und erkennst, dass es für einen Mord keine Rechtfertigung gibt, dass wir niemanden umbringen dürfen, der uns nicht ins Konzept passt ... Andernfalls darf dich morgen einer töten, dem du nicht gefällst, und übermorgen findet dann dieser seinen Mörder ... Aber ich glaube nicht, dass du's einsiehst, du bist zu bockig, zu verhockt in deinem Denken ..."

Ambrosius wusste, dass seine Worte nichts oder wenig bewirkten.

Und so verhielt es sich auch.

"Ich seh's nicht ein und bin vielleicht bockig, du hast recht", begehrte Tobler auf, sofern bei dem dumpfe Resignation vermittelnden Mann ein Wort wie Aufbegehren angebracht war, "Egon Schmidhauser bleibt für mich ein Halunke, der in Quinten nichts zu suchen hat ... Auf dem Friedhof, wo meine Frau liegt! .... Und der wollte hier wohnen, uns mit seinen Ideen überschwemmen ... Ich musste, ich musste ... Aber ich kann seit diesem Abend nicht schlafen, wälze mich auf meinem Bett stundenlang und möchte sterben ... Und seit deiner Predigt ist's noch ärger geworden ..."

Der ehemalige Wirt der "Mühle" wand sich. Nicht nur in seinem Innern, auch äusserlich – und bewies damit, dass er nicht nur von seiner Schwermut niedergedrückt wurde, sondern zugleich, eigentlich ein Widerspruch, unheimlich nervös war.

---

* die Grenze zeigen

Ambrosius, der mit seinen Augen die Bewegungen der Beine und Arme Toblers verfolgte, konnte nicht helfen.

Der Mann hatte getötet, hatte – wahrscheinlich – auf der jetzt vom Regen und vom Wind heimgesuchten Veranda Egon Schmidhauser in den Bauch geschossen.

Da konnte das Feuer im Cheminée noch so schön knistern, daran änderte sich nichts.

Auch darum war Ambrosius keineswegs stolz, dass er mit derartigem Geschick ein Feuer zustande gebracht hatte. Sein erstes Cheminée-Feuer übrigens, sein allererstes . . .

Das nützte nichts.

"Es wird nicht gestorben, Jakob", sagte er schliesslich, sorgsam um jedes Wort ringend, "du musst deine Schuld annehmen, sie vor allem erkennen und, indem du für deine Tat sühnst, dein bisheriges Denken radikal umstellen . . . Nur so findest du aus allem heraus, kannst deinen letzten Lebensabschnitt, wie lang er auch dauern mag, einigermassen anständig beenden . . ."

Beide schwiegen.

Und während Ambrosius seine eben gesagten Worte bereits wieder in Frage stellte und vergebens auf eine Reaktion Toblers wartete, fand er's, wie schon öfters während den letzten Tagen, wiederum eigenartig, dass Jakob Tobler sich mit der Bemerkung, der Schlüssel fürs Hühnerhaus hänge neben der Küchentür, selber verraten hatte. Und noch mehr mit dem vor der Kapelle ausgesprochenen Satz, es sei sicher grauenhaft gewesen, den Toten zu finden, so an die Wand gelehnt . . .

Mein Gott, warum waren ihm beide Aussagen erst viel später aufgefallen?

Warum?

Woher wusste Tobler, dass der Tote nicht auf dem Boden des nur von Spinnen, Insekten und Mäusen bewohnten Hühnerhauses gelegen, sondern an einer seiner Wände gelehnt hatte?

Woher?

Von keinem der Polizeibeamten konnte er's wissen.

So blöd waren sie nie und nimmer . . .

Daher war's naheliegend, darüber nachzudenken, ob Tobler – bewusst oder unbewusst – als Mörder von Egon Schmidhauser ins Gespräch geraten wollte.

Nur, Ambrosius hätte sich am liebsten geohrfeigt, das klang nach Kriminalroman, gehörte in die Kategorie jener Clichés, dass der Täter Spuren legt, die zu ihm hinführen, oder dass er, getrieben von einem geheimnisvollen Zwang, an den Ort des Verbrechens zurückkehrt.

Mit solchen Vorstellungen musste Ambrosius aufhören!

Jetzt, subito!

Offen blieb aber: Wie hatte der alte, nicht mehr allzu kräftige Tobler den Toten oder Schwerverletzten ins Hühnerhaus gebracht?

Mit der von Unkräutern und Pilzen überwachsenen Karrette, die hinter dem Haus langsam, aber unweigerlich verrottete?

Mit der?

Die Polizei, sie hatte –

Das war, Ambrosius sah's ein, ohne grosse Bedeutung, war Äusseres, nichts sonst. Eine Überlegung, die seiner Neugier entsprang, einem Laster also, das er an andern gar nicht mochte.

Er schämte sich deswegen, begriff nicht, wie er vorher dem alten Mann so energisch hatte ins Gewissen reden können, um hernach an so Unwichtiges zu denken.

Was war nur los mit ihm?

Was?

Mord blieb doch Mord, so oder so.

Vom Wann und Wie hing's nicht ab . . .

Und auch nicht davon, dass die böse Tat jetzt ein wenig begreiflicher wurde.

"Möchtest du beichten?" fragte er, wie um seine Gedanken wegzudrängen, den Mann, der noch vor wenigen Jahren im Alleingang bestimmte, was in Quinten gebaut wurde und was nicht und dessen Vorschläge die Bewohner, murrend vielleicht, aber folgsam meist, in Realität umgesetzt hatten. "Und wenn du beichten willst, wirst du dich nachher der Polizei stellen, deine Tat zugeben?"

Ambrosius wich Toblers Augen bewusst aus und begriff nicht, wie dieser heute morgen am Altar, so nah vom Tabernakel, in aller Selbstverständlichkeit Wein und Wasser in den Kelch giessen konnte, während draussen dunkle Wolken aufzogen und beide wussten, dass sie sich bald in einem ganz andern Zusammenhang wieder sehn würden.

Auf die Kommunion wenigstens hatte Tobler verzichtet.

Ambrosius hätte sich auch geweigert, ihm eine Hostie in die offene Hand zu legen.

Und jetzt wartete er, gab dem alten Tobler Zeit, ohne die Kühnheit oder was immer zu vergessen, dass dieser am vorletzten Samstag – er hatte den Mann gleich erkannt – im mickrigen Beichtstuhl der Kapelle gekniet war, Ambrosius belanglose Sünden anvertraut und mit keinem Wort seine schlimmste erwähnt hatte.

Das war unverzeihlich.

Er würde es Tobler vorwerfen, heute oder irgendwann.

"Ja, ich will beichten", sagte der gewesene Wirt plötzlich, "und ich werde mich stellen, aber erst nachher ..."

Ambrosius war baff.

"Wann nachher?"

"Wenn Trudi gekommen ist ... Sie hat versprochen, ins 'Pezold' anzurufen und dann mit dem Bähnchen zu uns heraufzufahren, sofern das Wetter es zulässt ..."

"Ah, ja?"

Ambrosius war's nicht so spöttisch zumute, wie sich sein "Ah, ja?" für Aussenstehende vielleicht, wären sie hier gewesen, anhörte.

Automatisch blickte er zur Fensterfront und bemerkte, dass Regen wie Wind nicht nachgelassen hatten.

"Es regnet und windet aber wie vorher", stellte er fest und wurde immer trauriger. "Magst du ein zweites Gläschen?"

Tobler mochte.

"Weisst du", versuchte Ambrosius Toblers störrisches

Schweigen aufzubrechen und schenkte beiden äusserst langsam das Glas voll, "weisst du, bis zu einem gewissen Grad hab ich Verständnis für deine Wut, aber dass keiner von uns einen Menschen töten darf, hättest du als Christ wissen müssen . . ."

Von neuem über das Unbegreifliche entsetzt, bewegte der Pater heftig den Kopf und grapschte aus der auf dem Tischchen liegenden Packung eine Nazionale, wissend, dass in diesem Fall das Rauchen nichts erleichterte.

"Ich seh's ein", gab Tobler nun doch zu, "es ist eine grosse Sünde, einen Menschen zu töten . . . Aber du warst nicht dabei, als wir zu dritt auf der Veranda gesessen sind . . . und ich miterleben musste, wie Schmidhauser seine Freundin zuerst genötigt hat, für uns ein Fondue zu machen, und . . . und ihr dann, kaum hatten wir gegessen und vorsichtig über Pia und Michèle zu reden angefangen, in meiner Gegenwart . . . ja, in meiner Gegenwart . . . ins Gesicht geschrien hat, sie habe nichts zu sagen, er gehe mit allen Frauen, die ihm gefallen, und gebe keine Beziehung auf, solange er diese wolle, das sei zwischen ihnen so vereinbart und damit basta . . . Du warst nicht dabei, hast nicht gesehn, wie Trudi geweint hat und verzweifelt war . . . Ich konnte nicht mehr, bin immer wütender geworden, und als er dann sogar die Frechheit . . . die bodenlose Frechheit hatte, mir mit einem frechen Grinsen zu sagen, ich sei . . ., ich sei ein Bock wie er, hätte früher am Walensee sicher . . . mancher unter den Rock gegriffen, da ist's mit meiner Beherrschung vorbei gewesen . . . Ich hab den mitgenommenen Revolver meines Vaters aus der Kitteltasche gezogen, . . . auf die Eier von Schmidhauser gezielt . . . und, weil ich vor Aufregung zitterte, den Bauch des Schweinehunds zerfetzt . . ."

Ambrosius konnte es nicht glauben.

Und doch musste es so gewesen sein.

Auch wenn Tobler vor dem "Bootshaus", wann, vor zwei Wochen, vor einer?, lang ausgeführt hatte, Egon Schmidhauser habe sie im "Pezold" wie Könige bewirtet!

Die Bemerkung gehörte zu den Lügen, die der ehemalige Wirt seit Tagen in Umlauf gesetzt hatte, hoffend, sie kämen an.

Bei Ambrosius waren sie nicht angekommen.

Und heute zählte das nicht mehr.

Anderes hatte grössere Bedeutung.

"Und wie hat Frau Schneider auf deinen Schuss reagiert?"

Ambrosius fragte es fern von Neugier, ganz spontan.

"Gut, sehr gut, viel kaltblütiger als ich . . ."

Hatte Ambrosius richtig gehört?

"Gut, sagst du, gut?"

"Ja, gut . . . Wir hatten ja in der 'Mühle' vereinbart, wenn er nicht verspreche, Pia in Ruhe zu lassen und mit Michèle aufzuhören, würde ich . . ."

"Das habt ihr?"

Ambrosius wurde unsicherer, verwirrter – trotz des Cognacs, der seinen Magen erwärmte.

"Ja, Trudi hat doch bei uns gewohnt . . . Und es gab keinen Tag, an dem ich sie wegen des Kerls nicht trösten musste . . . Er war so unverschämt, einmal mit der Pia vom Bürgli und dann mit der Hostettlerin bei uns aufzutauchen, er hatte nicht das geringste Schamgefühl in seinem Leib, nicht das geringste . . . Du kannst dir sicher vorstellen, wie erniedrigend das für Trudi gewesen ist . . . Und als sie mal zu mir gesagt hat, er möchte das 'Pezold'-Haus kaufen, da hab ich ihr versprochen, mit Schmidhauser zu reden . . . und falls er nicht spuren sollte, auch vor Gewalt nicht zurückzuschrecken, solche Leute hätten bei uns nichts verloren . . ."

"Dann habt ihr also zu zweit . . . ?"

Ambrosius fragte keineswegs aus Entsetzen, sondern weil er Toblers Rechtfertigungen nur mit Mühe ertrug und am liebsten weggelaufen wäre, hinaus in den Regen, die Kälte.

Er hatte geahnt, nein, gewusst, dass Trudi Schneider beteiligt war.

Und nicht erst gestern . . .

Im Verlauf ihres nicht angekündigten, Ambrosius enormes Bauchweh bereitenden Besuches hatte sie ja langatmig gejammert, es sei ihr unverständlich, dass man ihrem toten Freund sogar die Kleider ausgezogen und ihn dann ins Hühnerhaus gesetzt habe, keine Achtung hätten solche Menschen, nicht die geringste, Rache, Strafe müsse sein . . .

Woher wusste sie das alles?

Woher?

Nirgends war's zu lesen gewesen, in keiner Zeitung! Und Elisabeth und er hatten geschwiegen. Nicht allein, weil Ewald Meier, der von Thomas begeisterte Polizist, darum gebeten hatte, nicht allein!

Fatal nur, dass es Ambrosius nicht gleich aufgefallen war ...

Er musste reden, irgend einen Satz sagen, irgend eine Frage stellen.

"Und du hast Frau Schneider zu mir geschickt, ihr geraten, mich unter einem Vorwand auszuhorchen?"

"Ja, ich geb's zu", gestand Tobler erstaunlich schnell, das wieder leer gewordene Glas aufs Tischchen stellend und, wenn Ambrosius sich nicht sehr täuschte, froh darüber, auch diese Lüge loszuwerden. "Wir hatten beide furchtbare Angst, die Polizei habe etwas entdeckt, daher hab ich Trudi überredet, zu dir zu gehn ... Es war nicht leicht, die Frau war ja völlig fertig ..."

"Das stimmt ... Als Schauspielerin hat sie dennoch überzeugt. Ich glaubte ihr, dass sie den Ort sehen wollte, an dem Egon Schmidhauser vermutlich getötet wurde ..."

Sie schwiegen wieder, starrten beide aufs Tischchen oder auf den Boden.

So zähflüssig rannen die Minuten dahin, ohne Erleuchtung, nichts, nichts.

Heller Unsinn, wie herrlich das Feuer im Cheminée knisterte, ein Gefühl von Zuhausesein auslöste – und draussen dieses Wetter und hier drinnen ein alter, von der Gicht geplagter Mann, der mit über siebzig Jahren zum Mörder geworden war und nun von seiner eigenen Schwere, wenigstens Ambrosius' Gefühl, beinah erstickt wurde.

"In deinem Alter, Tobler, ich kann's nicht fassen!"

Ambrosius schüttelte wieder den Kopf, spürte, wie die allmählich aufgekommene und inzwischen bedrohlich gewordene Traurigkeit ihm die Sprache verschlug.

Dennoch zog er an seiner Nazionale und inhalierte, was er im Normalfall selten bis nie tat.

War er noch im Haus der Pezolds?

War er woanders.

Fiel er ins Gebet?

Oder wurde er wahnsinnig?

Als ob er träumte, hörte er, was Tobler sagte.

"Lang, über Jahre hin, glaub's mir, Ambrosius, hab ich zugeschaut, was alles bei uns passiert ist, in den neuen Häusern, auf dem See, überall", redete er wie zu sich selbst." Hat der See früher den Berufsfischern und den Kursschiffen gehört, so gehört er jetzt den unzähligen Motor- und, kaum weniger schlimm, den Segelbooten, Wasserskifahrern, Surfern, was weiss ich ... Und an den Felsen der Churfirsten turnen Extrembergsteiger und über ihnen starten Delta- und Gleitschirmflieger und bringen unsere Vogelwelt durcheinander, von jener der Gemsen zu schweigen, während die Hostettlers hinter ihrer protzigen Villa klammheimlich einen Tennisplatz bauen ... Auch wir selber lassen uns anstecken: Mehr und mehr Reben pflanzen wir an, auf Kosten der Milchwirtschaft, das schnelle Geld, es lockt, verdirbt uns alle ... Und nun kam noch dieser Schweinehund, ich konnte nicht mehr, Ambrosius, die Grenze war überschritten ... Dazu steh ich, das werd ich nie bestreiten, und gern geh ich ins Gefängnis, wenn es sein muss ... In meinem Alter, wie du's nennst, kann mir wenig geschehn, ich werde sterben, vielleicht in zwei, drei Jahren, wer weiss es ... Trudi aber, sie darf nicht bestraft werden, sie hat nur ganz wenig geholfen, nach dem Schuss ..."

"Ach, so, beim Ausziehn der Kleider?"

Der Pater stellte die Frage wie in Trance.

"Nein, das war meine Idee", korrigierte sich Tobler, wieder so rasch, dass Ambrosius fast aufschreckte, "Schmidhauser hat im Leben und in seinen Büchern so viele Frauen ausgezogen, darum durften wir ihm ebenfalls die Kleider vom Leib reissen!"

"Wir?"

"Falsch, ich, Trudi ist bloss dabei gewesen ... Sie hat geholfen, nachdem ich sie aufgefordert hatte, mit mir den Toten auf die Karrette zu legen ... Da hat sie geholfen, sonst nie ..."

Tobler wollte, das wurde Ambrosius selbst in seiner gegenwärtigen Verfassung deutlich, allein für die Tat geradestehn.

Allein.

Allein.

"Und wer hat seine Kleider, die Bücher, die Schreibma-
schine, den Computer, die persönlichen Sachen zum Verschwinden gebracht – auch nur einer: du?"

Ambrosius, bewusst gegen seine Schwermut ankämpfend,
fragte es lauter als nötig – nicht, weil er die Selbstbeherrschung
verlor, eher schon, weil sich das alles in seinen Körper hineinfrass,
dem Körper weh tat und irgendwie Teil des Fleisches wurde.

"Auch ich war's . . . Was verbrannt werden konnte, haben
wir vor dem Tobel verbrannt, dort, wo früher jedes Jahr ein 1.
August-Feuerchen* angezündet wurde . . . Und den Rest hab
ich zum Bach hinuntergeworfen . . . Dass die Polizei nichts
fand, ist ihre Angelegenheit . . . Sie hat nicht richtig gesucht . . .
Oder dann hat der Bach das Zeugs in den See geschwemmt . . ."

Ambrosius schwieg, stierte ins Cheminée. Und er begriff
immer weniger, weshalb die Polizei die uralte Karrette, die also
doch benutzt worden war, nicht auf Blutspuren und Finger-
abdrücke hin untersucht hatte.

Nur, warum sollte er Tobler sagen, die Polizei hätte seiner
Meinung nach nicht gründlich gearbeitet und er selber habe
Ewald Meier am Telefon darauf hingewiesen, es sei rätselhaft,
dass, von einer Zahnbürste und einigen Lebensmitteln im Eisschrank abgesehn, kein Gegenstand im Haus gefunden wurde,
der Herrn Schmidhauser gehört habe, er hätte daher nie geglaubt, dass dieser nach seiner allfälligen Wegfahrt zurückgekehrt sei, um sich im 'Pezold' ermorden zu lassen?

Wozu sollte er das vorbringen?

Er bekam auch keine Gelegenheit dazu.

Wieder hörte er den Klingelton, den er so hasste.

Zum viertenmal, seit er in der "Casa Pezold" wohnte – sofern er sich nicht täuschte.

Trudi war wohl auch zu Fuss heraufgekommen.

---

* Schweizer Nationalfeiertag, abends werden vielerorts Feuer angezündet

"Kann das Frau Schneider sein?" fragte er.

"Vielleicht . . . Ja, ich glaub, es ist sie."

Tobler war ganz in seinen Sessel hineingekrochen oder vermittelte Ambrosius diesen Eindruck.

Fror der Mann trotz des Feuers?

Ambrosius stand alles andere denn erleichtert auf, ging, wie schon vor knapp zwanzig Minuten, durchs Wohnzimmer und den Flur und fragte sich, was er Frau Schneider sagen solle.

Er wusste es nicht, musste dem Augenblick vertraun.

Einen Cognac, nein, den wollte er ihr nicht anbieten. Damit war's vorbei . . .

Wie gern wäre er allein gewesen.

Wie gern!

Statt mit zwei Menschen zu diskutieren, die aus Hass und Eifersucht ein Leben zerstört hatten . . .

Er schloss die Tür auf und sah eine nicht nur durchnässte, sondern auch verdatterte Frau.

Er brauchte Sekunden, bis er erkannte, dass es tatsächlich Frau Schneider war.

Sie trug einen pflotschnassen Regenmantel, darunter denselben Faltenrock wie gestern vor dem "Bootshaus" und beim ersten Besuch und auf ihren teilweise schon angegrauten Haaren klebte ein rotes Kopftuch, das sie – gestört vom Wind – abzunehmen versuchte.

"Kommen Sie herein", sagte er, "es macht nichts, wenn der Boden ein wenig nass wird . . ."

"Ich weiss nicht, es . . ."

Ambrosius, darüber selber erstaunt, handelte. "Wir müssen die Tür schliessen, sonst schlägt der Wind sie mir aus der Hand", argumentierte er und zog die unentschlossene Frau kurzerhand am Ärmel in den Flur. "Hier können Sie den Regenmantel ausziehn und" – er zeigte auf den Schirmständer – "den Schirm abstellen. Wir warten auf Sie . . ."

"Ich hatte so Angst, und dann dieses Wetter, bitte, verzeihen Sie mir!"

Frau Schneider blickte dem Pater ängstlich ins Gesicht, liess sich aber beim Ablegen des nassen Mantels helfen. Ohne lang zu fragen, hängte er ihn an einen Bügel und hernach neben jenen Regenmantel, den Elisabeth heute morgen getragen hatte.

"Kommen Sie, wir gehn hinein . . ."

Wieder zögerte Frau Schneider.

"Ich weiss nicht . . . Alles tut mir so leid, alles, und die Umstände, die Sie mit uns haben, Herr Pater, ich wollte das nicht . . ."

"Es ist, wie es ist."

Ambrosius wies zum Wohnraum. "Bitte, der Tobler will's hinter sich bringen, er hat mir berichtet, warum ihr's getan habt."

"Hat er, oh, da bin ich aber froh . . ."

Wieder dieser Konversationston!

Ambrosius wurde langsam wütend.

Auch er wollte es hinter sich bringen.

Jetzt, jetzt!

Und dann, ohne Elisabeth, ganz allein, wirklich in den Regen, den immer mehr aufkommenden Nebel hinauslaufen, alles loswerden, die Sünden, das sture Denken Toblers, seine Selbstgerechtigkeit, den Tod bringenden Hang, Ordnung zu schaffen, Gewohntes zu bewahren.

"Hocken Sie ab", befahl er darum und ohne den beiden Zeit zu lassen, sich zu begrüssen (dass er so mit der Frau umsprang, würde er später nicht mehr wissen). "Und jetzt trinken Sie ein Glas Cognac . . . Und dann will ich, dass ihr beide beichtet und euch stellt, ich halt das nicht länger aus . . . Dich, Tobler, mit deinen Ausreden und Rechtfertigungen . . . und Sie, indem Sie 'Oh, da bin ich aber froh!' sagen und glauben, damit sei alles erledigt . . . Nein, damit ist nicht alles erledigt, nein, nein . . ."

Er knallte das dritte Glas beinah auf den Tisch und schenkte jedem ein.

"So, nun trinkt, beide . . . Auch Sie, Frau Schneider . . . Und Ihre Damenschlückchen sind heute nicht erlaubt!"

Sie gehorchte, glitt in den einzig noch freien Sessel und führte sofort, richtig eingeschüchtert, das Cognacglas an den Mund. Und obschon sie husten musste, behielt sie das Glas in der Hand.

246

Ambrosius, im Beichtstuhl oder gegenüber Besuchern zu seinem Leidwesen sonst die Sanftheit selbst, war von einem Augenblick zum nächsten ein ganz anderer geworden. Und er wusste – woher, würde Geheimnis bleiben: Er wusste, jetzt muss ich auf den Tisch klopfen, darf nicht länger verständnisvoll tun.

Er tat's auch nicht, ging gleich in media res, unbekümmert, was Tobler zuvor gesagt hatte.

Der log doch, wollte Trudi Schneider schützen . . .

"Ja, Frau Schneider, Sie haben mitgeholfen, Ihrem früheren Freund die Kleider auszuziehn und ihn ins Hühnerhaus zu karren, auch beim Verbrennen und Wegwerfen der Kleider und anderer Dinge haben Sie Ihren Teil geleistet . . . Und vor allem sind Sie einverstanden gewesen, dass Jakob Tobler auf Egon Schmidhauser schoss . . . Und nur Sie haben gewusst, was im Haus alles dem Opfer gehörte, Sie allein!"

Kopfschüttelnd schaute er sie an und hatte plötzlich das Bedürfnis, aufs WC zu eilen und den Dreck im Gedärme loszuwerden.

Er tat's nicht, blieb.

"Ja, ich hab geholfen, ich bin so verzweifelt gewesen, hab alles gemacht, was Jakob verlangt hat", gestand sie, "es war wie in einem Traum, in einem Traum, der nie aufhört . . . Und ich hatte den ganzen Tag getrunken, wie wild getrunken, um meine Hemmungen zu verlieren . . . Aber als Egon mich vor Jakob Tobler als altes Huhn hinstellte, er wolle neue, junge Freundinnen und beende endgültig unsere Beziehung, . . . da hab ich Jakob das Zeichen gegeben, schiess, bitte, schiess!, ich halt's nicht aus, das ist Verrat, Egon treibt mich in eine Hölle hinein, er darf nicht mehr leben, er muss büssen, büssen . . .!"

"Und das Ausziehn der Kleider ist deine Idee gewesen, nicht wahr, nicht jene von Tobler?"

Ohne jede Absicht duzte er die Frau und kam sich dabei wie ein Richter oder Beamter vor, der Leute verhört und sie einschüchtern will. Aber es war gleich. Alles war gleich. Jedes und alles.

"Leider ist's meine gewesen", bekannte sie mit ihrer selbst jetzt schrillen Stimme, "ich wollte ihn ausziehn, ähnlich wie er ständig, in Gedanken ... und im Leben, mit seinen gierigen Händen Frauen ausgezogen und dann fast jedesmal erniedrigt hat, wenn sie sich ... ihm geschenkt, hingegeben hatten ... Mehrfach hat er mich gezwungen, durch ein Fenster, ein Schlüsselloch zuzusehn und so, wie er meinte, selber geil zu werden ... Ich bin aber ... nie geil geworden, hab nur geweint, wenn eine Frau unter ihm lag und er ... auf einmal in sein mörderisches Gelächter ausbrach und rief: 'So, jetzt hast du meine Spermien, zieh dich wieder an!' ..."

Sie stoppte, schlug die Hände vor ihr Gesicht und weinte.

Ambrosius, der ahnte, dass sie alles nochmals durchlitt, gab nicht nach.

"Nie hättest du Tobler das Zeichen geben dürfen, nie ... Und so sehr ich deine Situation verstehe, kaltblütig wart ihr beide trotzdem: Die ganze Bagage von Egon Schmidhauser verschwinden zu lassen, das Geschirr von eurem Essen abzuwaschen und zu versorgen, auch das Haus, wie's vom Vermieter verlangt wird, für den Nachfolgenden, also für Elisabeth, zu reinigen und nachher zur 'Mühle' zurückzukehren und dort zu behaupten, das Fondue sei ausgezeichnet gewesen, Herr Schmidhauser verlasse morgen oder übermorgen Quinten, am Montag beginne in Aarau wieder die Schule ..."

Tobler, der in seinem Sessel mehr lag als sass, erwachte endlich aus seinem Schweigen.

"Es war nicht ganz so, Ambrosius", murmelte er, "am andern Tag sind wir nochmals hinaufgegangen, ich zu Fuss und Trudi mit dem Bähnchen ... Und dann haben wir alles zum Verschwinden gebracht, was verschwinden musste, und Trudi hat den gröbsten Dreck weggewischt und die Küche geputzt ... Es fiel uns nicht leicht, aber es musste sein ..."

"So, musste?"

Der Pater, der seine Zigarre auf dem Aschenbecher vergessen hatte, schob sie wieder in den Mund und kaute an ihr herum.

"Grauenhaft war's für uns, ich darf nicht daran denken ..."

Frau Schneider suchte nach Entschuldigungen, wollte, dass Ambrosius sich ihrer erbarme.

"Du musst aber daran denken", stellte er leise und traurig fest, "wer tötet oder mithilft, zu töten – und was es war, müssen andere als ich herausfinden –, der hat nicht das Recht, zu vergessen, er hat das nicht . . . Du warst ja klug genug, am darauffolgenden Montag in die Schule deines toten Freundes anzurufen und zu erklären, er sei krank, käme erst in einer Woche, während du, Tobler, andern erklärtest, Michèle Hostettler zum Beispiel und auch deiner eigenen Tochter, Herr Schmidhauser sei abgereist, er lasse Adieu sagen und melde sich bald . . . Marierose hat's mir selber gesagt, zufällig, als wir darüber sprachen, wann Herr Schmidhauser denn abreisen wollte . . . Ein Witz übrigens, dass du der Geliebten des Schriftstellers einen Abschiedsgruss überbrachtest . . . Er hätte sich doch von ihr selber verabschiedet, und warum Michèle dies nicht auffiel, weiss ich nicht . . ."

Frau Schneider, immer noch die Hände vor dem Gesicht und von jeder Hoffnung verlassen, bestätigte Ambrosius' Annahme, sie hätte angerufen, wenigstens teilweise. "Ich rief nicht selber an", erklärte sie schluchzend, "die Sekretärin hätte meine Stimme erkennen können . . . Ich liess darum im Glarner Hotel 'Sonne' ein Doppelzimmer unter dem Namen Schmidhauser reservieren und bat die Dame, die das Telefon abnahm, für Egon in seiner Schule anzurufen und ihn wegen einer Unpässlichkeit zu entschuldigen . . . Sie hat's getan offenbar und nachher vielleicht keine Zeitung gelesen oder meinen Anruf vergessen . . . Vor einer Woche oder so schickte ich ihr in einem Briefumschlag zwanzig Franken für ihre Umtriebe und entschuldigte mich, weil wir nicht kamen, ohne Angabe des Namens natürlich . . ."

"Und was war mit dem 'Schrei', hast du ihm falsche Informationen zugespielt?"

"Nein, nicht ich . . ."

Trudi Schneider, die ihr spiessiges Auftreten auf einmal verloren zu haben schien und nur noch eine Frau war, die ihr Leben zu wenig gelebt hat, verneinte mit einem Nicken – und erhielt Schützenhilfe von Jakob Tobler.

"Ich hab dieser Zeitung einen Brief geschickt", bekannte

er, ohne ein Anzeichen von Reue, "hab geschrieben, junge Frauen seien um den berühmten Schriftsteller wie ums goldene Kalb getanzt . . . Was die aber aus meinem Brief gemacht haben, war die Höhe . . . Sie zerstörten Quintens Ruf endgültig, taten in ihrem Artikel so, als ob bei uns lauter Wüstlinge lebten . . . Das wollte ich nicht, niemals . . ."

Auch Frau Schneider gab dazu mit ihrer von Minute zu Minute zittriger werdenden Stimme einen Kommentar ab. "Nie hätten sie das tun dürfen, nie . . . Weh tat vor allem, dass die beiden Journalisten Egon als sexuelles Monster porträtierten und betonten, er hätte all seine Frauen und Freundinnen mit seiner Unverbindlichkeit gequält . . . Es stimmt zwar: Egon war in Beziehungen stets unverbindlich, konnte sich nie für etwas entscheiden, in keiner Lebenslage . . . Aber so etwas zerrt man nicht vors Publikum . . . Das war seine Schwäche, eine Schwäche, unter der ich unglaublich litt . . ."

Ambrosius konnte nicht länger zuhören.

Nicht länger!

Nicht länger!

Er hatte genug und war müde, unglaublich müde.

"So, mir reicht's", sagte er, "auch, dass du dich nicht übers Theater entschuldigst, das du bei deinem Besuch vor meinen Augen aufgeführt hast . . . Ich mag darüber keine Worte mehr verlieren: Jetzt wird gebeichtet, drüben im kleinen Zimmer, zuerst du, Trudi, und dann kommst du, Jakob . . . Und während Trudi beichtet, kannst du gleich die Polizei anrufen und denen sagen, ihr würdet dort und dort auf sie warten, in der 'Mühle', was weiss ich, der Apparat steht auf dem grossen Pult . . . Aber das weisst du selbst, du kennst dich aus im Haus, besser als ich . . . Nur eines noch, Jakob: Die Absolution geb ich dir nur, wenn du deine Tat bereust . . . Oder wenigstens einsiehst, wie sehr du gesündigt hast . . . Das ist keine Erpressung, unsere Kirche verlangt es, und mit Recht, meine ich, mit Recht . . ."

Er sagte es sehr entschieden und doch in einem Ton, der dem alten Mann die Freiheit gab, die Polizei anzurufen oder nicht anzurufen und die Absolution zu wollen oder auf sie zu verzichten.

"Komm, wir gehn", forderte Ambrosius Trudi Schneider auf, nahm, bevor er sich erhob, zwei Scheiter aus der Holzkiste neben dem Cheminée und legte sie sorgsam ins unentwegt knisternde Feuer. Er wollte, dass sie alle warm hatten. Auch Elisabeth, wenn sie wieder aus ihrem Verliess hochkommen durfte, dem freiwillig gewählten.

V

Ambrosius wusste nicht, seit wann genau er auf dem Baumstrunk sass.

Und er dachte an vieles, nur nicht an den gestrigen Vormittag.

Auch der Baumstrunk war eines dieser Themen.

Wahrscheinlich, so vermutete er, war der einst zu ihm gehörende Baum vor vielen Jahren während eines Sturmes wie dem gestrigen umgestürzt und dann entweder von Dorfbewohnern zersägt oder in den See geschwemmt worden.

So oder ähnlich musste es gewesen sein.

Er würde es nie herausfinden.

Es hatte für ihn keine Bedeutung.

Er sass einfach seit mindestens einer Stunde auf dem längst grau gewordenen, nicht mal von Moos überwachsenen, toten Strunk, schob mit den Füssen grössere und kleinere vor ihm liegende, von unzähligen Wellen ans Ufer geworfene Steine hin und her und verzichtete bewusst darauf, eine Nazionale zu rauchen.

Morgen würde er abreisen, für lange Zeit zum letztenmal, drüben auf dem Bootssteg, keine zweihundert Meter von hier, Elisabeth an sich ziehn, Elisabeth, die trotz des Vorgefallenen

noch zehn Tage bleiben wollte, um dann nach Passau zurückzukehren.

Es war wieder heiss, unglaublich heiss – kaum zu glauben,
nach dem gestrigen Unwetter.

Kaum zu glauben.

Sommer halt, dachte er, ein wunderschöner Sommer.

Für Trudi Schneider und den alten Tobler hingegen war der
Sommer vorbei; im kantonalen Gefängnis von St. Gallen hatte
für sie gestern das Warten auf ihren Prozess begonnen.

Er würde nichts aussagen. Dies hatte er Ewald Meier am
Telefon zu verstehn gegeben, zwei-, dreimal aufs Beichtge-
heimnis verweisend. Und hinzu kam, dass die beiden nichts be-
stritten hatten. Ob aber Tobler schliesslich allein verurteilt und
Trudi Schneider freigesprochen wurde, war nicht sein Problem.

Sein Problem war, morgen abzureisen und sich von Elisabeth verabschieden zu müssen.

Ambrosius sah zum See hinaus, ortete die Autobahn auf der
andern Seite und eine der Tunneleinfahrten.

Dort war die Hölle; in der Nähe einer solch mörderischen
Strasse möchte er nicht wohnen, oh, nein, nie im Leben.

Immer nur Lärm und Abgase.

Immer, immer.

Und hier, könnte er's hier?

Er liebte das alles, tief und intensiv: den bei schönem Wetter tiefblauen See, die Hänge und Berge gegenüber, die zwei
Schwäne, die gerade vor ihm ihre Hälse ins Wasser tauchten,
die fernen Häuser von Quinten, die so seltene Balance von
Hartem und Sanftem, von Felsen und Wiesen.

Eine ausgewogene Landschaft wie diese war ihm noch nie
begegnet.

Und doch, er wiederholte sich die schmerzliche Erfahrung
zum hundertstenmal, gab's auch in Quinten, wie überall auf der
Welt, die Sünde, wurde intrigiert, gelogen, schlecht gemacht,
wucherte das Böse und eroberte Seele um Seele.

Er wollte nicht darüber nachdenken.

Es gab ja auch das Gute, das Lebensbejahende, gab den
närrischen Fred, die Güte von Frau Winkler, Pia Fassers Pur-

zelbäume, die Tränen in Marieroses Augen, nachdem sie vom eigenen Vater und von Ambrosius erfahren hatte, wie Egon Schmidhauser ums Leben gekommen war.

Das gab's auch.

Und vieles mehr.

Die nie endende, oft so schmerzliche Auseinandersetzung zwischen dem Hellen und dem Dunklen, zwischen Gier und Zufriedensein, zwischen Ehrgeiz und Bescheidenheit, Nehmen und Geben.

Darüber wollte er, für einmal, keine Betrachtung anstellen.

Nicht heute.

Nicht jetzt.

Viel besser war's, ganz ruhig dazusitzen und für den Mann zu beten, der sich auf dem hiesigen Friedhof wie ein von seinem Geschlechtstrieb gequälter Gockel benommen hatte, und zugleich die zwei Menschen ins Gebet einzuschliessen, die aus vielerlei, zum Teil recht konfusen Motiven beschlossen hatten, eben diesen Mann zu töten.

Und auch für Antoinette und Yves wollte er beten, dessen erstes Buch mit dem Titel "Der Filzer" unlängst in einem kleinen Schweizer Verlag erschienen war und das er in nächster Zeit von der ersten bis zur letzten Seite lesen wollte, ganz im Gegensatz zu Schmidhausers "Silbernen Schönen".

Und Elisabeth würde er in seinem Gebet ohnehin nicht vergessen!

Diese Frau brachte Freude, schenkte uneigennützig Liebe, kranken wie einigermassen gesunden Menschen, auch ihm.

Das wollte er, beten für alle, die ihm gerade in diesen Minuten durch den Kopf gingen; sobald er seine Augen von der Landschaft lösen konnte, würde er versuchen, leise Gebete zu sprechen, fern von jenem Gestammel, das nur der eigenen Person gilt.

Bloss, warum war er in Quinten wieder dem Tod begegnet?

War's, weil er selber den Tod fürchtete und am Leben hing?

Oder musste er ständig neu lernen, dass wir mitten im Leben, wie Gryphius gedichtet hatte, vom Tod umgeben sind?

Doch kaum.

Egon Schmidhauser war für sich und, unmöglich, an eine solche Möglichkeit auch nur zu denken!, nicht für Ambrosius gestorben; er hatte andere dazu getrieben, dass es soweit kam, hatte ihre Herzen, ihre Seelen verletzt und damit – vermutlich – herausgefordert, was geschah.

Häufig verlief es so.

Sehr oft.

Ambrosius blickte zufällig zum Weg hinauf.

Kam da nicht Fred mit seiner Dächlikappe und dem blauen Trainingsanzug?

Oder war's ein Wanderer, den es zum "Bootshaus" oder sonstwohin·zog?

Nein, Fred war's, Fred!

Und er winkte . . . und rief etwas.

Ambrosius verstand's aus dieser Entfernung nicht, wartete, bis das Original – und Fred war ein Original, weiss Gott – näherkam und er hören konnte, was Fred zum Seeufer hinunterschrie.

Oh, jetzt verstand er, wenigstens zur Hälfte, den in Quinten wie Robinson gestrandeten Kerl!

Er fragte, schnell redend wie immer, ob er ihn, Ambrosius, im "Bootshaus" vorne zu einem Abschiedstrunk einladen dürfe, er wolle auch wegen der Arbeit in Disentis noch einiges mit ihm bereden und wegen des Mordes, er habe schon lange geahnt, wer's gewesen sei.

Warum nicht, dachte Ambrosius.

Warum nicht?

Sofern die Neugierde des sympathischen Wichtigtuers nicht zu sehr ihre Befriedigung suchte . . .

"Gern, Fred, ich komm in ein paar Minuten, möchte noch ein wenig sitzen bleiben", rief der Pater daher so laut er konnte in Richtung des Mannes, seine Worte mit einem leichten Handheben bestätigend; und während er den Kopf erneut dem See zuwandte, begann er leise zu beten und Gott zu danken, dass es dieses Dörflein, dass es Elisabeth und das Leben gab und dass so viele glaubten und so viele nicht glaubten und dass er ein

Lehrer war, der seine Schüler oft enttäuschte und ihnen manchmal auch etwas Vernünftiges mitgeben konnte, und dass er selber als Priester lösen und binden durfte und dass nur verloren war, wer sich aufgab und der Verzweiflung keinen Widerstand bot. Die Welt würde noch nicht untergehn – und es war nicht diese verdammte und tödliche Autobahn auf der andern Seite des Sees, die gewann. Nicht sie, nicht sie! Das andere war stärker. Viel, viel stärker.

orte-KRIMIreihe:

Mord in Mompé
von Jon Durschei und Irmgard Hierdeis
Fr. 14.-/DM 17.-
Die beiden Autoren erzeugen die Spannung um das Mordopfer Gabi Andermatt weniger mit Action als mit Psychologie.
SonntagsZeitung, Zürich

Mord über Waldstatt
von Jon Durschei
Fr. 16.-/DM 19.20
Was Durschei schafft, ist mehr als ein intellektueller Krimi: Er versöhnt Anzengruber mit James Joyce.
Tip, Berliner Magazin

War's Mord auf der Meldegg?
von Jon Durschei
Fr. 22.-/DM 26.40
Ein spannender, provokativer
Krimi und ein literarischer Wurf!
Peter Morger, Appenzeller Zeitung

Arbeit am Skelett
von Paul Lascaux
Fr. 12.-/DM 14.50
Der in Ich-Form geschriebene Roman bringt dem Leser neben einer gehörigen Portion Spannung und Unterhaltung auch die Stadt Bern näher.
Beobachter

Der Teufelstrommler

von Paul Lascaux

Fr. 18.-/DM 21.60

Wiederum agieren Lascaux Figuren in der Bundesstadt der Schweiz, wird mit wenigen Worten deren Schönheit und Mief beschworen.

Bächlers Methode

von Kay Borowsky

Fr. 18.-/DM 21.60

Der vor allem im süddeutschen Raum als Krimiautor, Gedichtemacher und Übersetzer bekannt gewordene Kay Borowsky amüsiert und fasziniert zugleich mit seiner Kriminalerzählung. Dass zudem ein süddeutsches Städtchen (ist es Tübingen?) mehr und mehr ins Bild rückt, sei nur nebenher erwähnt.

Der blonde Hurrikan

von P. Howard

Fr. 20.-/DM 24.-

Wer Krimis liebt, wird sich Howards listige Seitenhiebe auf die Klischees der Action-Romane nicht entgehen lassen. Howard, 1943 von den Nazis umgebracht, gehört zu den farbigsten Autoren Ungarns.

Ophelia in der Gletscherspalte

von Heidi Haas

Fr. 18.-/DM 21.60

Das Buch führt den Leser in einer fleissigen, ungekünstelten Sprache von Seite zu Seite, lässt ihn eintauchen in die Atmosphäre einer Stadtjugend von 1967, die den Umbruch ahnt, der dann doch in einer ohnmächtigen Revolte endet und nie erhoffte Wirklichkeit wird.